ディルタイから教育実践へ

アクティブラーニングの源流

森　邦昭

九州大学出版会

……ヘルダーやヴィルヘルム・フォン・フンボルトの場合のような学問的完成にはまだ遠い少数の萌芽を除けば、これまでの認識論は、経験論でもカントでも、経験や認識を単なる表象に属する事実から説明してきた。ロック、ヒューム、カントが構成した認識主体の血管を流れているのは本物の血ではなく、単なる思考活動としての理性の薄められた液体にすぎない。しかし、私は全体的人間を歴史的、心理学的に研究してきたので、認識及び（外界、時間、実体、原因のような）その諸概念を説明する際にも、たとえ認識がこれらの概念を単に知覚、表象、思考という素材からのみ生み出すように見えたとしても、多様な力を備えたこの全体的人間を、つまり意欲し、感情をもち、表象する存在者を、その説明の根底に置くようになった。したがって、以下の探求の方法は、現代の抽象的な科学的思考のすべての構成要素を、経験や言語研究や歴史研究が示すような全体的人間本性と結びつけ、これらの構成要素と人間本性との連関を求めることにある。こうして、現実についてわれわれが抱く心像や認識の最も重要な構成要素、たとえば人格的な生の統一体（Lebenseinheit）、外界、われわれ以外の諸個人、時間のなかでの諸個人の生と彼らの相互作用などは、すべてこの全体的人間本性から説明できることが明らかとなる。……

Wilhelm Dilthey: *Gesammelte Schriften*, Bd. 1: Einleitung in die Geisteswissenschaften. Versuch einer Grundlegung für das Studium der Gesellschaft und der Geschichte. Erster Band, Stuttgart 1959, S. XVIII.（ヴィルヘルム・ディルタイ「精神科学序説第一巻」序言。西村皓・牧野英二編集代表『ディルタイ全集』第一巻、精神科学序説I。法政大学出版局、二〇〇六年。八―九頁参照。）

はじめに

かつて国語教師の大村はま（一九〇六―二〇〇五年）は、「教室は、教師も生徒とともに伸びるところ[1]」であると述べた。たとえばそのように大村が理想としているような教室は、教師は教えながら教えられながら、生徒は教えられながら教えながら学ぶことによって、教師も生徒も成長する「生きた教室[2]」になっているのではないかと考えられる。大村は生徒たちの学習意欲を燃え上がらせ、活発な学習活動に入らせるための創意工夫を凝らし続けたが、そこにはどんな秘訣が隠されているのだろうか。ここで最も重要なことは、生徒という存在を「身のほども忘れて、伸びようとし、伸びたいと思っている[3]」存在だと捉えたうえで、教室という空間を教師にとっても生徒にとっても生き生きとした「生の空間」にすることではないだろうか。なぜならば、学習して知識を身に付け能力を高めていくというようなことは、そのような「生の空間」において生と生がぶつかり合うことによってのみ可能になると考えられるからである。

教室をそのような「生の空間」にするためには、そもそも生とは何なのかという「生の解明」がなされなければならない。この点に関しては、教育哲学者の中田基昭が「教育に対するディルタイ哲学の意義[4]」という表現を用いながら明らかにしているように、ヴィルヘルム・ディルタイ（一八三三―一九一一年）の精神科学がきわめて本質的な議論を展開している。本書の冒頭でモットーとして引用した箇所において明確に示されているように、ディルタイは精神科学において、知情意の全体における人間の生を解明しようとしただけではなく[5]、実際に歴史に現れた形而上学や世界観、さらには自然科学も含んだ諸科学の展開を人間の総体的な知性として捉え、「歴史的理性批判」を遂行していった[6]。このような立場から見れば、何が教育において優先されるべきなのだろうか。知識習得なのだろうか。それとも、考える力なのだろうか。いわゆる「新しい学習指導要領」をめぐって、このことについて論争が生じた。そこで、本書では、ディルタイの精神科学の立場に立って、そもそも知識習得とはどんなことか、さらに知識習得の本質を踏まえると授業展開はどうあるべきかについて原理的考察を行い、教育をめぐる問題解決にアプローチする際の前提条件を明らかにすることを目的とする。

なお、日本では学問分野を二つに分けて「文系」「理系」ないし「文科系」「理科系」と呼ぶことがあるが、この区別はドイツでは「精神科学」「自然科学」と呼ばれている。ディルタイは『精神科学序説』（一八八三年）において、「社会の実践的な必要」[7]から精神科学が成立したと捉えている。さらにまた、諸学問の実際の成立過程に即しても、この命題は正しいと一般に認識されている。ヨーロッパにおいては、精神科学は最初は「諸々の術」(artes)、「諸々の技能」(Künste) であった。つまり、精神科学は、文化的実践の一定の形式から成立したわけである。こうした由来があることから、精神科学は自らの課題を絶えずよりよく果たそうとすることができた。たとえば、法廷や市民集会でよりよく語る必要から弁論の術 (ars rhetorica) が、真と偽を区別し論理的証明を行う必要から弁証の術 (ars dialectica) が発達した。その他にも、重要な出来事について物語るための歴史の術 (ars historica) や読み書きを教えたり学んだりするための文法の術 (ars grammatica) が発達した[8]。

歴史が経過するなかで、このような「諸々の術」から、方法的に研究を行う「科学」というものが生じ、こうした「科学化」ということを通して、歴史学や言語学、文学や法学などが成立した。しかし、術が科学化されても、実践と科学のコンタクトは保持されたままになっている。なぜならば、法学は裁判のために、教育学は教育のために、経済学は商取引のために尽くさなければならないからである。このように、精神科学は文化と密接に結びついていて、文化を科学化したものが精神科学であると考えられている。つまり、精神科学の「精神」とは、端的に言えば、人間精神が客観化された「客観的精神」としての「文化」である。その場合にディルタイが強調したのは、近代社会は精神科学がなければ存在できないということであった。なぜならば、ディルタイの考えでは、危機によって脅かされた社会の存続と進歩を確保するのが精神科学だからである(9)。本書では、以上のような意味において、ディルタイの精神科学から見た知識習得と授業展開に関する研究を行うが、同時にこの過程において、ディルタイ的発想から導かれる教育実践への道筋を明らかにし、さらにこの道筋もまた近年注目を浴びているアクティブラーニングの一つの源流となっていることを示すことを試みる。

註

(1) 大村はま『教えながら　教えられながら』共文社、一九八九年、一三七頁。
(2) 大村はま『教えながら　教えられながら』一三七頁。
(3) 大村はま『教えるということ』共文社、一九七三年、一二七頁。
(4) 中田基昭『現象学から授業の世界へ―対話における教師と子どもの生の解明―』東京大学出版会、一九九七年、三〇頁。
(5) 本書の冒頭を参照。Vgl. Wilhelm Dilthey: *Gesammelte Schriften*, Bd. 1: Einleitung in die Geisteswissenschaften. Versuch einer Grundlegung für das Studium der Gesellschaft und der Geschichte. Erster Band, Stuttgart 1959, S. XVIII.（ヴィルヘルム・ディルタイ「精神科学序説第一巻」序言。西村皓・牧野英二編集代表『ディルタイ全集』第一巻、精神科学序説Ⅰ。法政大学出版局、二〇〇六年。八―九頁参照。）

（6）舟山俊明「ディルタイ精神科学論の学問史的位相」『哲学』第一二三集、三田哲学會、二〇一〇年、一―四一頁。一四―一五頁参照。
（7）Wilhelm Dilthey: a. a. O., S. 3.
（8）グンター・ショルツ「精神科学の科学性と課題―ディルタイを手本にした考察―」森邦昭訳『ディルタイ研究』第一六号、日本ディルタイ協会、二〇〇五年、五―二九頁。一五頁参照。
（9）グンター・ショルツ「精神科学の科学性と課題―ディルタイを手本にした考察―」一五―一六頁参照。

目次

序章　ディルタイと精神科学的教育学の理念

ディルタイの死後、弟子たちが師の著作（遺稿）の刊行を続行したことによって、ディルタイの思想の新しい側面が明らかにされた。それによって、ディルタイ像も変化した。ディルタイの直弟子たちは、ディルタイという哲学者を反実証主義的心理学者や解釈学者として見なしていた。そのようなことから、ディルタイは「最初は心理学者だったが、後に解釈学者になった」という見解も支持されていた。しかし、とりわけ『全集』第一九巻（一九八二年）と第二〇巻（一九九〇年）の刊行によって、ディルタイという思想家は体系的哲学を確立しようと努めていたと見なされるようになった。その体系的哲学とは、一般的には学問というものの基礎づけを、特殊的には精神科学の基礎づけを提供することのできる哲学のことである。実際、ディルタイは、このような体系的哲学を確立する計画を抱いていた。

ディルタイのこの計画の中心点は、「認識論的論理学」という考え方にあった。認識論的論理学とは、人間が認識したり知ったりする仕組みを解明する理論のことである。この意味でのディルタイの理論は、最広義での「経験」という概念に基づいている。しかし、また同時に、科学哲学者は絶えず歴史的にも研究しなければならないということにディルタイは固執していた。ディルタイが要求していたのは、カントの死んだアプリオリが生きた歴史的プロセスと交代させられなければならないということだった。それゆえに、体系的哲学を確立しようとする科学哲学者は、学問の歴史というものも視野に入れておかなければならないという立場が取られた。ディルタイにおいては、そのような意味での科学哲学への端緒がはっきりと見て取られる。この科学哲学は、さまざまな緊張関係のなかで「学問の理論」と「学問の歴史」を結びつけていく哲学である。

第一節　ディルタイの思想と『ディルタイ全集』

ヴィルヘルム・ディルタイ（Wilhelm Dilthey）は、一八三三年十一月十九日にヴィースバーデン近郊のビープリヒで誕生した。そして、一九一一年十月一日、南チロルでの休暇滞在中、シュレルン山麓ザイス近郊のハウス・ザーレックで、赤痢感染のために死亡した。その当時、ドイツで最も名声があり、影響力が強い哲学者のうちの一人にディルタイが数えられていたことについては、疑いの余地がない。とはいえ、ディルタイの名前は、世間の大多数の人々にとっては、ほとんどなじみがなかった。せいぜい、文学史的エッセイとして著名になった論集『体験と創作』（一九〇五年）の著者として知られる程度だったという。しかし、当時の学界では、ディルタイの名前は、近代プロテスタントにおいて最重要であった神学者についての画期的な大部の伝記である『シュライアーマッハーの生涯』（一八七〇年）や、『精神科学序説』（一八八三年）、『ヘーゲルの青年時代』（一九〇五年）、『精神科学における歴史的世界の構成』（一九一〇年）、その他、哲学、心理学、教育学、文芸学、精神史などに関する多数の優れた研究や論文によってよく知られていた。

ところが、ディルタイの研究成果の一部は、入手困難な雑誌やベルリン学士院議事録のような媒体によって、広く散在したかたちで公にされていた。それゆえに、たとえばマルティン・ハイデガーは、学士院の重たい書物を背負って帰宅しなければならなかったと伝えられている。というのも、ディルタイの体系的な諸論文を研究するには、それ以外に接近方法がなかったからである。さらに悪いことに、ディルタイの作品の大部分は、まだまったく出版されていなかった。ディルタイの膨大な研究成果は、ベルリンの彼の住居にあるいくつかの原稿用書類戸棚のなかに貯蔵されたままになっていた。ディルタイの死後になって、彼に最も近かった弟子たちは、広く散在して見渡しきれないほどであるばかりでなく、多くの層からも成り立っている彼の学問的作品群を、どうにか関連づけて接近可能にすることが重要な課題だと見なした。この課題に取り組んだのは、ゲオルク・ミッシュ（Georg Misch）、ベルンハルト・グレテュ－イゼン（Bernhard Groethuysen）、ヘルマン・ノール（Herman Nohl）、パウル・リッター（Paul Ritter）などだった。そして、この課題を達成するために、『ディルタイ全集』の刊行が計画された。[1]この全集は、最初は全八巻の計画だったが、後に全一二巻の計画へ変更された。こうして創刊された『全集』の第一巻が、一九一四年に刊行された。

しかし、第一次世界大戦の勃発によって、この刊行作業は中断された。それにもかかわらず、一九二〇年代のはじめには刊行作業は再開され、当初計画された一二巻の発行は一九三〇年代の半ばに完結した。ただし、第一〇巻が例外となった。この第一〇巻のためにはあらかじめ配慮がなされ、後で刊行できるようにする措置が取られた。第一〇巻はディルタイの倫理学講義をノールが編集した巻であるが、この巻は遅れて一九五八年に刊行された。全一二巻のうち、第六巻までにおいては、すでに出版されていた重要なテキストや書物をまとまったかたちで提供することに、まず主眼が置かれた。しかし、第七巻以降においては、それ以前よりももっと強力に、後期ディルタイの未完の遺稿にも目が向けられるようになった。その結果、後期ディルタイの思想が、部分的ではあるにせよ、はじめて知られるようになったのである。しかし、この段階の発行では、『全集』は「歴史的＝批判的全集」の性格をまだ有していなかった。カールフリート・グリュンダー（Karlfried Gründer）が特徴づけた表現によれば、それはむしろ「工房発行」（Werkstattausgabe）の性格を有していた。この表現には、ディルタイの弟子たちが師の作品を、著者にとってはまだ機能を発揮しないままになっている「ある完結」へもたらそうとする試みのことが意味として込められている。

　ところが、実際には、『ディルタイ全集』の発行は、一二巻で終了しなかった。この後に続けて、マルティン・レデカー（Martin Redeker）の編集による『シュライアーマッハーの生涯』の新版が発行された。これは、ディルタイの死後に残された膨大な資料からの再構成の試みを含んだ単独計画だった。第一三巻（一九六六年）と第一四巻（一九七〇年）の二つの巻がそれに当たる。その後の『全集』の発行は、グリュンダーの発案と実行によって続行されることになった。グリュンダーは、ディルタイの哲学的＝学問的な意図を可能なかぎり確実に再構成することをめざした。そのために、とりわけ手書きの遺稿全体を解明するという目的を掲げて、『全集』の発行計画を立てていった。こうした発行計画のもとで、まずウルリヒ・ヘルマン（Ulrich Herrmann）によって、ディルタイの散在した出版物が『全集』第一五巻（一九七〇年）、第一六巻（一九七二年）、第一七巻（一九七四年）の三つの巻に集められた。ここでは、ディルタイが一部は匿名や筆名で一八五八年から一九〇八年までの間に新聞や雑誌で公にした伝記的スケッチ、文芸報告、小論、書評などが、「十九世紀の精神史に寄せて」というタイトルのもとでまとめられた。しかし、ヘルマンの貢献は、すでに刊行されていたテキストの編集だった。

　それに反して、『全集』第一八巻から第二〇巻までは、ほとんどもっぱら、主としてディルタイの初期と中期の未刊のテキストが印刷された。このことによって、従来のディルタイ像が少なからず修正されることになった。ヘルムート・ヨーアッハ（Helmut Joach）とフリティヨフ・ローディ（Frithjof Rodi）によって編集された第一八巻（一九七七年）と第一九巻（一九八二年）は、『精神科学序説』を発生的＝体系的に再構成することを試みたものである。第一八巻「人間と社会と歴史に関する学問」では、『序説』のために保存されていた予備研究がまとめられている。なかでも、いわゆる「一八七五年の論文」である「人間と社会と国家に関する学問の歴史の研究について」という論文の周辺から、認識論や心理学のテキストや、記述的分析的心理学の最初の大部の完成稿（一八八〇年頃）が収められている。第一九巻「人間と社会と歴史に関する学問の基礎づけ」では、保存されていた多様な資料に基づいて、『序説』第二巻の体系的部分を再構成することが試みられている。一九九〇年には、ハンス＝ウルリヒ・レッシング（Hans-Ulrich Lessing）とローディの編集によって、『全集』第二〇巻「哲学的学問の論理と体系」が出版された。ここでは、ディルタイの体系的な講義、なかでも哲学的学問の論理と体系に関する講義や、哲学の体系に関する講義についての代表的な筆記ノートが集められた。こうした作業を経て、『序説』第二巻の体系的内容の再構成を仕上げていくことが試みられた。

その後も『ディルタイ全集』の刊行は続行され、結局のところ、第二六巻まで出版されることとなった。ギイ・ヴァン・ケルクホーフェン（Guy van Kerckhoven）とレッシングの編集による第二一巻（一九九七年）と第二二巻（二〇〇五年）は、ともに「経験科学としての心理学」のタイトルで、心理学についてのディルタイの講義と原稿を包括している。第二一巻には、ブレスラウとベルリンでのディルタイの講義活動に関する包括的な資料が収められた。しかも、ここでは、可能なかぎり重複を避けながら、一八七五年から一八九四年までの心理学と人間学についての講義に関して、保存されていたすべての筆記ノートがまとめられている。第二二巻では、多数の研究原稿に基づいて、一八七〇年代後半から一八九六年に起こった心理学に関する研究の（一時的な）突然の中止に至るまでのディルタイの心理学について、発生的＝体系的に再構成しようとする試みがまとめられている。

ガブリエーレ・ゲプハルト（Gabriele Gebhardt）とレッシングの編集による第二三巻（二〇〇〇年）には、哲学史や「一般哲学史概要」の最終稿（一九〇五年）が収められた。第二四巻（二〇〇四年）は、グードルン・キューネ＝

ベルトラム（Gudrun Kühne-Bertram）によって編集された。ここでは、「論理学と価値」のタイトルで、ディルタイ後期の構造心理学、論理学、価値論などの講義や断片などがまとめられた。第二五巻（二〇〇六年）では、ガブリエーレ・マルシュ（Gabriele Malsch）の編集によって、「人間性の見者としての詩人」というタイトルで、ディルタイの文学史と詩学の研究がまとめられている。第二六巻（二〇〇五年）が、『ディルタイ全集』の最終巻となった。この巻もマルシュの編集による。この巻には、この巻の出版のちょうど一〇〇年前の一九〇五年に出版されたディルタイの成功作『体験と創作』が、詳細な註解とともに収められている。なお、この巻の最終頁には、『ディルタイ全集』が完結するに当たっての挨拶文が、グリュンダーとローディの連名で掲載されている。なぜこの二人の連名なのかという理由については、後述の内容から判明する。

第二節　ディルタイ研究所の設立と課題

以上において、『ディルタイ全集』の成立史を概観した。実は、この『全集』の編集作業は、一九八三年以降、ボーフム大学哲学科（Institut für Philosophie der Ruhr-Universität Bochum）に付置されたディルタイ研究所（Dilthey-Forschungsstelle）によって担われてきた。ちなみに、この一九八三年という年は、一連の学問的会議によって、ディルタイの生誕一五〇年が祝われた記念すべき年でもあった。このディルタイ研究所が設立される最初のきっかけを作ったのは、グリュンダーだった。『ディルタイ全集』がまだ第一四巻までしか準備されていなかった一九六〇年代に、『全集』の編集を続行することについて、当時ミュンスター大学の私講師だったグリュンダーが、ミッシュ夫妻との話し合いを行ったのである。ミッシュの妻のクララ（Clara）は、ディルタイの娘である。すなわち、ミッシュは、ディルタイの直弟子だったが、ディルタイの娘婿でもあった。

『全集』第一四巻までを出版していたのは、ミッシュをはじめ、主にディルタイの直弟子たちだった。当然のことながら、いつまでもその世代に頼ることはできない。グリュンダーは、ミッシュ夫妻との話し合いの後、独自に編集作業の準備に取りかかった。そして、グリュンダーは、一九六七年にはじめて、ドイツ学術振興会（die Deutsche Forschungsgemeinschaft = DFG）から、ささやかな資金を手に入れたのである。ところが、一九七〇年に、グリュンダーは、ボーフム大学哲学科へ教授として招聘されてしまった。そして、このときグリュンダーは、テュービンゲン大学のオットー・フリードリヒ・ボルノウ（Otto Friedrich Bollnow）のもとでディルタイについての研究で博士号を取得していたローディに着目する。グリュンダーは、ローディもまたボーフム大学哲学科で教授職の地位を得られるように尽力した。その結果、グリュンダーとローディの二人が、ボーフム大学で『ディルタイ全集』の編集計画に取りかかることになったのである。

しかし、その後ほどなくして、編集計画の主な仕事は、ローディに任されることになった。というのも、グリュンダーは、彼の師のヨアヒム・リッター（Joachim Ritter）が一九七四年に死亡した後、『哲学歴史辞典』(2)の編集責任者を引き受けたために、ディルタイ研究のための時間がほとんどなくなってしまったからである。そのような理由から、『全集』第一八巻からは、たしかにグリュンダーとローディの二人が『全集』の編集者として全体の責任を負っているけれども、個々の巻についてはローディが責任を負うことになった。当時、グリュンダーとローディは、全部で三二巻から成る『全集』の刊行を計画していた。もっとも、（旧）東ドイツ側のベルリン学士院の中央文書館（Zentrales Literatur-Archiv der Akademie der Wissenschaften der DDR in Berlin）に保管されていたディルタイの遺稿は、実際にはそれよりももっと大量にあったと言われている。しかし、この二人の編集者たちは、最初から完全無欠の編集をめざしたわけではなかった。重要で本質的だと見なされることができるものだけを、集中的に取り上げけられた。

ようとしたのである。さらに、その後の『全集』の編集者たちによっても、この基本方針は最後まで忠実に守り続

一九七九年に、グリュンダーは、今度はベルリン自由大学へ招聘された。そうなると、ボーフム大学に残されたローディが奮闘するしかない。ローディは、多大なエネルギーを注ぎ込んで、ディルタイ研究プロジェクトのための資金調達に奔走した。そのようにして、ローディは、ついに一九八三年に、ボーフム大学哲学科にディルタイ研究所を設立した。このとき、研究所の設立資金を拠出したのは、ドイツ学術振興会、フリッツ・ティッセン財団（Fritz Thyssen Stiftung）、ドイツ科学助成財団連盟（Stifterverband für die Deutsche Wissenschaft）だった。さらに、一九八五年以降、ディルタイ研究所は、ドイツ学術振興会の長期プロジェクトとして財政的援助を受けている。およそこのような経緯で、ディルタイ研究所が設立された。この研究所の主な課題は、次の六つである。

（1）『ディルタイ全集』の編集

上述したように、この課題は見事に達成され、『全集』の刊行は完結した。現在では、ディルタイの往復書簡集の編集が準備されている。この往復書簡集は、もともと『全集』に含められて刊行されるはずだった。しかし、その後、『全集』から分離されることになり、目下、全四巻から成る出版物のかたちでの出版が計画されている。しかも、その出版社は『全集』と同じ出版社（Verlag Vandenhoeck & Ruprecht）である。

二〇一一年に、キューネ＝ベルトラムとレッシングの編集によって、往復書簡集の第一巻が出版された。ここには、一八五二年から一八八二年までの書簡が収められている。今後の見込みでは、第二巻に一八八二年から一八九五年まで、第三巻に一八九六年から一九〇五年まで、第四巻に一九〇五年から没年の一九一一年までの書簡が収められることになっている。

（2）原稿保管所（Manuskriptdepot）でのあらゆる資料の保管

ディルタイ研究所によって整理分類されたディルタイのすべての手稿が、この原稿保管所に収められている。ディルタイ研究がさらに深められていくには、『全集』で取り上げられなかったその他の資料が散逸するような事態は、何としても防止されなければならない。そのために、そうした資料もこの保管所で保管することが決定された。これらの資料は、関心を有するすべての利用者の閲覧に供されており、たいていはコピー（一部は解読第一稿）のかたちでの未刊の遺稿や、すでに調査済の通信文のコレクション（約二、〇〇〇通の書簡）である。特に有益なのは、転写文書（Transkriptionen）、つまりディルタイの手稿をタイプされた文書へすでに変換したテキストである。それがなぜ特に有益かという理由は、ディルタイの筆跡がしばしば解読するのがきわめて困難だという点にある。

（3）『ディルタイ年報』の発行

この年報は、一九八三年から二〇〇〇年にかけて、全一二巻のかたちで出版された[3]。この年報の中心的な課題は、ディルタイとその学派の哲学について、最新の研究成果を公刊することに設定された。しかしまた同時に、この年報は、精神科学の理論と歴史にとっても、全体として役立つものだった。その結果、この年報は、国際的なディルタイ研究の基盤となるとともに、理論的、科学史的に精神科学に従事するのに必要なあらゆる視点を提供する議論と資料整備の公共広場となった。ここでは、ディルタイの遺稿テキストのはじめての公刊や、『全集』に先駆けての公刊、国際的なディルタイ参考文献目録の連続的な作成、精神科学の理論におけるきわめてさまざまの哲学的、歴史的諸問題についての研究などが行われた。

第六巻以降の各巻では、特集が組まれた[4]。そのうちの一つの主要テーマは、ハイデガーとその弟子のハンス＝ゲオルク・ガダマー（Hans-Georg Gadamer）の哲学だった。というのも、彼らの哲学が解釈学として広範に承認されるようになったからであり、そうなると、彼らの哲学とディルタイの哲学の関係を探り出すことが刺激的でもあり、重要でもあったからである。年報の資料の部では、ハンス・リップス（Hans Lipps）、ハイデガー、ヨーゼフ・ケーニヒ（Josef König）、ガダマー、ホセ・オルテーガ・イ・ガセット（José Ortega y Gasset）、ヨアヒム・リッターなどの重要な研究や往復書簡がはじめて編集されたり、再び接近可能にされたりした。

『ディルタイ年報』を創刊し、他の専門学者とともにこの編集に一貫して携わってきたローディは、二〇〇〇年にこのプロジェクトの活動を中止した。その理由は、最も重要な活動は、今や成し遂げられたという確信にあった。

（4）ディルタイの著作の翻訳支援と他国及び他言語での刊行支援

日本では、かなり以前から、独自のかたちでのディルタイ研究が存在している。優れた研究が行われ、現在では日本語版の『ディルタイ全集』も刊行中である[5]。アメリカでは、ローディがアトランタのエモリー大学のルードルフ・マックリール（Rudolf Makkreel）と協力して、全六巻から成るアメリカ版の『ディルタイ著作集』を世に出すことに成功した。この『著作集』は、現在までに五巻が刊行され[6]、ほどなく完結する予定である。

こうして、今では、ディルタイの思想は、アングロサクソンの地域でも、以前に増してかなり知られるようになってきている。しかし、オックスフォードやケンブリッジの分析哲学の影響下にある諸国では、それとは多少異なった傾向が見られる。とはいえ、ロマンス系、スラブ系、スカンジナビア系などの諸国でも、ディルタイへの関心が高まっているのは事実である。フランス語版、ロシア語版、ポルトガル語版のディルタイ作品集の刊行も着手されている。ディルタイ研究所は、こうしたプロジェクトのすべてに対して全面的に協力している。

（5）国際的なディルタイ研究の調整と支援

ディルタイ研究所は、ドイツ内外のディルタイ研究者たちの寄港地へと発展した。ディルタイとその学派の哲学を研究するために、数多くの博士候補生や研究者が、世界中からボーフムへやって来たのである。その便宜をはかるために、ディルタイ研究所では、宿舎の手配の手助けを行ったり、研究課題について助言したり、文献や、場合によってはディルタイの原稿を紹介したりしている。

（6）ディルタイ学派の哲学の研究

ディルタイ研究所は、設立当初から、ディルタイの弟子たちの哲学を研究することにも貢献してきた。それらの哲学は、もちろん師の命題を単に繰り返したものではない。むしろ、その一部は、かなり独立した独自の道を歩み出している。ディルタイ自身は、たとえばゲオルク・ヴィルヘルム・フリードリヒ・ヘーゲル（Georg Wilhelm Friedrich Hegel）やオーギュスト・コント（Auguste Comte）とは異なって、完結した体系を遺さなかった。しかし、それがかえって幸いした面もある。ディルタイの弟子たちが、ディルタイの哲学を活性化させるということもありえたのである。

この点できわめて重要な弟子は、特にミッシュである。彼の「論理学と知識論入門に関するゲッティンゲン講義」（Göttinger Vorlesungen über Logik und Einleitung in die Theorie des Wissens）は、キューネ＝ベルトラムとローディによって編集され、一九九四年に出版された(7)。『ディルタイ年報』の最後の二巻でも、ミッシュの特集が組まれた(8)。『ディルタイ年報』では、ミッシュの他にも、リップス、ケーニヒ、ヘルムート・プレスナー（Helmut Plessner）が特集を組まれた。そして、この最後のプレスナーにかかわって、レッシングの大学教授資格取得論文『意味の解釈学』(9)が、その後に執筆された。

ディルタイ研究所は、およそ以上のような課題に取り組んでいる。この研究所は、これまでにかなりの成果を挙げてきた。しかし、この研究所の研究チームは、ヘーゲルの作品を編集しているボーフム大学のヘーゲル文庫（Hegel-Archiv）の研究グループと比べると、はるかに小規模である。ディルタイ研究所には、ローディの他にレッシングが所属している。レッシングは、最初は外部資金によって予算措置されたポストに就いていたが、その後は大学のポストに移り、教授を兼任している。また、キューネ＝ベルトラムもディルタイ研究所に所属しており、彼女は、ドイツ学術振興会からの資金を得ている。正規の職務に就いているこうした主要共同研究員の他に、学生の補助者たち（studentische Hilfskräfte）が勤務している。また、編集の仕事には、たとえばブリュッセルから派遣されているケルクホーフェン教授のようなドイツ以外の国々からの研究者たちも参加している。

ところで、ローディは一九九三年に定年よりも早く退職したが、その後も引き続いてディルタイ研究所のプロジェクトの指導を行っている。とはいえ、ディルタイ研究所自体は、組織の上ではボーフム大学哲学科の「精神科学の歴史と理論」（Geschichte und Theorie der Geisteswissenschaften）の教授職のもとに設置されている。『ディルタイ全集』の編集作業が終了してしまった現在では、ローディは研究所の仕事からは引退している。二〇〇五年十月に、ローディはキューネ＝ベルトラムとともに、「ディルタイと解釈学的哲学」（Dilthey und die hermeneutische Philosophie）というテーマで国際学会を開催した。その際に行われた研究発表は、一冊の論文集にまとめられて、『ディルタイ全集』と同じ出版社から出版された[10]。この国際学会は、また同時に、ローディのこれまでの仕事の完結を祝う催しでもあった。ボーフム大学哲学科とボーフム大学当局は、この機会にローディに対して感謝の意を表した。ローディの引退後も、ディルタイ研究所は引き続きボーフム大学に存続する。そして、以上に紹介した課題のほとんどすべてを、今後とも果たしていくことになっている。

第三節　精神科学の歴史と理論

ディルタイの著作の刊行が続行されたことによって、ディルタイの新しい側面が解明されていった。とりわけ第一九巻（一九八二年）と第二〇巻（一九九〇年）によって、ディルタイという思想家は、体系的哲学を確立しようと努めた思想家と見なされるようになった。その体系的哲学とは、一般的には学問というものの基礎づけを、そして特殊的には精神科学の基礎づけを提供することのできる哲学のことである。ディルタイは、このような体系的哲学を確立する計画を抱いていたのである。

ディルタイのこの計画の中心点は、「認識論的論理学」（erkenntnistheoretische Logik）に置かれた。認識論的論理学とは、要するに、人間が認識したり知ったりする仕組みを解明する理論のことである。このためのディルタイの理論は、最広義での「経験」（Erfahrung）という概念に基づいている。しかし、また同時に、ディルタイは、科学哲学者（Wissenschaftsphilosoph）は絶えず歴史的にも研究しなければならないということにいつも固執していた。体系的哲学を確立しようとする科学哲学者は、学問の歴史というものも視野に入れておかなければならないのである。ディルタイがまさに要求していたのは、カントの死んだアプリオリが生きた歴史的プロセスと交代させられなければならないということだった。ディルタイにおいては、そのような意味での科学哲学への端緒が、はっきりと見て取られる。この科学哲学は、さまざまな豊かさに富んだ緊張関係のなかで、学問の理論（Wissenschafts*theorie*）と学問の歴史（Wissenschafts*geschichte*）を結びつける哲学である。

このことを踏まえれば、ローディの行動は容易に理解される。ローディは、ボーフム大学哲学科に「精神科学の歴史と理論」の教授職を設けるという計画を熱心に進めたのである。この教授職がディルタイ研究所をうまく補完するとローディは考えて、これを歓迎した。その際、この教授職の設置の必要性は、次の三つの主要論拠によって根拠づけられた。

①一九六二年にボーフム大学が設立された時点ですでに、特に自然科学を補完するものとして、科学史（Wissenschaftsgeschichte）のために、いくつかの講座を設置することが計画されていた。しかも、それは哲学科に設置するという計画だった。しかし、この計画は、財政的な理由から実現されなかった。そこで、今度はそれにふさわしい教授職を少なくとも一つ、精神科学のために設置しようということになった。というのも、ボーフム大学哲学科には、「科学論と科学史」（Wissenschaftstheorie und Wissenschaftsgeschichte）の教授職が一つ設置されただけだったからである。

この教授職に就いたのは、ゲルト・ケーニヒ（Gerd König）教授だった。この教授職は、ほとんどもっぱら数学と自然科学に照準を合わせられていた。とはいえ、それはもちろん、一つの教授職でまかなうには途方もない研究領域であることは間違いない。この教授職とのバランスを保つことのできるもう一つの新しい教授職として、「精神科学の歴史と理論」の教授職が考えられた。そのようにして、ボーフム大学哲学科では、哲学というものを、自然科学に対しても精神科学に対しても、サービス機能を発揮できるものにしようとした。つまり、ボーフム大学哲学科は、学問というものを普遍的に反省する機関として、みずからの存在を印象づけようとしたのである。

②科学論という学問分野は、国際的に知られている英語名称で言えば、サイエンス論（theory of science）になってしまう。それは、たいていの場合、ほとんどもっぱら自然科学のパラダイムに方向づけられている。なぜならば、アングロサクソンの地域では、まさに人文科学（*humanities*）ないし学芸（*arts*）は、学問の地位を有さないか

らである。しかし、このような制約は、理論的にはほとんど正当化されない一方的なものである。

ドイツでは、すでに十九世紀に、文献学と歴史記述もまた学問として認められるようになった。しかし、アングロサクソンの伝統では、サイエンスと人文科学の分離が、歴史学のなかに亀裂を生じさせるようになった。つまり、この学問分野は分裂して、一部は社会科学に、そしてまた一部は人文科学に属するようになったのである。その後、二十世紀における国際的な論争の過程で、科学という概念は、大いに拡大した。その結果、非＝自然科学的なものを排除することは、もはや不可能になった。それゆえに、科学論が伝統的にもっていた一面性を修正するためには、精神科学の哲学を独自に担当する教授職を設置することが、最も適切な手段であると考えられた。

③二十世紀において支配的となった科学論は、たとえばウィーン学団の新実証主義や、分析哲学や、批判的合理主義によって推し進められた。それらの科学論は、その大部分が非歴史的だった。すなわち、それらの科学論は、科学史に関心がなかったのである。しかし、トーマス・S・クーン（Thomas S. Kuhn）が、その著『科学革命の構造[11]』によって、歴史的な物の見方をすることの意義を、科学共同体（*scientific community*）の意識のなかへ印象深くもたらすことに成功した。クーンの命題についてどのような評価を下そうとも、今や科学論は科学史と対決しなければならなくなった。それゆえに、ボーフム大学哲学科では、この新しい教授職を「精神科学の理論」の教授職とは呼ばなかった。そうではなく、新しく重要となった歴史的側面を強調して、この教授職が担当する研究領域を「精神科学の歴史と理論」と呼んだ。

以上の主要論拠を見れば、この新しい教授職を設置するための論拠の大部分が、最近の科学論の論争から由来しているように見える。しかし、その論拠は、もともとディルタイの哲学に完全に収斂するものでもある。ディルタイは、早くも十九世紀において、学問とは何かということを反省するなかで、理論と歴史をすでに結びつけていたのである。一八七五年の論文「人間と社会と国家に関する学問の歴史の研究について」[12]において、ディルタイは精神科学を歴史的な学問と見なしていた。しかも、それは「哲学的意図における歴史研究」だった。つまり、学問というものの本質をよりよく理解することが、その目的だったのである。後に、クーンの立場をめぐる論争のなかで、イムレ・ラカトシュ（Imre Lakatos）が、「科学史のない科学論は空虚であり、科学論のない科学史は盲目である」[13]と言ったが、このことは、その事柄に従えば、すでにディルタイのなかでも言われていたことである。

ボーフム大学哲学科に「精神科学の歴史と理論」の新しい教授職を設置するに当たっては、以上の考え方が中心となった。そして、この考え方が十分な説得力をもつことが理解され、フォルクスワーゲン基金（Stiftung Volkswagenwerk）が、この教授職について、「新教授職」（Neue Professuren）というプログラムの枠内で、当初五年間の財政支援を行うことになった。こうして、ボーフム大学哲学科には、新しい学問領域の教授職が設置されることになった。そこに最初に就任したのは、ヘルマン・リュッベ（Hermann Lübbe）だった。その次がグリュンダーで、さらにヴィリー・エールミュラー（Willi Oelmüller）と続いた。これらの教授たちは、一方ではたしかにそれぞれに異なった思想家ではあるけれども、他方ではこの全員がヨアヒム・リッターの弟子たちなのである。それゆえに、この全員が『哲学歴史辞典』の編集にも関与している。また、この全員が抽象的な構成を構想する思想家ではなく、絶えず現実の歴史の歩みを視野に収めて哲学する思想家である。

一九九一年には、グンター・ショルツ（Gunter Scholtz）が、この新しい教授職へ招聘された。さまざまな理由から、この新しい教授職には、ショルツが適任であると考えられたのである。ショルツはすでに、この新しい教授職が担当するテーマ「精神科学の歴史と理論」に関する研究プロジェクトや教育活動にかかわっていた。また、三学期にわたって、ベルリンのグリュンダーの講座の代表者も務めていた。そのようなことから、ショルツは、このテーマを担当する能力があると見なされたのである。また、ショルツは、フリードリヒ・ダニエル・エルンスト・シュライアーマッハー（Friedrich Daniel Ernst Schleiermacher, 一七六八―一八三四年）の専門家としても評価されていた。一九八〇年代に何人かの研究者がシュライアーマッハーの哲学的作品の全体に取り組んだが、ショルツはそのうちの一人だった。この新しい教授職の就任者には、ディルタイ研究所と協力することが求められるので、シュライアーマッハーの専門家が就任することは歓迎された。

ショルツの師のグリュンダーが、ディルタイの友人のパウル・ヨルク・ヴァルテンブルク伯爵（Graf Paul York von Wartenburg）の思想について大学教授資格取得論文を書いていたこともあって[14]、ヨルクの哲学上の師であり、ブレスラウ大学の講座におけるディルタイの前任教授であるクリストリープ・ユリウス・ブラーニス（Christlieb Julius Branïß）についてショルツは博士論文を書いた[15]。もちろん、ショルツは、ミュンスター大学でリッターとグリュンダーのもとで学んでいた頃から、ディルタイの思想にもかなりよく親しんでいた。そしてまた、その頃から、『哲学歴史辞典』や『概念史アルヒーフ』[16]の編集に関与していた。最初は学生の補助者や執筆者として協力していたが、後にはこの両方の編集プロジェクトの編集者メンバーに迎えられた。一九八三年からは、『概念史アルヒーフ』の編集責任者はショルツに任されることになったのである。

概念史というものは、学問分野としてはディルタイによって基礎づけられていた。そしてそれは、実際、「哲学的意図における歴史研究」というディルタイの計画を推し進めるのに、きわめてよく適合していた。その後、概念史は、精神科学が行う反省作業のための重要な道具となった。なぜならば、精神科学というこの学問の歴史が、まさにその諸概念の発展のなかで映し出されるからであり、そして、また反対に、精神科学的な諸概念が、精神科学の歴史をともに携えてくるからである。それゆえに、たいていの場合において、概念を定義するということだけでは、不十分なのである。むしろ概念は、その歴史的な使用法の文脈のなかで記述されなければならない。歴史と理論を結びつけるということが、この新しい教授職の研究分野「精神科学の歴史と理論」に要求されているので、そこでは概念史が格好の道具になるのである。とはいえ、ショルツは、歴史と歴史哲学の概念と事柄について、全体的な仕方で取り組んでいる。ショルツの研究業績の多くは、この分野においてなされている。ショルツは、この新しい教授職を引き受けた後も、歴史への関心を深めながら、先任者たちの伝統も継承してきた。

その結果、ディルタイ研究所と「精神科学の歴史と理論」の教授職との間には、良好で緊密な協力関係が生じた。ショルツは『ディルタイ年報』の共同編集者になったし、レッシングとキューネ＝ベルトラムは『哲学歴史辞典』にも寄稿した。制度上の関係も、うまくいった。この新しい教授職に割り当てられた共同研究者のポストには、当初しばらくの間、キューネ＝ベルトラムが就いていた。その後、ディルタイ研究所のプロジェクトに即した研究がより確実に遂行されるようにするために、レッシングがこのポストに就いた。このようにして、「精神科学の歴史と理論」の教授職は、ディルタイ研究所の研究遂行とかかわりながら、重要な役割を果たしてきた。にもかかわらず、ボーフム大学哲学科は、二〇〇六年九月にショルツが定年退職した後、この教授職を廃止した。たとえばこのように、今日では、精神科学が憂き目を見て、至るところで経済的有用性のために自然科学がもてはやされている。しかし、そのことがかえって、哲学の課題は精神科学の正当性と有用性をはっきりと示すことにあるということを明瞭にしていると受け取ることもできるのではないかと思われる。

第四節　理解概念の意味

人間というものは、みずからの必要に応じて社会的実践を形成し、それについて熟慮するようになる。このようにして認識関心が実践的になり、みずからの幸福を追求するようにもなる。そのための実践哲学が私的公的生活の方向づけを行うのであるが、それが精神科学の中心に存在しているのである。ショルツによれば、現代文明がそれ自身の意識をもつのは精神科学によるのみで、自然科学によってではない。にもかかわらず、人々は技術的有用性のために自然科学をありがたがり、精神科学を単なる贅沢品だと見なす傾向にある。しかし、自然科学がそれ自身では解決できない問題を引き起こしているのも事実である。そうなると、精神科学にはますます「方向づけを行う知識」が請求されることになる。実際、精神科学がかかわっているのは、人間が自己自身で決断しなければならない領域の知識である。精神科学の理念はまさにこの点に存し、それが実践哲学の多様な領域で実現されるべきだと考えられる。

この点で着目されなければならないのが、ディルタイの「有意義性」という概念である。この概念は、価値、目的、発展、理想などの包括的な生の範疇を示し、ディルタイはこの概念のもとで生が把握されると考えた。こうした概念は、「解釈学的概念」という概念そのものである。つまり、解釈学的概念とは、事柄の本質を的確に把握する言語的表現をはじめて可能にする概念のことである。したがって、生の理解の解釈行為は解釈学的概念のなかでのみ遂行されることができ、それは同時に展開であるとともに創造にもなっている。キューネ＝ベルトラムは、「生の範疇」や「エネルギー概念」といったディルタイの概念を示唆しながら、こうした概念がまさに生の理解と分節化を行い、生を解釈する概念として把握されなければならないことを明らかにしている。

かつてディルタイは、次のように言った。「あらゆる真の哲学の華と目標は、最も広い意味での教育学、人間の陶冶論である」（IX, 7）[17]、「現代の批判的な立場での哲学者の最後の言葉は、教育学である。というのも、あらゆる思索は行為のためだからである」（IX, 203f.）。こうした言葉から、ディルタイの教育学は実践哲学として構想されていることが明白に読み取られる。しかし同時に、問題は精神科学の基礎づけというもっと大きな連関のなかにある。それは一方で行為する人間をどう理解すればよいかという問題であり、他方で理論と実践をどう媒介すればよいかという問題である。この両者が一本の糸のように、ディルタイの初期から後期まで一貫して問題になっている。それゆえに、ディルタイの「歴史的理性批判」の学理論的（科学論的）プログラムは、理解理論の形成だけではなく、歴史的＝政治的ないし道徳的＝政治的な学問の形成とも関係づけられる。[18]

教育学に対してディルタイが抱いた関心は、もちろん彼自身の哲学的態度の本質に深く根づいている。それとともに、あらゆる真の哲学は教育学へ注ぎ込んでいる。『ディルタイ全集』で教育学の巻（第九巻）を編集したボルノウは、「編者の予備報告」で、次のように指摘している。「こうした態度は、精神科学の土台を踏まえて生じた彼の『生の哲学』の必然的な表れであり、こうした態度からすれば、活動的な生から単に傍観し測定するだけの『純粋』理論を切り取るなどということは、とても考えられない。哲学は活動しようという意志をみずから展開し、それゆえに哲学の最終的な意図において、哲学は教育学と合流する」（IX, ɪ）。

レッシングは、シュライアーマッハー伝と並ぶディルタイの体系的関心を次の点に見ている。「ディルタイのこの関心、彼の作品の哲学的中心は、精神科学の認識論的＝論理学的＝方法論的基礎づけ、つまり『歴史的理性批判』にある。『精神科学序説』の計画を通して実現したかったこの基礎づけに、ディルタイはほぼ全生涯にわたって従事したのである」[19]。ディルタイは、『精神科学序説』の「序言」において、単なる表象に属する構成要素から経験と認識を説明する従来の認識論を批判した。この箇所はきわめて重要であるので、本書の冒頭に提示している。要するにディルタイは、「ロック、ヒューム、カントが構成した認識主体の血管を流れているのは本物の血ではなく、単なる思考活動としての理性の薄められた液体にすぎない」（I, XVIII）と考えている。

従来の認識論を克服するために、ディルタイは「人間の全体」を「人間の生」から理解するという可能性を問う。ショルツによれば、ディルタイは「歴史的理性批判という彼の計画の連関において、テクネー的解釈学の伝統を継承するのではなく、理解と解釈の可能性の条件を問い、哲学的で認識論的な解釈学に、つまり理解するということのなかに精神科学の基礎を認識し、この基礎の積載能力を吟味する理論に従事しているのである[20]」。そして、そのような試みが必要になったのは、「自然科学の普及によって、精神科学の領域の独自性が申し立てられなければならなかった時であった[21]」。

何かを理解するとは、前学問的な言語使用では多様な意味があるが[22]、術語としては意味を把握することを指している。ドイツ語の動詞 **verstehen**（理解する）がラテン語の **intelligere**（洞察する、理解する、認識する）の翻訳語であるのに対し、**auslegen**（解釈する）は **explicare**（展開する、説明する、他者に理解するように促す）の翻訳語である。**interpretieren**（［専門的に］解釈する）は **interpretari**（翻訳する）から由来している。このようなことから、**Auslegung** と **Interpretation** はふつう同義的に使用され、「解釈学」（**Hermeneutik**）は理解と解釈の理論と技能ということになる。ここでの課題は、説明することではなく、意味を透明にする理解を可能にすることにある[23]。ヴィルヘルム・ヴィンデルバントやハインリヒ・リッケルトの意味で自然科学と精神科学の相違をモデル化すれば、「自然と科学」と「精神と歴史」に両極化される。前者はサイエンスとして法則定立的に一般性を説明する点に、後者は人間的個性、一回的なもの、解体不可能なものをその歴史から記述する点に方法的課題を有している[24]。「個性記述」（Idiographie）の代わりにディルタイは「理解」の概念を使用しているが、新カント派と同様に自然科学と精神科学を方法論的に相互に分離している。

たとえば、子どもに対する父親の態度を問う場合に、この方法論的相違が決定的になる。ヘルムート・ダンナーによれば、「とにかく、父親の権威主義的態度をたとえば全人的に理解し解釈しようとするか、あるいは父親が子どもに何かをどの程度頻繁に禁止するかを正の字を書いて勘定するかは、根本的な相違である[25]」。父親の禁止令の回数を数えると権威主義的態度の頻度は知られるかもしれないが、その態度の意味は理解されない。別の例では、次のようなものもある。「教育において信頼がどんな意味をもつかを述べようとする場合、たとえば経験的方法によってはその道が遮断されることもある。人間と人間の信頼の現象は量的把握から免れ、統計の格子組をすり抜け、実験的措置を通せば最初から妨害される。……この例では、そもそも教育的信頼は存在しないという結果になる。したがって、対象が方法を規定しなければならず、その逆ではない。学問的問題設定が出発点でなければならず、方法が出発点ではない。……経験的方法がむしろ技術的把握の性格をもつのに反し、精神科学はむしろ対象それ自身に語らせようとする」[26]。類似の例は枚挙に暇がないが、さらに二例を付け加えるとすれば、次のようなものもある。ドイツの学校制度では、四年間の初等教育の後、基幹学校・実科学校・ギムナジウムの三つの中等教育学校に分かれ、最初の二年間は観察段階とされるが、この段階の生徒たちの能力・適性・希望などを理解するにはどうしたらよいのだろうか[27]。ドルトムント生まれですでに五年間にわたって南アフリカに在住している一六歳の少女がドイツのエリートたちに「今まで受けた助言のなかで一番の助言はどんなものか」を尋ねたが、この問いに答えることができるためには、自分自身の人生に対する深い自己理解が必要とされる[28]。至るところで人生の意味理解が要求され、人生はそれなしにすまされるわけにはいかない。

第五節　ディルタイ解釈の対立軸

話されたり書かれたりしたものの意味を厳密に把握し、そこで表現された話者や著者の体験を適切に洞察することに理解の課題がある。「すると、理解は、テキストと心的体験に関係する認識の二つの特殊領域の認識目標である。この努力のなかで学問的認識が追求されるならば、そのように捉えられた理解は、文芸学と……『理解心理学』

の特殊領域である。この意味でヴィルヘルム・ディルタイは、『説明する自然科学』に『理解する精神科学』を対置したのである」[29]。しかしながら、ダンナーによれば、意味理解と心理学的理解の区別が解釈学の批判者から頻繁に無視され、その結果、解釈学者は主観的言明から先へは進まないと非難される[30]。

ダンナーの例では、モーツァルトの「小夜曲」（Eine kleine Nachtmusik）の演奏と鑑賞には、まったく異なる二つの方法があるという。「感受性」による方法と「事柄に即した」（sachlich）方法である。前者は、感情的で典型的にロマン的で心理学的次元にあり、主観的領域にとどまり、（特に「小夜曲」の場合に頻繁に生じているように）あらゆる音楽を破壊する。それに反して、後者は、事柄に即した必然性をもち、それが顧慮されなければならない。個々の音それ自体はまだ音楽ではないが、それは旋律やリズムの音楽的形態の連関、つまりハーモニーの連関のなかに存している。それゆえに、個々の音は意味連関のなかに存しているわけであり、そのように見れば、それは意味を保持しているのである。

このような区別をすれば、シュライアーマッハーの解釈学の構想が示唆される。シュライアーマッハーは、何が理解されるべきかという点において、「言語」と「著者の個性」という二側面を見ている。そこから「文法的解釈」と「技術的ないし心理学的解釈」の二形式が生じ、この両者が協力しながら、その都度、解釈の客観的側面と主観的側面に対応するというのがシュライアーマッハーの考え方である。ところが、ガダマーは、この構想を批判している。「シュライアーマッハーが主観的解釈として展開したことは、思うに完全に排除されてよい。われわれがテキストを理解しようとする場合、われわれは著者の心的状態へ自己を置き換えたりはしない。自己置換という言い方をしようとすれば、それはすでに、他人が意見を獲得した視点へわれわれが自己を置き換えることになる。しかし、このことが意味しているのは、他人が言うことのもつ事柄に即した正しさを妥当させようとすることに他ならない。……魂の秘密に満ちた聖体拝領ではなく、共同の意味への参与である理解のこの驚異を解明することが、解釈学の課題である」[31]。ガダマーは、彼独自の立場から、主観的ないし心理学的解釈も、客観的ないし事柄に即した解釈も拒否している。

　ガダマーは、次のような見解をもっている。シュライアーマッハーにとっての理解というものは、精神の同質性に基づくもともとの思考産出の「再生的反復」である。特に心理学的解釈は、彼の後継者たちにおいて、天才の無意識的創造というロマン主義的理論に支えられて、精神科学全般のしだいに明確になった理論的基礎になった。そして、これがディルタイによる精神科学の新しい基礎づけへ通じた[32]。ガダマーは、いわゆる「近代解釈学」をめぐってヘンリー＝エフラルト・ハッソー・イェーガーを批判する箇所で、次のように言っている。「彼がそのことでシュライアーマッハーの、続いてディルタイの解釈の心理学化を念頭に置いているのなら、私は彼に同意できるだろう」[33]。この批判のポイントは、ディルタイがシュライアーマッハーの解釈学を心理学的に基礎づけるように要求したという点にある。しかし、ディルタイが問題にしているのはむしろ「普遍的な人間本性」であり、これによって著者と解釈者が結合されるので、そこから理解の基礎が形成されるとディルタイは考えている。それゆえに、ディルタイのさまざまな心理学的研究は、そのようにして理解論を基礎づける試みだと見なされる。それは恒常的な心的構造連関を解明する試みであり、その構造連関のなかに個々の体験のすべてと個々の表現のすべてが埋め込まれている。それゆえに、この構造連関は個々人の間のいわば架け橋を表している[34]。つまり、この構造連関は、ガダマーが心理学的置換として批判しているのとは異なった「理解するということがもっている可能性の土台」を提供しているのである。

　ダンナーによれば、ディルタイの「理解は汝における自我の再発見である」（VII, 191）という一文は、他者の精神への静的投入ないし動的追体験として起きる創造的で「同質的な」事象を意味している。ここで問題なのは、それが解釈者の「同質性」によってだけなされえるように見える点である。このことを確証するために、ダンナーは主としてディルタイの「精神科学における歴史的世界の構成」（一九一〇年）の第三部「続行の計画」のなかの「投入、追構成、追体験」（VII, 213-216）の節から抜粋したテキストを個々に分析している。その際、ダンナーは次のような評価をしている。「ディルタイが心理学的表現方法を通して容易ならざることにしているのは、彼をさすがに心理学的にではなく理解することである。なぜならば、『投入』ないし『追体験』のような概念は、たとえ彼がそれを『共感』ないし『感情移入』から区別したとしても、直接的に心理学的表現方法を思い起こさせるからである[35]」。

しかし、ガダマーにとっては、問題はそのような「見え方」の点にあるのではなく、「同質性」という考え方そのものにある。ガダマーは、次のように言っている。「作品の創造者と解釈者が一致するべきであるとする『同質性』の前提へテキスト理解の可能性を根拠づけるのは、まったくの的外れである。本当にそうなら、精神科学はぱっとしないだろう。真に重要で根源的に意味あるものを伝承のなかで認識するために、いかなる同質性も必要としないという点に、むしろ理解の驚異がある[36]」。ガダマーの考えでは、「作用史的意識」と「適用」によって特徴づけられる「解釈学的状況」が理解というものをはじめて可能にする。しかし、ディルタイにおいては、同質性というものは単に心理学的再構成の意味での理解の共通性のことを示しているのではない。むしろディルタイの方が「客観的精神」という概念を用いながら、「歴史」や「歴史性」へ視野をより拡大しているとすれば、ガダマーが「伝承」ないし「伝統」の概念で条件づけているのとは異なった仕方で、理解するということの土台がどうなっているのかを問うことができる。

たしかに、ディルタイは精神科学の基礎づけをさしあたり心理学の道筋に求め、記述的分析的心理学の展開を開始した。しかし、後にディルタイはそのような基礎づけで十分であるかどうかという疑問を抱き始めた。ボルノウは、ディルタイが詩作のような精神の作品を論じている点にこうした移行を見ている。詩作で問題になるのは、心理学的意味での詩人の事象ではなく、まさに作品そのものであり、作品は作品それ自身から理解されなければならない。ディルタイは、次のようにはっきりと述べている。「この精神の理解は、心理学的認識ではない。それは、それに固有の構造と規則性から精神的形象への遡及である」（VII, 85）。「これは詩人の内的事象ではなく、そこで創造されたが、そこから外し取ることのできる連関である」（VII, 85）。

ディルタイのこうした基本的立場を確認したうえで、ボルノウは、次のように結論づけている。「ディルタイの明瞭な定式化を前にすれば、彼に対して繰り返し心理学主義という非難ができたということを理解するのは困難であり、それは少なくとも不当である。……ディルタイは、問題をその複雑性のなかで見て、最終決定はしばしば保留した。かくして、ここでもローディが個々に追跡したように、心理学的基礎づけと解釈学的基礎づけの両方の線は、最後まで並行して走ってきた。しかし、一面的に心理学的基礎づけを見て、そこからディルタイを非難するのは、どんな場合でも誤りである[37]」。では、そうなると、ディルタイにおける理論の展開過程はどう見られるべきなのだろうか。ボルノウは、生の「客観態」を経由する理解の「間接的な」道筋がディルタイ解釈の決定的な点であると考える。つまり、生や精神というものは直接的に理解されることはできないので、人間が何かを理解することができるためには、必ず生の「客観態」を経由しなければならないのである。このことを基にして、ボルノウは、次のように述べている。「ディルタイは、それに関して、ひょっとしたら誤解を招く表現（あるいはもっと一般的な意味では生の表出）という言い方で言い表し、それによって精神科学や生の哲学一般の手続きを体験、表現、理解の関係のなかで基礎づけている。ディルタイの理論一般の核心部分であるこの手続きのなかでのみ、われわれは十全なディルタイを把握し、表現を経由するこの道筋なしに展開されるもののすべては、暫定的なものと見なされるべきである[38]」。

第六節　精神科学的教育学の理念

そうなると、ディルタイがシュライアーマッハーから継承した精神科学の基礎づけという問題は、単に心理学的次元においてではなく、もっと大きな連関において見られる必要がある。ボルノウは、次のように見ている。ディルタイにおける問題は「もはや個々の対象領域の解釈ではなく、人間的生の全体、後にハイデガーが『(人間的)現存在の分析論』として特徴づけたものである。このように転用された解釈学概念を用いる際の困難さは、この人間的生というものが同一の仕方で把握されない点にある[39]」。それでは、われわれはディルタイの心理学をどう捉えればよいのであろうか。ショルツは、次のように述べている。「ディルタイの心理学は、従来誤解されていたが、ハイデガーにとっては『生』を理解できるものにするという完全に正しい端緒だった。……これは、ハイデガーがディルタイの歴史的な生の哲学のなかに『解釈学的哲学』を発見したことを意味する。解釈学的哲学とは、いかなる特殊学科でも学問論でもなく、それは哲学することがもはやそれ以上背後へ遡ることができない最終的な基礎を露呈させる基礎哲学であり、まさに人間的生である[40]」。

こうした問題をショルツは、理解の歴史性の問題として見て、ディルタイの次の箇所に注目している。「われわれは理解する場合、われわれに生き生きとして与えられている全体の連関から出発し、ここから個別的なものがわれわれにとって把握可能になる。……理解の根源的な手続きに、心理学における一般的な人間本性の追構築もつなぎとめられていなければならない」(V, 172)。つまり、理解においては全体と部分の関係が重要になってくるわけであり、その問題に解釈学が取り組んでいるわけである。この点から、ショルツは、次のような結論を導いている。「まさにそれゆえに、われわれはディルタイによって構想された『記述的分析的心理学』を、それなりの道理をもって『理解心理学』ないし解釈学的哲学と呼んでよいだろう。解釈学的哲学が問うのは、人間の生はどう理解され解釈されなければならないかである」[41]。

それでは、ディルタイが継承したシュライアーマッハーの解釈学においては、これに関連してどんな問題があったのだろうか。シュライアーマッハーは、解釈学の力点をはじめは文法的解釈に置いていたが、いわゆる心理学的解釈を優遇するために、一八二〇年代に強調点をずらしたとされる。これは、ハインツ・キンメルレの主張である。それによれば、シュライアーマッハーの死後、弟子のフリードリヒ・リュッケがシュライアーマッハー後期の講義録だけを公刊したので、解釈学の領域でのシュライアーマッハーの業績が「心理学化」ないし「主観主義化」の部分に置かれた。この作用史的先入見の責任は、リュッケにある。この主張に対して、マンフレート・フランクが異議を唱えている。フランクの反論では、シュライアーマッハー後期においても文法的解釈は心理学的ないし技術的解釈と同等の地位をもち、ディルタイもシュライアーマッハー初期の覚書に精通していて、文法的解釈に特に注意を払っていたことが重視される[42]。

ショルツは、こうした解釈問題について、次のような見方をしている。「ハイデガーにならって解釈学のなかに哲学の中心を求めたシュライアーマッハーの解釈者たちが、シュライアーマッハーにおいても解釈学は圧倒的にただテクネー的な学科にすぎず、またそうあろうとしているだけで、もっと狭い意味での彼の哲学は、別の諸学科で、とりわけ弁証法と倫理学で展開されているということを見抜いていたら、彼らは多くの時間とインクを使わなくてすんだはずだろう」[43]。すると、問われるべきは、シュライアーマッハーの哲学全体がどうなっていて、それとディルタイがどう対決したかである。後者に関しては、おそらく一八五三年の十一月のはじめに、シュライアーマッハーの遺稿の編集者であるルートヴィヒ・ヨーナスとディルタイが知り合って以来、シュライアーマッハーに対するディルタイの関心が増大した。レッシングは、折に触れてシュライアーマッハーとディルタイの対決を描い

シュライアーマッハーの学問体系

弁証法	
自然学（Physik）（思索的）（spekulativ）	倫理学（Ethik）（思索的）（spekulativ）
	技術的学科及び批判的学科
博物学（Naturkunde）（経験的）（empirisch）	歴史学（Geschichtskunde）（経験的）（empirisch）

ショルツ：註（46）から作成

た詳細な発展史的研究を行っているが、次のように述べている。「シュライアーマッハーの人物と作品にディルタイがこの頃に年代推定される時期からほとんど中断なく生涯にわたって従事したことを詳細に研究することは、ディルタイ研究に切に求められていることである。ディルタイとシュライアーマッハーの複雑な関係の分析によって、ディルタイがどう哲学したかに関する重要な洞察が得られるのは間違いないだろう」[44]。実際、ディルタイは、シュライアーマッハーから研究を開始し、一八六四年に学位論文「シュライアーマッハーの倫理学的原理の批判（一八六三／六四）」（ラテン語からの一部独訳：XIV, 339-357）を、引き続いて、同じ一八六四年に大学教授資格取得論文「道徳的意識の分析の試み」（VI, 1-55）を書いている[45]。

前者、つまりシュライアーマッハーの哲学全体がどうなっているかに関しては、彼の学問体系全体の構造が明らかにされなければならない。これは現代の人間の知識の全領域も構造化しているが、ショルツはその学問区分を上の表のように示している[46]。知識の理論であり知識の生産のための指示である弁証法が最上段に位置する。シュライアーマッハーは、クセノクラテスの学問区分の意味で、自然学と倫理学の前に弁証法を置く。思考が一方で万人から同一の仕方で産出され、他方で存在に適合したなら、それは弁証法の言明に従って知識となる。それゆえに、弁証法は一方で「認識論」、他方で「論理学と方法論」である。ショルツの見解では、ディルタイはこれと同じ仕方で認識論と論理学と方法論を構想した。「シュライアーマッハーの弁証法とディルタイの認識論は、したがって同一の体系上の位置を占め、類似の目標を追求している。つまり、思考の形式と現実連関が同時に探求され、伝統的論理学が認識と知識の包括的理論へと入れられるべきなのである(47)」。

次段には思索的自然学と思索的倫理学が、最下段には経験的博物学と経験的歴史学が位置する。自然科学的学科（左欄）が二段に分けられるのに反し、精神科学的学科（右欄）では思索的学科と経験的学科の両極の間に、この両者を踏まえて媒介する二つの橋として、技術的学科（政治学、教育学、解釈学など）と批判的学科（たとえば美学や宗教哲学）が挿入される点が特筆される(48)。それゆえに、シュライアーマッハー的な意味での精神科学は、単に「最高善」を考察するのではなく、その「実現」を助けようとしているのである。哲学的倫理学の諸学科は、個別の課題を担う。政治学は、政治的行為を導き、国家の改善に尽くす。教育学は、文化全体の練磨をにらんで教育を導く。解釈学は、理解を補助し、知識とコミュニケーション一般に仕える。美学と宗教哲学は、現在の文化のなかで芸術と宗教がどんな地位を占めるかを詳細に示す(49)。

さらに、解釈学と批判、弁証法、倫理学の関係に目を向ければ、解釈学は著者が何を考えたかを解明し、批判はそれがどう評価されるかを照らし出す。思考はコミュニケーションと理解を頼りにするので解釈学を必要とし、そうなると、この点で弁証法は解釈学によって補完されなければならない。弁証法では知識の理念が扱われるのに反し、倫理学では善の理念が問題になる。しかし、善は全体として個別と一般の対立によって構成され、あらゆる道徳的領域においてこの緊張関係が反映されるので、話者／著者（個別）と言語（一般）を媒介する解釈学が倫理学の特殊ケースになる。このようにして、シュライアーマッハーの解釈学は直接的に倫理学の上に基礎づき(50)、倫理学は再び「社会的現実の大規模な解釈学(51)」になる。シュライアーマッハーの解釈学の適用領域は多様であるが、解釈学の機能は次の八つの視点によって示される(52)。

①文法的解釈（言語の知見）
②技術的＝心理学的解釈（作品の傾向と目的を知る）
③狭義の心理学的解釈（著者の生を算入する）
④狭義の技術的解釈（様式と構造の分析）
⑤比較と予見（語や文の意味把握のための比較と予感／直観：予見とは、想像力のはたらきや学問的手続きを補完する飛躍である）
⑥解釈学的循環（個別を全体から、全体を個別から理解する）
⑦発生的手続き（テキストを作られたものと見なして、その製作や生産過程へ戻る）
⑧批判

最後の「批判」についてであるが、解釈学に批判が付け加えられる事実はしばしば看過されている。しかし、批判は解釈学にとって特に重要である。この場合、批判には相互に交差する三つの意味がある。

ⓐ高次の批判（個別作品の理解と追遂行、「認識の認識」）
ⓑ批判的学科（たとえば美学や宗教哲学：歴史的現象を倫理学的財論（Güterlehre）の視点で見る）
ⓒ歴史的、文献学的、事実的批判

シュライアーマッハーのこの八つの視点は何を意味し、今日でもなおシュライアーマッハーが必要とされるのはなぜなのだろうか。ショルツは、次のように回答している。「ちょうどカントが定言命法で完全に新しい倫理学的原理を世に出すことをまったく要求せず、各人の誠実な心情が哲学なしでも命じることをただ学問的に定式化したかったのと同じ仕方で、シュライアーマッハーも従来適用されていない完全に新しい解釈規則を作り出すのではなく、『きちんとした』専門的な解釈のなかで顧慮されるべき手続きをただできるだけ完備させて体系的に秩序づけて叙述したかったのである」[53]。そのような解釈学的慎重さだけが差異に注意を払うことを教え、この手続きを通せばすべてのことがその意味を同一の仕方で多義的で未決定のままに出現する霧から防護できるのなら、そしてそれ以外には方法がないのなら[54]、こうした手続きが倫理的ないし道徳的学問として人間の行為の意味を探求する精神科学の前提になる。

シュライアーマッハーは、このような意味で学問区分の古い図式を受け入れ、倫理学にすべての精神科学を割り当てた。彼の弟子のハインリヒ・リッターは、それを道徳的学問と呼んだ。後にエルンスト・トレルチは、それを倫理的＝歴史的学問と呼んだ。ところで、当時のイギリスでは「道徳科学」という術語がかなり流布していたが、ジョン・スチュアート・ミルが『道徳科学の論理について』(*On the Logic of the moral sciences*, 1843) というタイトルで、心理学、生態学、社会学、歴史学をまとめた。この書物を一八四九年にヨハネス・シールが『精神科学ないし道徳的学問の論理について』(*Von der Logik der Geisteswissenschaften oder moralischen Wissenschaften*) と翻訳し、ディルタイはここから「精神科学」という概念を採用したのではないかとも言われている。テオドール・ボーダマーも指摘しているように、「精神科学の論理」の概念が最初は人間科学の経験主義的理論のために使用されていたのは歴史の皮肉である[55]。

すでにアリストテレスにおいても、倫理学として個人の態度に携わり、政治学としてポリスの制度に携わる実践哲学があった。道徳的＝政治的学問としての精神科学は、そこから由来する。この伝統をディルタイも一八七五年の論文「人間と社会と国家に関する学問の歴史の研究について」(V, 31-73) で明瞭に継承している[56]。さらに、ディルタイが精神科学を「社会の実践的な必要」（I, 3）から捉え、それをガダマーがアリストテレス的フロネーシスと関連づけ、ユルゲン・ハーバーマスが実践的認識関心を堅持し、これをカール＝オットー・アーペルが善き生活と幸福の議論へ投錨しているという事実からも、私的公的生活の方向づけを行う実践哲学が精神科学の中心に存していると言うことができる[57]。

ショルツは、このことのもつ現代的意味を次のようにまとめている。「現代文明がそれ自身の意識をもつのは、精神科学によるのみで、自然科学によってではない。われわれには、自然科学はその技術的有用性のために絶対に必要であり、精神科学は圧倒的に――資金不足などの――緊急時には破棄もできる単なる贅沢品だと見なす傾向がある。しかし、自然科学が技術を通じてそれ自身では解決できない問題を引き起こせば起こすほど、その確信もますます自明性を失い、精神科学に『方向づけを行う知識』が請求される。実際、精神科学がかかわっているのは、一人ひとりがここで決断を委譲できないがゆえに知識を必要としている、まさにその領域である[58]」。つまり、この点に精神科学ないし解釈学の理念が存しているわけであり、それが実践哲学の多様な領域で実現されることが求められているのである。

その意味で顧慮されなければならないのが、ディルタイの「有意義性」（Bedeutsamkeit）という概念である。この概念は、歴史的生の解釈の範疇の一つである。ディルタイにおいてもゲーテにおいても、有意義性の概念は「意義」（Bedeutung）の概念としばしば同義的に使用されるが、有意義性ないし意義の範疇は価値、目的、発展、理想などの包括的な範疇を示し、そのもとで生が把握されるとされる。「というのも、生そのものは、生の全体と部分の関係の一定のあり方でのみ現存することができるからである」（VII, 232）。そして、その生の全体と部分の関係を表すのが、意義の範疇なのである。「意義の範疇が、生の全体と部分の関係を表し」（VII, 233）、この関係を分節化する。しかし、生の全体は絶えず開かれているため完結することはなく、生と歴史の流れのなかで絶えず新たにもたらされるので、有意義性の概念が新しい意味をもつようになる。なぜならば、テキストでは古い規則の解釈学的循環が妥当するのに反して、人間の生では全体の未完結性のために事情が異なるからである。ディルタイはこのことを念頭に置いて、「意義」ではなく「有意義性」という概念を使用している[59]。

　この問題は、主にミッシュによって構想されたいわゆる「解釈学的論理学」における概念形成という問題につながってくる。ここで問題になるのは、「解釈学的概念」という概念そのものである。解釈学的概念とは、事柄ないし言明の本質を的確に把握する言語的表現をはじめて可能にする概念のことである。有意義性というものは、この解釈学的概念のなかで分節化される。ミッシュは「喚起的＝論証的表現」のなかで産出されるものを「解釈学的形態」と呼び、この形態のなかで生産的に＝客観化する分節化が起きるとした。このことから、ミッシュはディルタイと一致して、解釈学的概念のなかでのみ遂行される生の理解の解釈行為を「同時に創造である展開」（VII, 232）と特徴づける。

　キューネ＝ベルトラムは、この一連の概念史を次のように論じている。「ここでも示唆されるべきは、『生概念』、『精神科学の基本概念』、『生の範疇』、『エネルギー概念』といったディルタイの概念であり、それがまさにまた生の理解の分節化として、生を把握する概念として把握されなければならない。思うに、ディルタイは、たとえ彼が解釈学的概念という表現を用いていなくても、彼の哲学を通してこの概念のための土台を固めた人物である」[60]。キューネ＝ベルトラムは、さらに「自己描出」（Selbstdarstellung）の概念の例に即して、解釈学的概念の「対象」がその歴史的発展の展開によってどのようにして理解されることができるかをスケッチした結果、定義をすることではなくむしろ概念の歴史を提示することが、解釈学的概念のなかで取り上げられる認識のための適切な方法であることを明らかにしている[61]。そうなると、すでにたとえば「教育学」、「教育」、「科学」などの概念も解釈学的概念に属していると見れば、それぞれの概念の歴史的発展のなかで、その概念自体の展開と自己描出が必要になる。この意味でヴィルヘルム・フリットナーは、精神科学的教育学[62]のなかで、「解釈学的＝実際的な」理論端緒を「第三のタイプ[63]」として構想した。われわれに課された課題としては、こうした歴史的発展のなかでフリットナーの理論端緒をさらに展開して、「理論が実践を解釈し（解釈学）、行動に照準を当てる（実践[64]）」実践哲学としての教育学がもっている精神科学的な意味をよりよく理解する必要があると考えられる。この問題は、まさに教育学の自己理解の問題である。

註

（1）『ディルタイ全集』（Wilhelm Dilthey: *Gesammelte Schriften*）は、後述するとおり、結局のところ、第二六巻までの出版ということになった。各巻のタイトル、編集者、刊行年は、次のとおりである。

Bd. 1: Einleitung in die Geisteswissenschaften. Versuch einer Grundlegung für das Studium der Gesellschaft und der Geschichte. Erster Band. Hrsg. von Bernhard Groethuysen. 1914.

Bd. 2: Weltanschauung und Analyse des Menschen seit Renaissance und Reformation. Hrsg. von Georg Misch. 1914.

Bd. 3: Studien zur Geschichte des deutschen Geistes. Leibniz und sein Zeitalter. Friedrich der Große und die deutsche Aufklärung. Das achtzehnte Jahrhundert und die geschichtliche Welt. Hrsg. von Paul Ritter. 1921.

Bd. 4: Die Jugendgeschichte Hegels und andere Abhandlungen zur Geschichte des deutschen Idealismus. Hrsg. von Herman Nohl. 1921.

Bd. 5: Die geistige Welt. Einleitung in die Philosophie des Lebens. Erste Hälfte. Abhandlungen zur Grundlegung der Geisteswissenschaften. Hrsg. von Georg Misch. 1924.

Bd. 6: Die geistige Welt. Einleitung in die Philosophie des Lebens. Zweite Hälfte. Abhandlungen zur Poetik, Ethik und Pädagogik. Hrsg. von Georg Misch. 1924.

Bd. 7: Der Aufbau der geschichtlichen Welt in den Geisteswissenschaften. Hrsg. von Bernhard Groethuysen. 1927.

Bd. 8: Weltanschauungslehre. Abhandlungen zur Philosophie der Philosophie. Hrsg. von Bernhard Groethuysen. 1931.

Bd. 9: Pädagogik. Geschichte und Grudlinien des Systems. Hrsg. von Otto Friedrich Bollnow. 1934.
Bd. 10: System der Ethik. Hrsg. von Herman Nohl. 1958.
Bd. 11: Vom Aufgang des geschichtlichen Bewußtseins. Jugendaufsätze und Erinnerungen. Hrsg. von Erich Weniger. 1936.
Bd. 12: Zur preußischen Geschichte. Schleiermachers politische Gesinnung und Wirksamkeit. Die Reorganisatoren des preußischen Staates. Das allgemeine Landrecht. Hrsg. von Erich Weniger. 1936.
Bd. 13: Leben Schleiermachers. Erster Band. Auf Grund des Textes der 1. Auflage von 1870 und der Zusätze aus dem Nachlaß. Erster Halbband（1768-1802）. Hrsg. von Martin Redeker. 1966.
Bd. 14: Leben Schleiermachers. Zweiter Band. Schleiermachers System als Philosophie und Theologie. Aus dem Nachlaß von Wilhelm Dilthey. Hrsg. von Martin Redeker. 1970.
Bd. 15: Zur Geschichte des 19. Jahrhunderts. Portraits und biographische Skizzen. Quellenstudien und Literaturberichte zur Theologie und Philosophie im 19. Jahrhundert. Hrsg. von Ulrich Herrmann. 1970.
Bd. 16: Zur Geschichte des 19. Jahrhunderts. Aufsätze und Rezensionen aus Zeitungen und Zeitschriften. 1859-1874. Hrsg. von Ulrich Herrmann. 1972.
Bd. 17: Zur Geischichte des 19. Jahrhunderts. Aus „Westermans Monatsheften“: Literaturbriefe. Berichte zur Kunstgeschichte. Versteuerte Rezensionen. 1867-1884. Hrsg. von Ulrich Herrmann. 1974.
Bd. 18: Die Wissenschaften vom Menschen, der Gesellschaft und der Geschichte. Vorarbeiten zur Einleitung in die Geisteswissenschaften（1865-1880）. Hrsg. von Helmut Johach und Frithjof Rodi. 1977.
Bd. 19: Grundlegung der Wissenschaften vom Menschen, der Gesellschaft und der Geschichte. Ausarbeitungen und Entwürfe zum zweiten Band der Einleitung in die Geisteswissenschaften（ca. 1870-1895）. Hrsg. von Helmut Johach und Frithjof Rodi. 1982.
Bd. 20: Logik und System der philosophischen Wissenschaften. Vorlesungen zur erkenntnistheoretischen Logik und Methodologie（1864-1903）. Hrsg. von Hans-Ulrich Lessing und Frithjof Rodi. 1990.
Bd. 21: Psychologie als Erfahrungswissenschaft. Erster Teil: Vorlesungen zur Psychologie und Anthropologie（ca. 1875-1894）. Hrsg. von Guy van Kerckhoven und Hans-Ulrich Lessing. 1997.
Bd. 22: Psychologie als Erfahrungswissenschaft. Zweiter Teil: Manuskripte zur Genese der deskriptiven Psychologie（ca. 1860-

1895). Hrsg. von Guy van Kerckhoven und Hans-Ulrich Lessing. 2005.

Bd. 23: Allgemeine Geschichte der Philosophie. Vorlesungen 1900-1905. Hrsg. von Gabriele Gebhardt und Hans-Ulrich Lessing. 2000.

Bd. 24: Logik und Wert. Späte Vorlesungen, Entwürfe und Fragmente. Zur Strukturpsychologie, Logik und Wertlehre（ca. 1904-1911). Hrsg. von Gudrun Kühne-Bertram. 2004.

Bd. 25: Dichter als Seher der Menschheit. Die geplannte Sammlung literarhistorischer Aufsätze von 1895. Hrsg. von Gabriele Malsch. 2006.

Bd. 26: Das Erlebnis und die Dichtung. Lessing, Goethe, Novalis, Hölderlin. Hrsg. von Gabriele Malsch. 2005.

（2）Joachim Ritter/Karlfried Gründer（Hrsg.): *Historisches Wöterbuch der Philosophie*, 12 Bde., Basel 1971-2004.

（3）『ディルタイ年報』（Frithjof Rodi（Hrsg.): *Dilthey-Jahrbuch für Philosophie und Geschichte der Geisteswissenschaften*, 12 Bde., Göttingen 1983-2000）の各巻の発行年は、次のとおりである。Bd. 1/1983（1983), Bd. 2/1984（1984), Bd. 3/1985（1985), Bd. 4/1986-87（1987), Bd. 5/1988（1988), Bd. 6/1989（1989), Bd. 7/1990-91（1991), Bd. 8/1992-93（1993), Bd. 9/1994-95（1995), Bd. 10/1996（1996), Bd. 11/1997-98（1998), Bd. 12/1999-2000（2000).

（4）『ディルタイ年報』の第六巻以降で組まれた特集は、次のとおりである。

Bd. 6: Zur Philosophie von Hans Lipps.

Bd. 7: Josef König und Helmuth Plessner.

Bd. 8: Hans-Georg Gadamer.

Bd. 9: Diltheys Psychologie.

Bd. 10: Dilthey und Kant.

Bd. 11: Der Philosoph Georg Misch. Teil I: Im Bezugsfeld von Phänomenologie und Logik.

Bd. 12: Der Philosoph Georg Misch. Teil II: Metaphysik, philosophische Anthropologie und Geschichte der Autobiographie.

（5）日本語版『ディルタイ全集』（編集代表 西村皓・牧野英二、法政大学出版局）の刊行は、二〇〇三年五月の第三巻『論理学・心理学論集』の出版をもって開始された。日本ディルタイ協会からの「刊行のお知らせ」（『ディルタイ研究』第一四号、二〇〇三年、一三〇―一三一頁）によると、全巻の構成予定（全一一巻、別巻一）は、次のとおりである。

第一巻『精神科学Ⅰ』、第二巻『精神科学Ⅱ』、第三巻『論理学・心理学論集』、第四巻『世界観と歴史理論』、第五巻『詩学・美学論集』、第六巻『倫理学・教育学論集』、第七巻『精神科学成立史研究』、第八巻『近代ドイツ精神史研究』、第九巻『シュライアーマッハーの生涯（上）』、第一〇巻『シュライアーマッハーの生涯（下）』、第一一巻『日記・書簡集』、別巻『ディルタイ研究・資料』。

（6）アメリカ版の『ディルタイ著作集』（Wilhelm Dilthey: *Selected Works*. Edited by Rudolf A. Makkreel and Frithjof Rodi, Princeton University Press）の全六巻のうち、現在までに出版されているのは、次の五巻である。

Vol. 1: Introduction to the Human Sciences, 1989.
Vol. 2: Understanding the Human World, 2010.
Vol. 3: The Formation of the Historical World in the Human Sciences, 2002.
Vol. 4: Hermeneutics and the Study of History, 1996.
Vol. 5: Poetry and Experience, 1985.

（7）Georg Misch: *Der Aufbau der Logik auf dem Boden der Philosophie des Lebens. Göttinger Vorlesungen über Logik und Einleitung in die Theorie des Wissens*. Hrsg. von Gudrun Kühne-Bertram und Frithjof Rodi, Freiburg/München 1994.

（8）前記註（4）を参照。

（9）Hans-Ulrich Lessing: *Hermeneutik der Sinne. Eine Studie zu Helmuth Plessners Projekt einer "Ästhesiologie des Geistes" nebst einem Plessner-Ineditum*, Freiburg/ München 1998.

（10）Gudrun Kühne-Bertram und Frithjof Rodi（Hrsg.）: *Dilthey und die hermeneutische Wende in der Philosophie. Wirkungsgeschichtliche Aspekte seines Werkes*, Göttingen 2008.

（11）Thomas S. Kuhn: *The Structure of Scientific Revolution*, Chicago 1962.

（12）Wilhelm Dilthey: Über das Studium der Geschichte der Wissenschaften vom Menschen, der Gesellschaft und dem Staat（1875）, in: ders.: *Gesammelte Schriften*, Bd. 5, S. 31-73.

（13）Imre Lakatos: Die Geschichte der Wissenschaft und ihre rationalen Rekonstruktionen, in: *Kritik und Erkenntnisfortschritt*. Hrsg. von Imre Lakatos und Alan Musgrave, Braunschweig 1974, S. 271. なお、ショルツの考えによれば、この言葉を最初に言ったのは、ゲルト・ケーニヒ（Gerd König）ではないかとされる。Vgl. Gunter Scholtz: *Zwischen Wissenschaftsanspruch und*

Orientierungsbedürfnis. Zur Grundlage und Wandel der Geisteswissenschaften, Frankfurt/M. 1991, S. 179, Anm. 61.

（14）Karlfried Gründer: *Zur Philosophie des Grafen Paul York von Wartenburg : Aspekte und neue Quellen*, Göttingen 1970.

（15）Gunter Scholtz: *“Historismus” als speculative Geschichtsphilosophie : Christlieb Julius Braniß*（*1792-1873*）, Frankfurt/M. 1973.

（16）*Archiv für Begriffsgeschichte. Bausteine zu einem historischen Wörterbuch der Philosophie.* Bd. 1-10: Hrsg. von Erich Rothacker, Bd. 11-26: Hrsg. von Karlfried Gründer, Bd. 27-34: Hrsg. von Karlfried Gründer und Gunter Scholtz, Bd. 35-43: Hrsg. von Gunter Scholtz, Bd. 44: Hrsg. von Ulrich Dierse und Gunter Scholtz. Supplementheft 1（1976）, 2（1977）, 3（1980）: Hrsg. von Karlfried Gründer.

（17）『ディルタイ全集』（Wilhelm Dilthey: *Gesammelte Schriften*）からの引用は、巻数と頁数で本文中に表示する。

（18）Vgl. Wilhelm Dilthey: *Schriften zur Pädagogik*. Besorgt von Hans-Hermann Groothoff und Ulrich Herrmann, Paderborn 1971, S. 298, Anm. 4. これに関しては、後の註（55）と（56）を参照。

（19）Hans-Ulrich Lessing: *Die Idee einer Kritik der historischen Vernunft. Wilhelm Diltheys erkenntnistheoretisch-logisch-methodologische Grundlegung der Geisteswissenschaften*, Freiburg/München 1984, S. 25.

（20）Gunter Scholtz: Was ist und seit wann gibt es »hermeneutische Philosophie«? in: *Dilthey-Jahrbuch für Philosophie und Geschichte der Geisteswissenschaften*, Bd. 8/1992-93, S. 93-119, S.103. ショルツはここで、「テクネー的解釈学」（テキスト、つまり書かれたり話されたりしたものを解釈するための手引き）と、「哲学的解釈学」（精神科学の基礎づけを顧慮して理解と学問的な解釈の可能性を問う理論）と、「解釈学的哲学」（みずから明白に理解し解釈する活動をすること）という三つの区別をしている（「『解釈学的哲学』とは何であり、それはいつから存在するか?」森邦昭訳、福岡女子大学文学部紀要『文藝と思想』第六一号、一九九七年、六九―一〇六頁。七七頁）。

（21）Gunter Scholtz: a. a. O., S. 104.（翻訳七八頁）

（22）Vgl. Karl-Otto Apel: Das Verstehen（eine Problemgeschichte als Begriffsgeschichte）, in: *Archiv für Begriffsgeschichte*, Bd. 1, Bonn 1955, S. 142-199, S.142.

（23）Vgl. Richard Schaeffler: Verstehen, in: *Handbuch philosophischer Grundbegriffe*, Bd. 3, München 1974, S. 1628-1641, S. 1628f.

(24) Vgl. Alwin Diener: Geisteswissenschaften, in: *Historisches Wörterbuch der Philosophie*, Bd. 3, Darmstadt 1974, Sp. 211-215, Sp. 231f.

(25) Helmut Danner: Methoden geisteswissenschaftlicher Pädagogik. Einführung in Hermeneutik, Phänomenologie und Dialektik, München/Basel 1979, S. 12f.（『教育学的解釈学入門―精神科学的教育学の方法』浜口順子訳、玉川大学出版部、一九八八年、一七頁。訳文は一部異なる。以下同様。）

(26) Helmut Danner: a. a. O., S. 16f.（訳書二三―二四頁）

(27) Vgl. *Merkblatt für „Sextaner-Eltern"*. Landeselternschaft der Gymnasium in Nordrhein-Westfahlen e.V., August 1997. 一九九七年九月十二日に、筆者はこの説明書について、ボーフム市立ギムナジウム・シラー校のブルッヒャルト＝カンプラーデ校長に質問する機会を得た。その際、生徒を教育学的に理解する必要から、観察段階のクラス担任教師は、「経験のある教師」を校長が慎重に選任すること、また上級学年においてさえも、ヘルマン・ノールの意味での「教育的連関」が生徒理解の前提になることなどが特に重要だとの回答があった。

(28) Maren Knappen: *Ratschläge von oben. Deutschlands Eliten-wie sie wurden, was sie sind*, Hamburg 1993. 彼女は学校におけるドイツ語の授業のプロジェクトの一環で、南アフリカからドイツの一七〇人の著名人に対して、書簡でこのような質問をすることを思いついて実行に移したところ、一六二通の回答が得られた。興味深い回答を掲載したのが本書である。

(29) Richard Schaeffler: a. a. O., S. 1630.

(30) Vgl. Helmut Danner: a. a. O., 42f.（訳書六五―六七頁参照）

(31) Hans-Georg Gadamer: *Wahrheit und Methode. Grundzüge einer philosophischen Hermeneutik*, Tübingen 1960, S. 276.

(32) Vgl. Hans-Georg Gadamer: Hermeneutik, in: *Historisches Wörterbuch der Philosophie*, Bd. 3, Darmstadt 1974, Sp. 1061-1074, Sp. 1064.

(33) Hans-Georg Gadamer: Logik oder Rhetorik? Nochmals zur Frühgeschichte der Hermeneutik, in: *Archiv für Gegriffsgeschichte*, Bd. XX, Bonn 1976, S. 7-16, S. 14.

(34) Vgl. Gunter Scholtz: a. a. O., S. 102f.（翻訳七七頁参照）

(35) Helmut Danner: a. a. O., S. 74.（訳書一一八頁）

(36) Hans-Georg Gadamer: *Wahrheit und Methode*, a. a. O., S. 294f.

（37）Otto Friedrich Bollnow: Wilhelm Diltheys Stellung in der deutschen Philosophie. Zur Geschichte der Dilthey-Edition und Dilthey-Rezeption（1976）, in: ders.: *Studien zur Hermeneutik*, Bd. I: Zur Philosophie der Geisteswissenschaften, Freiburg/München 1982, S. 178-203, S. 197. Vgl. Paul Janssen: Psychologismus, in: *Historisches Wörterbuch der Philosophie*, Darmstadt 1989, Sp. 1675-1678.

（38）Otto Friedrich Bollnow: a. a. O., S. 200.

（39）Otto Friedrich Bollnow: a. a. O., S. 195f.

（40）Gunter Scholtz: a. a. O., S. 112f.（翻訳八五―八六頁）

（41）Gunter Scholtz: a. a. O., S. 112.（翻訳八五頁）

（42）Vgl. *F. D. E. Schleiermacher Hermeneutik und Kritik. Mit einem Anhang sprachphilosophischer Texte Schleiermachers*. Herausgegeben und eingeleitet von Manfred Frank, Frankfurt am Main 1977, S. 60f.

（43）Gunter Scholtz: a. a. O., S. 98.（翻訳七三頁）

（44）Hans-Ulrich Lessing: a. a. O., S. 314f.

（45）Vgl. Hans-Ulrich Lessing: a. a. O., S. 38ff.

（46）Gunter Scholtz: Grundlegung der Geisteswissenschaften, in: ders.: *Ethik und Hermeneutik. Schleiermachers Grundlegung der Geisteswissenschaften*, Frankfurt am Main 1995, S. 65-92, S. 72.

（47）Gunter Scholtz: Dialektik und erkenntnistheoretische Logik. Schleiermacher und Dilthey, in: ders.: *Ethik und Hermeneutik. Schleiermachers Grundlegung der Geisteswissenschaften*, Frankfurt am Main 1995, S. 235-257, S. 238.

（48）Vgl. Gunter Scholtz: Grundlegung der Geisteswissenschaften, a. a. O., S. 72f.

（49）Vgl. Gunter Scholtz: Grundlegung der Geisteswissenschaften, a. a. O., S. 78.

（50）Vgl. Gunter Scholtz: Hermeneutik, Kunst und Wissenschaft, in: ders.: *Ethik und Hermeneutik. Schleiermachers Grundlegung der Geisteswissenschaften*, Frankfurt am Main 1995, S. 93-125, S. 106ff.

（51）Gunter Scholtz: Grundlegung der Geisteswissenschaften, a. a. O., S. 92.

（52）Vgl. Gunter Scholtz: Hermeneutik, Kunst und Wissenschaft, a. a. O., S. 113ff.

（53）Gunter Scholtz: Hermeneutik, Kunst und Wissenschaft, a. a. O., S. 121.

（54）Vgl. Gunter Scholtz: Hermeneutik, Kunst und Wissenschaft, a. a. O., S. 125.

（55）Vgl. Gunter Scholtz: Zu Begriff und Ursprung der Geisteswissenschaften, in: ders.: *Zwischen Wissenschaftsanspruch und Orientierungsbedürfnis. Zu Grundlage und Wandel der Geisteswissenschaften*, Frankfurt am Main 1991, S. 17-35. S. 19f. Vgl. auch Alwin Diemer: a. a. O., Sp. 211. ディーマーによれば、多くの場合にディルタイとロータッカーに結びついて主張されるのとは異なって、「精神科学」という言葉は、単数形であれ複数形であれ、シールによるミルの『論理学』の翻訳によって、英語の術語の「道徳科学」（moral sciences）からはじめて造語されたのではない。この言葉は、それ以前から多様な意味で使用されていた。Dazu vgl. auch Gunter Scholtz: Grundlegung der Geisteswissenschaften, a. a. O., S. 67ff.

（56）Vgl. Gunter Scholtz: Zu Begriff und Ursprung der Geisteswissenschaften, a. a. O., S. 21f. Dazu vgl. auch Hans-Ulrich Lessing: a. a. O., S. 80.

（57）Vgl. Gunter Scholtz: Zu Begriff und Ursprung der Geisteswissenschaften, a. a. O., S. 23.

（58）Gunter Scholtz: Zu Begriff und Ursprung der Geisteswissenschaften, a. a. O., S. 34f.

（59）Vgl. Gunter Scholtz: Bedeutsamkeit. Zur Entstehungsgeschichte eines Grundbegriffs der hermeneutischen Philosophie, in: ders.: *Zwischen Wissenschaftsanspruch und Orientierungsbedürfnis. Zu Grundlage und Wandel der Geisteswissenschaften*, a. a. O., S. 254-268. S. 265ff.

（60）Gudrun Kühne-Bertram: Der Begriff des ‘hermeneutischen Begriffs’, in: *Archiv für Begriffsgeschichte*, Bd. XXXVIII, Bonn 1995, S. 236-260, S. 251. Vgl. Georg Misch: *Der Aufbau der Logik auf dem Boden der Philosophie des Lebens. Göttinger Vorlesungen über Logik und Einleitung in die Thoerie des Wissens*, hrsg. von Gudrun Kühne-Bertram und Frithjof Rodi, Freiburg/München 1994 ; Otto Friedrich Bollnow: *Studeien zur Hermeneutik*, Bd. II: Zur hermeneutischen Logik von Georg Misch und Hans Lipps, Freiburg/München 1983.

（61）Vgl. Gudrun Kühne-Bertram: a. a. O., S. 236, S. 255ff.

（62）Vgl. Albert Reble: Geisteswissenschaftliche Pädagogik, in: *Historisches Wörterbuch der Philosophie*, Bd. 3, Darmstadt 1974, Sp. 215-216.

（63）Wolfgang Sünkel: Hermeneutisch-pragmatisch, in: *Historisches Wörterbuch der Philosophie*, Bd. 3, Darmstadt 1974, Sp. 1074.

（64）Rudolf Lassahn: *Einführung in die Pädagogik*, Heidelberg/Wiesbaden 1974, S. 48. Vgl. Wilhelm Flitner: Das Selbstverständnis der Erziehungswissenschaft in der Gegenwart（1957/1966）, in: *Wilhelm Flitner Gesammelte Schriften*, Bd. 3, Paderborn 1989, S. 310-349.

第一部　精神科学から見た知識習得とその条件

第一章　精神科学から見た知識概念

精神科学は、人間精神の所産を理解することをめざしている。グンター・ショルツの論考「精神科学の概念と起源」によれば、精神科学には三つの起源がある。一つ目は古代ギリシアで、そこでは精神科学は本質的に倫理的、道徳的ないし道徳的＝政治的学問だった。二つ目は人文主義の時代で、そこでは精神科学は本質的に教養のための言語の学問だった。三つ目は十八世紀、とりわけ十九世紀の歴史主義の時代で、そこでは精神科学は本質的に歴史的学問、つまり歴史的＝人間的世界の学問だった。ショルツはこの三つの起源を一つにまとめて、「精神科学は人間の行為、言語、歴史、自己理解への反省に基づき、それはこうした反省が始まるところではどこでも成立していたし、また成立する」という命題を立てる。この命題では、人間の「行為規範」「言語」「歴史」「自己理解」への反省という四つの柱が設定される。

そのようにして精神科学は、人間が人間を人間にする行動様式を基礎づけ、この行動を意識化させてそれを反省し、そうすることによってそれを秩序づけて安定化したり批判したりする。このような意味と機能を有する解釈学的概念である精神科学の概念を基にして、知識習得とはどんなことかについて考えれば、知識を習得するということ自体が、そもそも一人の人間が生きていくということと同一の事象になっていることが判明する。というのも、人間が生きていくことができるためには、精神科学的反省に基づいた知識がどうしても必要だからである。ところが、日本の教育の場面、特に学校教育の場面では、精神科学的反省に基づいて知識が習得される構造には必ずしもなっていない。たとえば、いわゆる「新しい学習指導要領」の考え方をめぐって行われた論争においては、ベーコン的な知識観（唯名論的知識観）とカント的な知識観（批判哲学的知識観）が対立して平行線をたどっている。このような現実に直面すれば、人間にとってそもそも知識習得とはどんなことかについて、精神科学の立場から改めて問う必要があると思われる。

第一節　精神科学における知識概念

そもそも、「知識」とは何なのだろうか。たとえば『広辞苑』には、次のように記述されている。「①ある事項について知っていること。また、その内容。『豊富な――』②〔仏〕㋐物事の正邪などを判別する心のはたらき。㋑正しく教え導いてくれる指導者。高僧。善知識。㋒寄進すること。また、その人たち。③（knowledge イギリス・Wissen ドイツ）知られている内容。認識によって得られた成果。厳密な意味では、原理的・統一的に組織づけられ、客観的妥当性を要求し得る判断の体系。④知己。しりあい。⑤ものしり」[1]。このうち、③の意味に着目すれば、どんな認識がなされるかによって知識の内容が決まるということになる。アリストテレスは、『形而上学』の冒頭で「すべての人間は、生まれつき、知ることを欲する」[2]と述べて、人間の認識の発展段階は、感覚、記憶、経験、知識（学問）、技術とたどるとし、知識というものを「実践的知識」「理論的知識」「制作的知識」の三つに分類した[3]。

さらに、アリストテレスは、『ニコマコス倫理学』では、認識対象を「それ以外の仕方においてあることのできないもの」（必然性の領域）と「それ以外の仕方においてあることのできるもの」（蓋然性の領域）の二つに分類した。[4] 必然性の領域においては、理論的知識が成立する。蓋然性の領域においては、実践的知識と制作的知識が成立する。[5] そして、こうした区別から、「それ以外の仕方においてあることのできないもの」（必然性の領域）にかかわる「理論哲学」と、「それ以外の仕方においてあることのできるもの」（蓋然性の領域）にかかわる「実践哲学」という区別が行われるようになった。したがって、「理論哲学」と「実践哲学」の区別は、「認識対象」の違いに基づいているということになる。ところが、デカルトがこのことに波紋を投じた。「わたしは、単に真実らしいというにすぎないものは、すべてほぼ虚偽と見なした[6]」というのがデカルトの立場である。そうなると、学問として成り立つことができるのは必然性にかかわる理論哲学だけで、蓋然性（真実らしさ）にかかわる実践哲学は学問として成り立つことができないことになる。

デカルトは、彼の方法の第一原則として、次のような準則を立てる。「わたしが明証的に真理であると認めるものでなければ、どんな事柄でもこれを真実として受け容れないこと、換言すれば、注意深く速断と偏見を避けること、そして何ら疑いをさしはさむ余地のないほど明瞭かつ判明にわたしの精神に現れるもの以外はけっして自分の判断に包含させないこと[7]」。デカルトのこの「方法的懐疑」が差し挟まれた結果、概念を「明晰」かつ「判明」に使用することによって、つまり概念を単純でしかも直観によって確実とされる要素に還元することによって、ある事柄を「説明」するということが、学問の基準であると見なされていくようになった。そして、やがてヘルムホルツなどにおいて、自然研究は、事実を取り集め、それを法則へ還元し、法則を自然界の事象を支配する「力」と見なすことによって、自然法則を「力」として「客観化」すると考えられるようになった。こうして、「自然科学」がこのような方法に全面的に従うようになり、そのかぎりでは、自然科学が「説明科学」の模範となった。[8]

しかし、デカルトの意に反して、あらゆる事柄が自然科学によって説明されることができるとはかぎらないのも明白である。たとえば倫理学、政治学、法学のような実践哲学の諸領域や、文献学や歴史学が対象にしているような言語や行為の諸連関は、デカルト的な説明原理や明証性の原理では捉えられることができない。なぜならば、実践的に真なるものは、空間的かつ時間的な制限なしに妥当するような一般者ではないからである。(9) こうしたことから、ディルタイが「自然をわれわれは説明し、心的生をわれわれは理解する」(10) という区別を行って、歴史的社会的現実を理解することを目的にした「精神科学」(Geisteswissenschaften) というものを構想したことには大きな意義がある。このようなディルタイの努力がなされた結果、自然科学的認識方法である「説明」と、精神科学的認識方法である「理解」は、端的に区別されるようになった。(11) ディルタイは、「歴史的理性批判」という計画を立てた。そこにおいて、理解と解釈の条件の可能性が問われていった。そして、理解するということを解明していく哲学的で認識論的な解釈学という基礎の上に精神科学が打ち立てられていった。

それでは、ディルタイはそのような試みになぜ取り組まなければならなかったのだろうか。それは、当時、自然科学的方法が急速に広く普及したために、精神科学の領域の独自性が申し立てられなければならなくなったからである。(12) 概念性（Begrifflichkeit）という概念には、対象となる現実を数学的に把握することへ連ならせてしまう可能性があるために、それは歴史的社会的現実の世界を解釈するのにはふさわしくない。このことを徹底的に洞察して分析した最初の理論家がディルタイという人物である。(13) このようなディルタイの考え方に従えば、「生は、生それ自身から解釈されなければならない(14)」という点が最も重要な出発点になる。

以上のことをまとめると、学問は認識対象の違いによって、大きく二つに分類されるということになる。一つは、理論哲学に由来する自然科学である。これは、自然界などの「それ以外の仕方においてあることのできないもの」（必然性の領域）を対象にし、「説明」をその原理とする。もう一つは、実践哲学に由来する精神科学である。

これは、歴史的社会的現実などの「それ以外の仕方においてあることのできるもの」（蓋然性の領域）を対象にし、「理解」をその原理とする。自然科学と精神科学という言葉は、日本では「理科系の学問」と「文科系の学問」という言い方にほぼ相当している。要するに、認識されるべき対象に応じて、二種類の学問分野が成立していることになる。しかし、この二種類の学問分野は、単に並列して存在しているわけではない。デカルト（一五九六―一六五〇年）の方法である「クリティカ」を鋭く批判して、人間の言語活動には本来クリティカとともに、言述の発見技法としての「トピカ」が必要であることを洞察したジャンバッティスタ・ヴィーコ（一六六八―一七四四年）の考え方をここで導入すれば、実践理性が理論理性よりも優位な位置を占めなければならないことになる。(15)

ヴィーコは、次のように言っている。「幾何学的方法の力によって真理として引き出された自然学のことがらは単に真らしいだけのことであり、また幾何学から確かに方法は得ているにしても、証明を得ているわけではないのである。われわれが幾何学的ことがらを証明するのは、われわれが［それらを］作っているからである。もしかりに、われわれが自然学的ことがらを証明できるとしたら、われわれは［それらを］作っていることになってしまうであろう」(16)。この箇所が、ヴィーコの「真なるものは作られたものに等しい」（verum = factum）という知識論の原理がはじめて開陳された箇所である。数学的自然学がいかに強力であっても、人間は自然それ自体を作ることはできない。自然を作ることができるのは、神のみである。したがって、人間が明らかにする事柄は、単に真らしいものにとどまる。(17)このように考えることによって、ヴィーコは理論哲学に対する実践哲学の優位性、換言すればすなわち、自然科学に対する精神科学の優位性を明らかにしたのである。

ディルタイもまた、ヴィーコのこの考え方を継承している。つまり、自然科学と精神科学の相違は、単に認識対象の領域の相違にだけ基づくのではなかったことになる。したがって、次のように言うことができる。「自然科学と精神科学の区別は、第一義的には、物体と心、物理的なものと心理的なもの、客体と主体、などという領域の区別ではない。自然科学と精神科学の区別は、方法論上の区別であり、可能な経験科学が対象を把握し構成するさいの諸条件としての説明と理解との相違である[18]。そうなると、「知識習得とはどんなことか」という観点から言えば、習得されるべき知識の種類を問う必要はないということになる。自然科学的な知識（理科系の知識）であれ、精神科学的な知識（文科系の知識）であれ、それが学習者によって理解されなければ知識を習得したことにならないと考えれば、それらを区別する必要はない。なぜならば、いずれの知識も、人間が学問の方法を用いて作り出したものだからである。それでは、人間精神のこのような所産、つまり客観的精神を理解することをめざす「精神科学」というものが、いったいどのようにして成立してきて、どんな意味をもっているのかについて考察することが、次の課題になる。ショルツの論考「精神科学の概念と起源[19]」によれば、精神科学には三つの起源がある。以下において、それぞれの命題をまとめてみる。

（1）精神科学は本質的に倫理的、道徳的ないし道徳的＝政治的学問であり、その起源は古代ギリシアにある[20]

精神科学、すなわち自然科学ではない学問の最初の概念を探し求めれば、まず、プラトンの学派によって学問の体系がどのようにして媒介されているのかという学問体系学を参照しなければならない。クセノクラテスは、自然の哲学としての自然学に対して、人間とその態度の哲学としての倫理学を配置した。さらにこの両者から区別して、第三の学科である論理学を配置した。この三区分、つまり自然の知、人間の知、思考の知が、その後最も影響を及ぼした知識体系であり続けた。マルクス主義、実証主義、新カント主義を経由して、この三区分は二十世紀に至るまで受け継がれた。

精神科学の体系上の位置は、このプラトン的伝統のなかでは、倫理学の位置を占める。というのも、倫理学は自然学と対極をなし、それにひきかえて論理学（ないし弁証法）はこの両者の上位に位置するからである。とはいえ、倫理学は、ここではとても広い意味をもっている。それは、アリストテレスの場合には、実践哲学に属する領域全体をカバーする。アリストテレスの実践哲学は、倫理学としては個人の態度や行動に、政治学としてはポリスの制度に携わった。この文脈から、精神科学を道徳的＝政治的学問として把握する伝統が由来している。精神科学は倫理的ないし道徳的＝政治的学問として古代ギリシアのポリスで成立したという命題に対しては、その証拠として、実際に多くのことが挙げられる。さらに、このような把握の仕方は、当時の授業実践や学問実践を視野に入れれば、もっと補強される。なぜならば、ソフィストによって教えられた弁論術や弁証法のようなテクナイ（技能的熟練）は、市民集会や公判などのポリスの実際の生活において、その課題を果たさなければならなかったし、歴史記述もまた、倫理的＝政治的な方向づけに貢献していたからである。

精神科学をこのようなものとして基礎づけることは、その後もつねに行われている。ディルタイは精神科学を「実際の生活の必要に根づいて」いるものとして捉え、その課題は「社会の主導」にあるとした。ガダマーは精神科学を、実践的な生活の知恵であるアリストテレス的フロネーシスに密接に関連づけた。ハーバーマスは「歴史的＝解釈学的学問」の背後に、「実践的認識関心」というものを想定した。アーペルは精神科学を、善き生活と幸福に関する議論のなかに投錨した。そのようなすべての場合において、精神科学が展開しているのは、精神科学を倫理的ないし道徳的＝政治的学問として把握する範囲内においてである。なぜならば、精神科学はここではとりわけ私的公的生活における行動の方向づけに貢献するからである。このことの中心には実践哲学の伝統が存在し、それを精神科学が継承している。

（2）精神科学は本質的に教養のための言語の学問であり、それは人文主義の時代に成立した[21]
自然学に対して倫理学を、あるいは理論哲学に対して実践哲学を対置した哲学体系は、文献学や言語に従事する諸学科を納得のいく仕方で位置づけることに関してつねに困難を抱えていた。ところが、まさにこうした諸学科のなかに精神科学の核心を見て、そこから精神科学の起源と最初の共通概念を問うならば、もっと違った別の体系、すなわち自由学芸（Artes liberales）という教育の体系へと連れ戻されることになる。ここでは、精神科学は、いわゆる三学（Trivium：文法、修辞学、弁証法）においてまとめられ、四科（Quadrivium：算術、幾何、天文学、音楽）からは区別される。前者は言語的学科であり、後者は数学的学科である。あるいは、前者は言葉に従事し、後者は事物に従事するとも言える（たとえばバースのアデラード）。十九世紀になると、それまでの大学で自由学芸を提供していた学芸学部から哲学部が成立することになるので、精神科学と自然科学の区別についても、こうした区分のなかであらかじめその見取り図が描かれていたと見るのが自然な見方である。

自由学芸という包括的教養（Encyclios paideia）も、古代にその起源がある。それにもかかわらず、精神科学の源泉地としてのこうした体系をエルネスト・グラッシが人文主義からはじめて取り出したことには大きな意義がある。なぜならば、ルネサンス＝人文主義の時代においてはじめて、言語的諸学科は「陳腐な」（trivial）学問、準備教育的な学問であることをやめたからである。それは、それ自身のために行われるようになった。もっと厳密には、上級学部（神学部、法学部、医学部）を顧慮してではなく、教養（Bildung）と人間性（Humanitas）のために行われるようになった。詩学、歴史、道徳が付け加わって、自由学芸の言語的諸学科は三学（Dreiweg）の概念枠を越え出た。こうして、あの「陳腐な」学問は、中心的な学問、すなわち古典古代研究（Humaniora）へと変身し、これを古典的教養人である教師たちが媒介した。その結果、論理学と自然学は背後へ後退した。というのも、古代の古典家たちを体得することが、最重要の研究目標になったからである。それゆえに、古典語の研究がなされ、文献学的方法が改善された。そのようなところからグラッシは、彼の命題のための一連の論拠を挙げることができた。その命題に従えば、精神科学は人文主義の時代に成立したことになる。その意味での精神科学とは、古典＝古代の文化遺産を受容することによって、キリスト教的＝神学的世界解釈を抑止し、そのことを通して近代の自然科学のための地ならしをはじめて行った学問だということになる。

もちろん、古代の芸術理想に即して陶冶される人間性のために奉仕する言語の学問としての精神科学も、凋落してはいない。こうした傾向は、ドイツにおいては、ヴィルヘルム・フォン・フンボルトの第二の人文主義を経由して、ヴェルナー・ヴィルヘルム・イェーガーの第三の人文主義に至るまで、一貫して作用を及ぼし続けている。イギリスにおいては、精神科学（Geisteswissenschaften）という概念が人文科学（humanities）や学芸（arts）という概念で表現されているように、精神科学はすでに人文科学になっている。チャールズ・パーシー・スノーの二つの文化に関する有名な研究は、文芸（belles-lettres）という古い概念が意味していたのと同じように、精神科学と文学が同一であるということを前提にしている。

人文主義の伝統における精神科学は、個人の陶冶にだけではなく、国民の陶冶、つまり国民的、文化的同一性にも貢献した。すでに人文主義者たちは、言語研究を近代語にまで拡張し、ロマンス語学研究とドイツ語学研究のための基礎づくりを行っていた。このことも、制度的な帰結をみた。しかし、言語への人文主義的転回は、すべての精神科学を表すある一つの集合名詞のなかではじめて徐々に沈殿してきた。それが文献学の概念である。この概念は、十七世紀以降になると博学という意味をますます払拭し、十八世紀になる頃には古典文学、つまり精神科学のアンサンブルの全体を表すことができるようになる。しかしまた同時に、この概念が狭い意味で言語に従事する諸学科だけを表したこともあるにはあった。精神科学は、たしかに人文主義的伝統においては、しばしば文献学的学問である。しかし、歴史的な世紀である十九世紀においては、この世紀が早くから自己を自らそのように命名しているように、見出し語となるような概念としての文献学の概念は、歴史という概念によって駆逐されてしまう。

このことは、プロイセン学士院の部門の名称にも反映されている。文芸部門の後継としてはじめて歴史＝文献学部門が設置されたが、これもやがて哲学＝歴史部門に置き替えられる。そして、この哲学＝歴史部門が学士院で取り扱われるすべての精神科学に場所を提供することになる。その他の部門としては、数学＝自然科学部門だけが哲学＝歴史部門に並置された。こうしたことからも、精神科学と自然科学の二元性が表面化することになったが、その際、精神科学は文献学的学問としてではなく、むしろ歴史的学問として姿を現している。しかし、それにもかかわらず、たとえばイタリア語では、二十世紀に至るまで、精神科学は歴史的及び文献学的学問（scienze storiche e filologiche）と呼ばれ続けていた。いずれにしても、古代の哲学的学問分類ではどうにも統合されにくかった諸学科が、つまり言語や言語の作品に従事する諸学科が、人文主義的伝統のなかに移し入れられると、精神科学の中心を形成することができるようになった。したがって、人文主義は、精神科学を主として「言語の学問」として世の中に送り出したことになる。あるいは逆に言えば、われわれが精神科学を「言語によって陶冶し、言語に従事する学問」として理解するならば、それはとりわけ人文主義のおかげだということになる。

（3）精神科学は本質的に歴史的学問、つまり歴史的＝人間的世界の学問であり、それは十八世紀、とりわけ十九世紀から由来する[22]

この命題は、ヨアヒム・リッターが最も強く主張し、オード・マルクヴァルトがそれを修正して繰り返し、テオドール・ボーダマーが最近少なくともその歴史的な位置づけを確認した命題である。リッターは、精神科学の成立は「止揚」（Aufhebung）というヘーゲルの概念に方向づけられていると考えた。近代の自然科学も解放運動も、自然支配もフランス革命も、古い伝統を否定した。しかし、その否定された古い伝統を精神科学が迎え入れ、知識の対象にした結果として、それらは守り抜かれた。このようにして、伝統は、変貌しながらも、精神科学を経由することによって、私的公的生活に対して間接的な作用を保ち続けている。リッターにとっては、精神科学とは総じて、古代の古典的哲学とキリスト教の実体を近代における新しい学問的な形態で提示したヘーゲルの思弁哲学と同じような運動を行うものであった。その意味で、精神科学は本質的に歴史的学問であり、ようやくにして十八世紀と十九世紀の産物であるという把握の仕方がなされることができる。このことについても、多くの論拠を挙げることができる。

十九世紀の初頭になってはじめて、哲学部は下位区分に位置づけられて従者の役割を与えられていたことから最終的に脱し、哲学部が大学の中心を形成するようになる。この哲学部のなかではじめて、今や独り立ちすることができるようになった古典文献学のような精神科学や、近代語学、芸術史、音楽史のような一連の新しい精神科学などが、大学の専門分野の学問として登場してくる。これらの専門分野に共通する点は、そのいずれもが歴史に関係するという前提である。歴史は波瀾に富んでいるがゆえに、歴史上の各時期は、それぞれの時期なりの尺度、つまりそれ自身の美的、宗教的、道徳的、法的規範をもっている。それゆえに、今や、法学は歴史的な法律学に、神学は歴史的な啓示神学に、言語学は歴史的な言語学に、美学は歴史的な芸術時代の理論に、哲学は発展の理論とそれ自身の歴史の理論になる。

とはいえ、「歴史的思考の台頭」、つまり精神科学をとりわけ歴史的学問として形成することが、まさに十八世紀においてなされたのは、そもそもなぜなのだろうか。こうしたことは、実は「啓蒙された普遍的な理性」によって遂行されたのであるが、この理性というものが、第一に多くの歴史的知識を保持することができていたし、第二に同時に歴史的知識を必要としてもいたという事実がそれへの回答になる。歴史的学問としての精神科学の土台と枠組をなす理論は、十八世紀以降の歴史哲学（ヴィーコ、ヘルダー）とドイツ理想主義の諸体系である。こうした理論においては通常、自然と理性／精神が区別される。それゆえに、自然の学問と精神の学問（ヘーゲル）が区別される。あるいは、自然学と倫理学（シュライアーマッハー）が区別される。

ヴィーコにおいて公共的世界と呼ばれた世界が、今やシェリングの精神的世界である。それにもかかわらず、これらの諸体系は学問二元論を根拠づけているわけでは決してない。なぜならば、自然哲学と精神哲学は、その両方が古典的伝統においては、方法と思考の統一性を保証する第三の学科である論理学ないし弁証法に基礎づけられているからである。自然科学と精神科学を仲介されない仕方で対立させる厳密に二元論的な学問分類は、十九世紀になると、思弁的理想主義以外のところではもう行われなくなっている。こうして精神科学は、理想主義的哲学や精神の学問の影響を受けながら発展してきた。そのことによって、精神科学はむしろ時代遅れのものになってしまったと見受けられるかもしれないが、実際は必ずしもそうではない。

理想主義的諸体系は、非合理主義の嫌疑をかけられたにもかかわらず、それ以前には不可能だった統合と合理化を遂行することができた。このことによって、あらゆる精神科学を今や相互に補完し合って全体をかたちづくるグループとして捉えることができるようになった。それが精神の歴史的形態の学問としての精神科学である。かつては大学の構造によって、学芸、つまり古典古代研究から、上級学部として切り離されていた法学部や神学部の諸学科も、今や精神科学の同盟に加入できるようになった。理想主義の文脈において、精神科学は歴史的学問になった。なぜならば、理性と精神がまさに「歴史的なもの」として理解されたからである。たとえばヨハン・グスタフ・ドロイゼンとヴィンデルバントの場合は、自然科学の反対概念は歴史になっており、すでに一八〇〇年頃には、精神／理性の概念と歴史の概念はどこまでも相互に代行し合うことができるようになっていた。

精神科学（Geisteswissenschaften は複数形である）という術語は、（単数形で表示された）精神の哲学がもはや学問として妥当しなくなったちょうどその時代に、市民権を与えられた。それがなぜ可能になったかと言えば、精神科学が思弁的な精神哲学を経験的な哲学へと変換したからである。その際に、精神科学は歴史と連関しているという意識を引き継いでいる。このようなことから、こうした伝統における精神科学は、まさに本質的に歴史的な学問であり、ディルタイが言う歴史的社会的現実の学問である。言うまでもないことだが、歴史に従事するということはさまざまな関心に役立つことができるし、その問題設定はさまざまでありえる。このことは、精神科学においても同様である。

ショルツによれば、以上の三つが精神科学の起源である。そのいずれの命題に対しても、それぞれにもっともな論拠を提出することができる。したがって、そのうちのどれか一つだけが正しいと決定してしまうことは不可能である。それどころか、現実を見てみれば、そのいずれの命題も避けて通ることができない状況である。なぜならば、精神科学はその歴史のなかで形態変化を受け、それぞれの時期においてそれ自身の概念を生み出してきたし、どの概念も全体として忘れ去られたわけではないからである。以上の学理論的（科学論的）な議論においては、理論の歴史と事柄の歴史がはっきりと提示されている。この議論を踏まえて、さらに今日的な学理論の議論をしようとすれば、学問の概念をひどく狭く捉えることはほとんど許容されない。そのような理由から、ショルツは上述の三つの命題を一つにまとめて、第四の命題を提案している。この命題では、人間の「行為規範」「言語」「歴史」「自己理解」への反省という四つの柱が独自に打ち立てられている。

（4）精神科学は人間の行為、言語、歴史、自己理解への反省に基づき、それはこうした反省が始まるところではどこででも成立していたし、また成立する[23]

言うまでもなく、人間というものは、（第一に）お互いに話すことがなければ、（第二に）一定の規則に従って振る舞うことがなければ、（第三に）自己を自己自身に対して関係づけて、自己の現存在を解釈することがなければ、（第四に）以上のことと連関して、自己自身に歴史を物語ることがなければ、生きていくことはできない。人間どうしがお互いに人間として生きていくというのは、こうしたことを行うことである。精神科学は、人間が人間を人間にする行動様式を基礎づけ、この行動を意識化させて、それを反省し、そうすることによってそれを秩序づけて、安定化したり批判したりする。もちろん、この四つの領域は、切り離されてはならない。それらは、どこまでも噛み合っている。したがって、精神科学は今日、ここで提案された区別を基にすれば、少なくとも次の四つの課題をもつ。それらは当然相互に密接に通じ合い、相互に分離されることはない。

①精神科学は、さまざまな伝統と言語共同体の間の、そしてまた過去と現在の間のコミュニケーションを可能にする。精神科学がなければ、人間世界の大部分が、人間にとってなじみがなくなってしまい、理解不能のものになってしまうだろう。

②精神科学は、平均化された大衆文化の真只中で、方向づけを行う規範を堅持するとともに、また批判のための尺度も堅持する。規範行為を合理的に根拠づける可能性が議論の余地のある問題であっても、精神科学がやはりそのような規範とその帰結に関する議論を可能にする。

③精神科学は、現代の自然科学と現代の労働世界によって抑圧されているにもかかわらずどうしても必要である「現存在のもっている意味」というものを守り、それをつまびらかに解釈する。なぜならば、自然科学は何一つとして本来の「世界像」、すなわち体験可能なはっきりとした具体的な世界をわれわれの目の前に提示しないのに反して、そのような世界は神話や宗教においてあらかじめ与えられていて、芸術という媒体のなかで形態化されているからである。

④精神科学は、歴史的学問として、われわれの過去を想起させ、その結果われわれが何者なのかをわれわれに告げる。なぜならば、同一性の意識と同一性の形成ということは、想起するということがなければ、個人にとっても

社会ないし種族にとっても、不可能なことだからである。われわれは、われわれがかつて何者であって、もはや何者でないかを知ったときにのみ、われわれは今は何者であるかを知る。現代文明がそれ自身の意識をもつのは、精神科学を通してのみであり、それは自然科学を通してではない。

そうだとしても、たしかに自然科学には技術的有用性がある。それゆえに、われわれには、自然科学を絶対に必要なものだと見なす傾向がある。それに反して、われわれには、精神科学を、たとえば資金不足などの緊急時には破棄することもできる単なる贅沢品だと見なす傾向が圧倒的にある。しかし、環境問題をはじめとして、自然科学が技術を通じてそれ自身では解決できない問題を引き起こせば起こすほど、そのような確信はますます自明性を失い、逆に精神科学に「方向づけを行う知識」（Orientierungswissen）が請求されることになる。実際、精神科学がかかわっている領域は、一人ひとりがここで自己の決断を委譲できないがゆえに知識が必要とされている、まさにそのような領域である。たとえ一人ひとりが技術的な器具を選んで購入したりそれを修繕したりすることの一切や、健康への配慮や福祉に関する問題の一切を、それらを担当する専門家にゆだねたとしても、精神科学が関係する領域のなかでは、やはり一人ひとりが、他人には代わってもらえない仕方で、そのような事柄を自己自身で受けて立つようになっている。したがって、われわれ一人ひとりには、少なくとも次の四つの事柄にわたって、知識ないし能力が要求されている。

①一人ひとりが自ら、どんなに小さな程度でも、道徳的、社会的、政治的決断を下さなければならないし、そのような決断が一人ひとりの幸福にかかわっている。それゆえに、一人ひとりが倫理学、政治学、歴史、社会学、経済学などにおいて、方向づけを行う知識を必要とする。

②一人ひとりが自己自身と、自己の現存在の根拠についての逃れられない問いに対して、自ら態度決定をしなければならない。ここから、一人ひとりが宗教、神学、哲学を参照するように指示される。

③一人ひとりがまた同様に、自分が所属している共同体やグループと自己自身の関係を築いていかなければならない。そのためには、その過去の伝統を知らなければならない。ここから、一人ひとりが歴史の知見を必要とする。

④一人ひとりが自己自身に情報を提供し、社会のコミュニケーション過程に参加できるようにしなければならない。そうすることによって、社会のなかで生活し、決断するということができるようになる。ここから、一人ひとりが言語に関する学問を通した言語能力を必要とする。

以上において、ショルツの言う精神科学の起源に関する三つの命題と、それを一つにまとめた第四の命題を概観した。要するに、精神科学の歴史を顧慮すれば、人間のあらゆる実践活動は行為規範、自己理解、歴史、言語への反省が伴わなければ成立しないというのがショルツの考えである。しかも、こうした反省は、それに関連する知識がなければ行うことができない。そのような知識は、一人ひとりの「生きる力」の形成と直接的にかかわっており、人間が社会のなかでよりよく生きていこうとするかぎり、どうしても必要なものである。とはいえ、こうした精神科学的な反省から要求される知識をどれくらい習得すればよいのかと問えば、それについてあらかじめ答えるのはきわめて難しいが、学校教育の場を想定するなら、やはりどこかで一定の線を引く必要に迫られる。

このことを教育課程編成の問題のなかに組み入れると、精神科学的な意味での知識をどのようにして「ミニマム・エッセンシャルズ」[24]として確保し、教育内容を魅力あるものにしていくかという課題が生じる。もちろん、これは教育内容論ないしカリキュラム論への問題提起である。しかし、「学習する」ということは、単に「知識を習得する」ということにとどまらず、「学習するということそれ自体を学習する」ということも意味し、むしろこのことの方が「学習することの本質」をなしているだけに、[25]教育内容を組織するに際しては、この意味での学習能力（考える力）を重視する必要もあると思われる。いずれにしても、知識習得や学習と言われる事象において教育内容の量や質に関する問題に取り組もうとすれば、人間の生活現実の全体からまず出発しなければならない。この自明な結論を、精神科学の概念はわれわれにより一層強く意識させる機能を有している。

第二節　学習指導要領における知識概念

それでは、日本の学校教育における知識観は、現状ではどのようになっているのだろうか。ここでは、平成十（一九九八）年十二月に幼稚園教育要領、小学校学習指導要領、中学校学習指導要領の三つが、平成十一（一九九九）年三月に高等学校学習指導要領と盲学校、聾学校及び養護学校の教育要領・学習指導要領の二つが新しく告示されて、いわゆる「新しい学習指導要領」への改訂が行われたところに着目してみたい。当時の文部省は、この改訂の周知を図るために、平成十一年四月に、「新しい学習指導要領で学校は変わります―完全学校週五日制の下で［生きる力］をはぐくむ新しい学校教育を目指して―」[26]というパンフレットを作成した。このパンフレットでは、学習指導要領とは、「全国のどこにいても一定の教育水準の教育が受けられるようにするため、学校がカリキュラムを編成する基準として」定められたものであると説明されている。

新しい学習指導要領は、幼稚園では平成十二年度からの全面実施、小学校と中学校では平成十四年度からの全面実施、高等学校では平成十五年度からの学年進行での実施の予定となっていた。これに対応して盲学校・聾学校・

養護学校では、そのそれぞれの学校段階に準じて実施する予定だった。当該のパンフレットでは、新しい学習指導要領は、「平成十四（二〇〇二）年度から実施される完全学校週五日制の下、ゆとりの中で一人一人の子どもたちに［生きる力］を育成することを基本的なねらいとして改訂され」たとしている。新しい学習指導要領への改訂の経緯については、当時の文部省は、たとえば次のような認識を有している。[27]

今日の日本には、豊かな人間性を育むのに適した時期の教育に看過できない問題があり、それは過熱した受験競争、いじめ、不登校、社会体験不足などの問題である。これらを解決するには、社会における教育のあり方を根本的に問わなければならないが、二十一世紀において日本が直面する少子高齢化、環境悪化、国際化、情報化、科学技術の発展などの課題にも対応できる新しい教育のあり方が求められる。

平成八年七月の中央教育審議会第一次答申においては、このような時代変化に対応していくために、学校教育のあり方として、「ゆとり」のなかで自ら学び自ら考えるなどの「生きる力」の育成が基本となると提言された。もう少し具体的な方策としては、教育内容の厳選、基礎・基本の徹底、一人ひとりの個性を生かす教育の推進、豊かな人間性と逞しい体を育てる教育の改善、教科横断的で総合的な学習を推進するための「総合的な学習の時間」の新設、完全学校週五日制の導入などがある。

平成八年八月に文部大臣が教育課程審議会に対し諮問を行い、同審議会は中教審の第一次答申をはじめ数次の答申にも留意しながら、約二年間をかけて審議し、平成十年七月に答申を行った。この答申において、教育課程審議会は、幼児児童生徒の実態、教育課程実施の状況、社会の変化などを踏まえ、次の四つの方針に基づいて学習指導要領を改訂することを提言した。

①豊かな人間性や社会性、国際社会に生きる日本人としての自覚を育成すること。
②自ら学び、自ら考える力を育成すること。

③ゆとりある教育活動を展開する中で、基礎・基本の確実な定着を図り、個性を生かす教育を充実すること。
④各学校が創意工夫を生かし特色ある教育、特色ある学校づくりをすすめること。

新しい学習指導要領への改訂は、第十五期中央教育審議会の第一次答申「二十一世紀を展望した我が国の教育の在り方について—子供に［生きる力］と［ゆとり］を—」に由来している。このサブタイトルに明瞭に示されているように、このときの改訂の眼目は、「生きる力」と「ゆとり」に置かれている。このうちの後者、いわゆる「ゆとりの教育」が叫ばれ始めてからは、すでに随分と時間が経っている。昭和五十二（一九七七）年の学習指導要領の改訂を境にして、はっきりとした方向転換がなされた。つまり、それ以前の学校教育は「知識の詰め込み」だったという反省がなされたのである。こうして文部省は、それ以降、「ゆとり」と「基礎・基本」を重視した教育課程改革を進めていく。

これに伴って、このころから教科書の内容が大幅に減らされる。たとえば当時の経済企画庁の調べによれば、東京書籍版の中学校三年間分の五教科の教科書の合計ページ数は、昭和三十一（一九五六）年の四、四二六ページから平成四（一九九二）年の三、三二八ページに減った。同社版の中学校二年生用の数学教科書における章末や巻末の練習・計算問題の合計数は、昭和三十一年の九四八問から平成四年の二六九問に減った。平成元（一九八九）年に改訂された学習指導要領も、ほぼこれと同じ路線の延長線上にある。平成四年からは、小学校低学年において社会と理科が廃止され、生活科が新設された。平成七（一九九五）年からは、第二週と第四週の土曜日を休みとする隔週での週休二日制が導入された[28]。新しい学習指導要領への改訂においては、こうした方向での改革が一層推し進められる。

前者の「生きる力」の方は、第一五期中央教育審議会の第一次答申において、「ゆとり」と結びついたかたちで提言がなされた。この答申を終えて、審議会の有馬朗人会長は、中央教育審議会パンフレットで、次のように述べている。[29]

我々は、これからの教育の在り方として、［ゆとり］の中で、子供たちに［生きる力］をはぐくむということが大切であると考えました。そのためには、学校・家庭・地域社会が十分に連携し、バランスよく教育に当たることが大変重要です。具体的には、学校の教育内容を厳選するとともに、家庭や地域社会における教育力を高めていくことが必要であるという考えに立ち、様々な提言をしています。学校週五日制についても、このような考え方から、教育改革の一環として、二十一世紀初頭を目途に完全実施を目指そうと提言しています。また、国際化、情報化、科学技術の発展、環境問題などに対応する新しい教育についても様々な提言を行っています。

この答申で、中央教育審議会として、二十一世紀の子供たちの教育の在り方を提示しました。しかしながら、この答申で示している教育を実現するためには、行政による努力が重要なことはもちろんですが、その鍵は、保護者の方、学校の先生、地域の人々など、全ての大人たちの一人一人の実行にかかっているのです。どうぞ、この答申をよくお読み下さい。そして、答申の趣旨を御理解いただき、それぞれの立場で、子供たちが幸せになるために、子供たちに［生きる力］をはぐくんでいくことができるよう、子供たちの教育のことを真剣に考え、積極的に取り組んでいただきたいと思います。

二十一世紀に向け、今日から、国民一人一人が、自分のできることについて、子供たちに［生きる力］をはぐくむための教育に取り組んでいくことを期待しています。

この中央教育審議会パンフレットでは、答申のポイントは、これからの教育は「ゆとり」のなかで「生きる力」を育成することを大切にする点にあると明記されている。というのも、これからの社会は、変化の激しい、先行き不透明な厳しい時代を迎えると考えられ、そのような社会においては、子どもたちに「生きる力」をはぐくむことが必要になるからだとされる。その「生きる力」とは何であるのかという問題は、それ自体たいへん大きな問題であるが、中央教育審議会では、次の二つを「生きる力」であると捉えている。

○自分で課題を見つけ、自ら学び、自ら考え、主体的に判断し、行動し、よりよく問題を解決する能力
○自らを律しつつ、他人と協調し、他人を思いやる心や感動する心など、豊かな人間性とたくましく生きるための健康や体力

この「生きる力」をはぐくむためには、家庭や学校や地域社会が十分に連携し、バランスよく教育に当たること、特に、家庭や地域社会の教育を充実したものにすること、生活体験や自然体験などの実際の体験活動の機会を広げていくこと、学校で「生きる力」の育成を重視した教育を進めていくこと、子どもたちと社会全体に「ゆとり」をもたせることが必要であるとされる。さらに、この「生きる力」をはぐくむことが、生涯学習社会においては、たいへん重要な課題であるとされる。[30] その結果、学校教育では、「生きる力」の育成を基本として、知識を教え込む教育から、自ら学び、自ら考える教育への転換が図られ、教育内容が厳選される。[31] 中央教育審議会のこのような基本的な考え方が教育課程審議会においてさらに具体化されて、新しい学習指導要領への改訂に至った。そこで次に、文部省が作成した大胆なタイトルのパンフレット「新しい学習指導要領で学校は変わります」に即して、その内容を一瞥してみる。主な柱としては、五つがある。

（1）完全学校週五日制の実施

完全学校週五日制という表現は、見聞きして即座に理解できる表現とは必ずしも言い難いけれども、要するに、

平成十四（二〇〇二）年度から、毎週土曜日を休みにするということである。この週休二日制は、すべての幼稚園、小学校、中学校、高等学校、中等教育学校[32]、盲学校、聾学校及び養護学校において、一斉に実施される。この学校週五日制によって、土曜日や日曜日を利用して、家庭や地域社会で子どもたちが生活体験や自然体験、社会体験、文化・スポーツ活動など、さまざまな活動をすることが期待されている。

この制度を導入しなければならない理由としては、豊かな体験が子どもたちにとって重要だということが挙げられている。文部省が行った「子どもの体験活動等に関するアンケート調査」（平成十年十二月）では、生活体験や自然体験の豊富な子どもほど、「友達が悪いことをしていたら、やめさせる」「バスや電車で席をゆずる」などといった道徳観や正義感が身に付いているという結果が出たことが強調される。子どもたちが休みの日を有意義に過ごせるようにするために、文部省では「全国子どもプラン」（緊急三ヵ年戦略）を策定し、平成十三（二〇〇一）年度までに、地域で子どもを育てる環境を整備し、親と子どもたちのさまざまな活動を振興する施策を推進している。

（2）わかる授業、楽しい学校の実現

文部省の「学校教育に関する意識調査」（平成十年二月調査）によれば、学校の授業の理解度は、「よくわかる」「だいたいわかる」「半分くらいわかる」「わからないことが多い」「ほとんどわからない」の順で、小学生では一九・九％、四八・二％、二七・三％、三・三％、〇・九％となっている。中学生では四・七％、三九・五％、三五・四％、一六・二％、四・一％、高校生では三・五％、三三・九％、三九・九％、一七・三％、五・五％である。この調査結果について文部省は、学校の授業が多くの知識を詰め込む授業になっていて、ゆとりをもって学習できずに、学習内容を十分に理解できていない子どもが少なくないと捉えている。このことと完全学校週五日制の導入が結びつけられて、授業時数を週当たり二単位時間縮減するという方策が取られる。しかし、教育内容がそのままであれば、授業時数が減らされた分だけ、知識を詰め込む度合いが増す。

そこで、新しい学習指導要領への改訂では、授業時数の縮減以上に教育内容を厳選するということが行われ、結果として今まで以上にゆとりを生み出すことができると説明される。つまり、すべての子どもが共通に学ぶべき内容は、社会生活を営むうえで必要とされる基礎的・基本的な内容に厳選され、教科によって違いはあるものの、新しい学習指導要領における教育内容は、それ以前の教育内容に比べて、おおむね三割程度削減される。このような思い切った厳選によって、子どもたちがゆとりのなかでじっくりと学習し、基礎・基本を確実に身に付けることができるようにすることの方を文部省は優先させている。さらに、各学校では、子どもたちが授業内容を確実に身に付けることができるようにするために、わかりやすい授業を展開し、一人ひとりを大切にしたきめ細かな指導を行うとされる。具体的には、子どもたちの理解の状況や習熟の程度、興味・関心などに応じて個別指導、グループ別の学習、複数の教師によって授業を行うティームティーチングなどを実施することが挙げられる。中学校では選択教科の種類を拡大するなどして、子どもたちが自分の興味・関心に応じて選んだ教科や課題の学習に主体的・意欲的に取り組むことができるようにして、子どもたちが学ぶことの楽しさや成就感を味わうことができるようにすることが重視される。文部省は、このような改善によって、子どもたちにとって楽しい学校が実現されると期待している。

（3）自ら学び自ら考える力の育成

激しい変化が予想されるこれからの社会においては、生涯を通じていつでも自由に学び続けるという生涯学習の考え方をさらに進めていく必要があることがまず強調される。したがって、教育は学校教育のみによって完結するというのではなく、学校教育では生涯学習の基礎となる力を育成することが重要であるという考え方がなされる。

つまり、これからの子どもたちには、たとえば年号や地名などの細かな知識をたくさん覚えていることよりも、自分で考え、自分の考えをもち、それを自分の言葉で表現できる力を身に付け、それを実際の生活に生かすことができるようにすることの方がより重要であるという考え方がなされる。その意味で、これからの学校教育がめざす方向は、端的に言って、「多くの知識を教え込む教育」から「自ら学び自ら考える力を育てる教育」へ転換されなければならないとされる。具体的には、次の五項目が挙げられる。

ア　体験的な学習、問題解決的な学習の重視

「知的好奇心や探究心をもって、自ら学ぶ意欲や主体的に学ぶ力」「自らの力で論理的に考え判断する力」「自分の考えや思いを的確に表現する力」「問題を発見し解決する能力」などは、実際に自分で調べたり体験したりするなかで、実感を伴った理解を深めることによってはぐくまれるという理由から、学校では、観察・実験、見学や調査、スピーチ・討論、ディベート、自ら調べ・まとめ・発表する活動、自然体験やボランティアなどの社会体験、ものづくりや生産活動といった体験的な学習、問題解決的な学習を重視して、こうしたことを積極的に授業に取り入れる。

イ　道徳教育[33]の充実

幼稚園や小学校低学年では、基本的な生活習慣や善悪の判断、社会生活上のルールなどの指導を徹底する。ボランティア活動や自然体験活動などの体験活動を生かした学習を充実させ、豊かな体験を通して道徳性の育成を図る。

ウ　国際化へ対応した教育の充実

中学校と高等学校で、外国語を必修にする。文法や英単語をひたすら覚えさせるのではなく、実際に話したり聞いたりすることに重点を置き、実際の場面で使える外国語教育を行う。小学校においても、「総合的な学習の時間」

などにおいて、英会話などを実施することができるようにする。

エ　情報教育の充実

中学校の技術・家庭科でコンピュータの活用などの情報に関する学習を、高等学校では教科として「情報」を新設し必修にする。小学校においても、「総合的な学習の時間」や各教科等の学習において、コンピュータに慣れ親しむ活動を充実させる。

オ　体育・健康教育(34)の充実

健康を保持増進できるようにし、基礎的な体力の向上を図る。また、生涯にわたって積極的に運動に親しむ資質や能力の育成を図る。さらに、心の健康、望ましい食習慣の形成、生活習慣病の予防、薬物乱用防止などに適切に対応できるようにする。なお、従来は小学校五年生から行っていた保健に関する内容の指導を、小学校三年生から行う。

（4）特色ある学校づくりの推進

新しい学習指導要領では、各学校が創意工夫を生かした特色ある教育を展開して、特色ある学校づくりができるようにするために、各学校の自由裁量の余地が拡大される。このことによって、各学校では、子どもの実態により即しながら、個性を生かす教育を展開できるようになると期待される。これによって、従来のいわば横並びの学校づくりから、否が応でも「特色ある学校づくり」をしなければならないように迫られると予想される。学校の自由度が拡大される主な項目としては、次の五つが挙げられる。

ア　各学校の創意工夫による柔軟な時間割の作成

実験を行う理科の授業を七五分授業にしたり、日々の習熟を必要とする英語の授業を二五分授業にして毎日行うなどの工夫をすることができる。また、たとえばコンピュータの授業を第一学期に集中して行うなど、特定の時期に集中して授業を行うことができる。

イ　総合的な学習の時間の新設

この時間は、小学校三年生以上において設けられ、新しい学習指導要領の目玉とも評される。この時間をどう組み立てていくかが、各学校が創意工夫を生かした特色ある教育活動を展開する核になると予想される。具体的な内容については、次の第五の柱において取り上げられる。

ウ　中学校の選択教科の充実

中学校では、すべての生徒が共通に学ぶ必修教科以外に、三年間の授業時数の全体のうちの約六分の一の時数が、生徒の興味・関心に応じて生徒が学習する選択教科等の学習に充てられる。選択教科として開設する教科の種類や内容は、各学校が生徒の特性等に応じて自由に決定することができる。これには、たとえば課題学習、補充的な学習、発展的な学習などがある。

エ　高等学校の選択学習の幅の一層の拡大

生徒の興味・関心、進路希望等に応じて、それぞれの分野について深く高度に学び、それぞれの能力の伸長を図るために、共通に学習する必修科目の単位数を縮減して、選択科目の単位数を増加させ、生徒が選択して学習することができる幅をこれまで以上に拡大する。また、必修科目についても、原則として、複数の科目のなかから選択して履修することができるようにする。さらに、学習指導要領で定める教科・科目以外にも、地域、学校及び生徒の実態、学科の特色等に応じて、各高等学校で独自に「学校設定教科・科目」（たとえば「産業社会と人間」「哲学」「日本文化」「科学研究」など）を設定することができる。

オ　開かれた学校づくりの推進、並びに学校と家庭や地域社会との連携の強化各学校では、家庭や地域の人々とともに子どもを育てていくという視点に立って、開かれた学校づくりを推進する。特に、家庭や地域社会の人々の積極的な協力を得て、地域の教育資源や学習環境を活用したり、学校が休みの日に学校施設を開放したりして、学校と家庭や地域社会との連携を深める。

（5）総合的な学習の時間[35]の新設

総合的な学習の時間は、これまでとかく画一的だと言われてきた学校の授業を一変させるものとして打ち出された。具体的には、この時間は、地域や学校、子どもたちの実態に応じて、各学校が創意工夫を凝らして特色ある教育活動を行うことができる時間であり、たとえば国際理解、情報、環境、福祉・健康など、従来の教科の仕切りでは複数の教科にまたがるような課題に関する学習を行うことができる時間である。この時間に対しては、子どもたちが各教科等の学習で得た個々の知識を結びつけて、それらを総合的に働かせることができるようにするという目標が課せられる。総合的な学習の時間は、小学校では三年生以上から週当たり三時間程度、中学校では週当たり二～四時間程度、高等学校では卒業までに三～六単位が各学校の裁量で配当される。この時間が新設されることによって、特別活動、道徳、各教科の三領域で構成される小学校及び中学校の従前の教育課程（カリキュラム）は、総合的な学習の時間、特別活動、道徳、各教科の四領域で構成される新しい教育課程へ改められる。

総合的な学習の時間は、新しい学習指導要領への改訂において、「生きる力」の育成をめざして各学校が創意工夫を凝らす見せ場である。とりわけこの時間では、知識を教え込む授業ではなく、子どもたちが自ら学び、自ら考える力をはぐくみ、学び方や調べ方を身に付けることができるような授業が行われなければならないことになっている。しかも、総合的な学習の時間に関しては、国が一律にその内容を示すことをしないので、各学校の創意工夫の実態が直截に問われる。当然のことながら、従来の教科においてとは異なって、この時間のための教科書というものは存在しない。もっとも、「教科書」という呼称は「教科用図書」の略称で、「総合的な学習の時間」は「教科」ではないので、この時間のための教科書が存在しないというのは、その意味でも当然である。

第三節　唯名論的知識観と批判哲学的知識観

以上において、いわゆる「新しい学習指導要領」のあらましを一瞥したが、もしこの改革が徹底的に履行されたなら、それは各学校をはじめとして、ひいては日本の社会全体にかなりの衝撃を与えることになるであろうことは十分に予測される。当時の文部省は、「新しい学習指導要領で学校は変わります」と大胆に宣言している。その号令のもと、各学校がこの新しい学習指導要領を厳格に実施していこうとするならば、各学校は相当の、あるいは根本的な自己変革を強いられることになるし、われわれ一般国民も学校というものに関する考え方をすっかり変更せざるをえなくなるという緊張感が生じる。

それに呼応して、新しい学習指導要領による教育課程改革によって、必ずしもよい結果だけがもたらされるとはかぎらないという不安感ないし批判的反応も生じる。文部省は、実施に先立ってあらかじめこれに応じるために、「新しい学習指導要領で学校は変わります」のパンフレットの最後に「新教育課程Q＆A」というコーナーを設け、予想される八つの問いに答えている。

（1）学校週五日制になると、子どもたちの生活が不規則になったり、塾通いが加速されたりすることにならないか？――子どもたちには、土曜日や日曜日を利用して、家庭や地域社会で生活体験や自然体験、社会体験、文化・スポーツ活動などの有意義な体験や活動を行ってほしい。文部省としては、子どもたちの体験活動の場と機会の拡大、さまざまな活動機会に関する情報提供などを計画的に進めている。学校週五日制は、子どもたちにさまざまな活動や体験をさせて、望ましい人間形成を図るためのものである。したがって、それが過度の塾通いにつながらないように、学校における授業の改善、入試の改善、保護者や塾関係者の理解の促進などを行って、すべての関係者が協力して学校週五日制に対応する必要がある。

（2）教える内容を三割も削減して、子どもの学力が低下しないか？――たしかに、教育内容の厳選により、共通に学ぶ知識の量は、従来よりも減る。しかし、「ゆとり」をもって読・書・算などの基礎・基本をしっかり習得するようにしたり、学ぶ意欲や学び方、知的好奇心・探究心を身に付けたりすることによって、むしろ「生きる力」としての学力の質を向上させることができる。また、共通に学ぶべき内容は厳選したが、生徒が選択して学習できる幅をこれまで以上に拡大したので、生徒の特性等に応じて、生徒の意欲的・主体的な学習がより活発に行われるようになる。

（3）教育内容の厳選により、高等学校卒業時点での学力水準は低下しないか？――修得総単位数を六単位縮減したので、全教科を合わせた学習内容は削減される。しかし、すべての生徒が共通に履修する必修単位数を縮減し、各学校や生徒の選択の幅を拡大し、より深く学びたい生徒のための選択科目は現行と同様に設けたので、生徒の興味・関心、進路希望等に応じて、それぞれの分野についてより深く高度に学ぶことができる。したがって、教科の達成レベルが現在よりも低下することはない。

（4）学校での学習の評価は、どう変わるのか？――子どもの学力の評価については、これからの学校教育において重視される自ら学ぶ意欲や思考力、判断力、表現力などを重視する。具体的には、学力を単なる知識の量として捉えるのではなく、自ら学び自ら考える力を身に付けているかどうかを適切に評価するようにする。そのために、今後、評価のあり方を検討していく[36]。

（5）学校の教育内容が大幅に変わるのに対して、高校や大学の入試は変わるのか？――入学者選抜については、学習指導要領の今回の改訂を踏まえて、一層改善する必要がある。これまでにおいても、選抜方法の多様化、評価尺度の多元化の観点から改善を進めてきたが、今後においては、学力試験で一定以上の点数を得ていれば他の資料によって選抜する方法、細かな知識を問う出題ではなく思考力や分析力を問う出題への改善、調査書と学力検査の比重の置き方の弾力化、小論文・面接・実技検査の実施など、多様な選抜方法・評価尺度の工夫を一層進めていくことをめざす。

（6）今回のカリキュラム改訂により、公立学校と私立学校の格差が拡大しないか？──学習指導要領は、国立・公立・私立の別なく遵守すべき教育課程の基準であるから、私立学校もこれに従って教育課程を編成実施する。国公私立の学校を通じて、総合的な学習の時間における創意工夫を生かした教育活動、中学校における豊富な選択教科の開設、高等学校における多様な選択科目や学校設定教科・科目の開設などを行って、各学校が子どもたちや地域・学校の実態等に応じて創意工夫を生かした特色ある教育課程を編成することになる。完全学校週五日制も、国公私立の学校を通じて実施することが求められている。

（7）幼稚園教育は、どう変わるのか？──遊びを中心にした楽しい集団生活のなかで、豊かな体験を得させるようにするとともに、幼児期にふさわしい道徳性を生活のなかで身に付けさせるように指導を充実させる。また、子育て相談など、地域の幼児教育センターとしての役割や預かり保育の機能も充実させる。

（8）盲・聾・養護学校の教育は、どう変わるのか？──障害の状態を改善・克服するための指導領域である「養護・訓練」という名称を、「自立活動」という名称に変更して、自立をめざした主体的な活動を一層充実させる。知的障害養護学校の高等部に「情報」及び「流通・サービス」という教科を新しい教科として設けるなどして、職業教育を充実させる。幼稚部では、三歳児未満の乳幼児を含む教育相談を推進するとともに、高等部の訪問教育を実施する。

以上のQ＆Aは、厳密に見れば問いに対する答えになっていない部分も散見されるが、好意的に見ればそれなりに筋が通っていると言えなくはない。しかし、一般的に言って、筋の通ったどんなに立派な改革案でも、それがすんなりと受け入れられ、即座に功を奏するようになるとは必ずしも言えない。現実からの抵抗がある場合には、なおさらそうである。さらに悪いことに、日本ではすでに「学校」というものそのものが、回復するのが困難な程度にまで信頼を失っているという見方もしばしばなされる。実際、「勉強は塾、学校は遊ぶ場」と言ってのける小学生もいるということが話題にのぼるほどである。

一方で教育改革の推進が叫ばれ、他方で小学校高学年や中学生の多くが塾に通う。通塾率の高さは、学校に対する親や子どもの不安や不満の裏返しになっているのではないかという見方も提出されている。この傾向は、新しい学習指導要領が本格的にスタートすれば、一層加速されることになるかもしれないという風潮にもなってきた。そこで、こうした状況を踏まえて将来の見通しを探るために、新聞紙上で対論「学校は〝できる子〟にこたえられるか」が企画され、月岡英人・文部省初等中等教育局小学校課長と苅谷剛彦・東京大学大学院教授（教育社会学）の見解が併記されたかたちで紹介された[37]。

前者の考えでは、学校では理解度の高い子にも低い子にも「個に応じた指導」を進めている。現在でも小学校では個別指導やグループ指導を進めることになっていて、進度に配慮した指導も可能である。中学校でも習熟の程度に応じた指導をしている。したがって、勉強ができる子は必ず授業に不満を感じているとは言えない。この「個に応じた指導」は、二〇〇二年度から導入される新しい学習指導要領では一層重視される。「ゆとり」のなかで「生きる力」を身に付けさせるために小中学校での学習内容を厳選したものの、基本を確実に学ばせるので、基礎学力が落ちることはない。たとえば円周率は「三」になると言われているが、それは誤りである。円周率は「三・一四」と教え、必要に応じて「三」を使えるようにするというのが正しい。このことは、現在でも同じである[38]。台形の面積を求める公式は教えないことになるが、これに関しては三角形と平行四辺形に分けるなどして解答を導くことができる。実社会には公式がないことの方が多いので、既得の知識を積み重ねて、合理的な考え方のもとに答えを導くことが重要である。私立学校は独自の建学の精神などをもつが、公立学校でもより特色のある教育を進めていく。塾は教育の一翼を担っている民間教育機関であるが、塾には学校に対するのとは違った学習ニーズにこたえてほしい。新しい学習指導要領がめざす教育は、塾の力を借りなければ達成できないものではない。学校では総合的な学習の時間や各教科の体験的な学習を通して、より確実な理解というものができるようにしていく。塾で事前に体験的な学習の予習をすることはないだろうから、「できる子」も含めて、どんな子にとっても、学校の授業が勝負の舞台になる。

この見方に対して、後者は「学力二極化避けられず」と厳しい見方をしている。かつてアメリカで白人が郊外の学校に逃げる「ホワイト・フライト」と言われる現象が起きたが、日本の大都市部では成績のよい中流層の子が公立学校から私立学校に逃げ出す「ブライト・フライト」現象が起きている。私立中学校に子どもを通わせる社会階層は、以前からあった。それが一九八〇年代に増え、バブル崩壊で一旦は沈静化したが、二〇〇〇年になって再び増えた。これは、教育内容を三割減らすという新学習指導要領への親の抵抗ではないか。学校は学ぶ場としての機能を縮小していて、特に基礎学力の点で親の信頼を失いつつある。すべての親がその子どもに幼いころからがむしゃらに受験競争をさせようとしているわけではないが、塾に通う子にとっては学校の授業は退屈になる。授業レベルを下げれば、さらに悪循環を生む。総合的な学習の時間などは、体験を通じて「考え方」を身に付けさせるのが役割であるとも言われているが、それでは基礎がおろそかになる恐れがある。塾で知識を得ている子にとっては体験的な学習を行ってくれる学校はよい場所になるけれども、それ以外で基礎もおろそかな子にとっては何が身に付くのだろうか。楽しいだけに終わる危険性もある。学校は、かつては地域社会が担った生活体験を子どもたちにさせるように求められ、最近では基礎学力も落とすなと言われている。学校に期待される役割が多すぎる。東京都内の小学校五年生の二三％、中学校二年生の四三％が自宅でまったく勉強しないという調査結果があり、この層が一九九二年から九八年にかけて急増した。九二年は現行の学習指導要領が導入され、「指導から支援へ」と言われ始めた年である。この頃から、宿題もドリルも減った。小学校の授業ではどの子も楽しそうに見えても、系統学習が中心になる中学校や高等学校になると、それまで隠されていた差が現れ、基礎学力の有無による二極分化は避けられない。そもそも「ゆとり重視」というのは、大都市部の子が夜の塾通いなどに追われているといった偏ったイメージをもとにした政策である。全国一律に教育内容を削減した場合、塾や私立学校のない地方もあるわけで、地域や階層間の格差が拡大する心配がある。受け皿のない地方では、勉強の不得意な子には学習支援をし、「できる子」には先に進める対応をするなどといったことを公立学校が考えなければならない[39]。そのためには、行政も教材や教員を十分に手当てして、財政的な支援を拡大するべきである。

この対論では両者が実際に対面して対話しているわけではなく、またそれぞれに説得力のある見解を表明しているだけに、ここでの対立軸や論点を明瞭なかたちで浮かび上がらせるのは容易ではない。しかし、ここでは「基礎学力」というものが一つのキーワードになっているように思われる。端的に言って、新しい学習指導要領において、前者は「基本を確実に学ばせるので、基礎学力が落ちることはない」と言い、後者は「基礎学力の有無による二極分化は避けられない」と言う。そもそも「基礎学力」とは何かという問題自体が問題であるが、とりあえず「社会生活を営む上で必要とされる基礎的・基本的な知識を習得した学力」のことだとすれば、この考え方を前者は念頭に置いていると思われる。後者は多少ニュアンスを異にして、「中学校や高等学校、さらに大学でのより高度な学習の基礎になる学力」といったような側面をより強く意識していると思われる。しかし、いずれにしても、新しい学習指導要領に関して、一方が基礎学力は身に付くと言い、他方が身に付かないと言うだけでは、これは水掛け論になってしまう。

新しい学習指導要領の実施によって「基礎学力を身に付けることができるかできないか」に関する見解の相違は、いわゆる「基礎学力のレベル」をどこに設定するかに由来しているように思われる。かりに基礎学力のレベルが極端に低く設定されていれば、これを身に付けることはそれほど困難なことではないかもしれない。反対に、基礎学力とはいえ、そのレベルが相当に高度であれば、これを身に付けるのは容易ではないはずである。当時の文部省が推進した教育課程改革で打ち出された「教育内容の三割削減」という事態を、「教育水準の維持」という観点から見て、許容範囲内のものと見るかどうかが大きな分かれ道になっていると言えるのではないだろうか。

ここで現実に目を転じてみると、基礎学力の低下の問題は、今や焦眉の問題になっている。「学級崩壊」「学校崩壊」「学力崩壊」といった衝撃的な言葉が安易に乱れ飛んでいる。そのアナロジーで至るところで多種多様の崩壊現象も指摘されている。このうち、最も早く登場した言葉は、やはり「学級崩壊」ではないかと言われている。この言葉は、平成六（一九九四）年頃から、小学校の教師の間で使われ始めたらしい。その後、平成十（一九九八）年六月十九日に、ＮＨＫ総合テレビで「学校――荒れる心とどう向き合うか」の第一回として、「広がる学級崩壊」という番組が放映されてから、「学級崩壊」という言葉が急速に広まったとされる。さらに、この頃、朝日新聞社会部の教育取材班が学級崩壊現象に着目して、本格的な取材を開始し、平成十年十一月から社会面連載「学校」や特集記事でその報告を掲載し、平成十一（一九九九）年五月にはそれらの記事に大幅に加筆し、それを再構成した書物『学級崩壊』[40]を出版した。学級崩壊という現象がどんな現象かということについては、さまざまな見方があるが、要点は次の二点に絞られる。[41]

まず、学級崩壊とは、小学校における「授業崩壊」という問題に他ならない。要するに、小学校で子どもたちと学級担任教師の人間関係が煮詰まってしまって、「一人担任制」ないし「学級担任制」、つまり「学級王国」が崩壊する現象が学級崩壊だとされる。したがって、中学校、高等学校、大学などにおいて教育が困難になっているという現象は、学級崩壊ではなく、教科担任制などにおける担当教師に限定された授業崩壊の現象である。次に、学級崩壊の現象で最大の問題現象は、小学校一年生の学級における崩壊現象であるという点が重要である。これは「歴史的」とも言える新しい問題である。ここには、これまで日本の小学校が経験したことのない二つの問題が含まれているという。

一つは、情報化社会がもたらした影響である。テレビ、ビデオ、ゲームなどの刺激的な情報の洪水が、子どもたちに単に情報を伝達するだけの機能しか果たしていなかった学校教育を相対化させてしまった結果、画一的・強制的な学びのスタイルをとる伝統的な学校に対して子どもたちが魅力を感じなくなってしまった。つまり、この問題は、子どもたちのなかで幼児期から起こっている新しい変化や発達を小学校が受けとめきれなくなって、幼稚園や保育園から小学校への接続段階で「段差」が生じ、子どもたちが小学校生活になじめないでいるという問題である。もう一つの問題は、家庭や地域社会の教育力が急速に衰退した結果、幼児期に育てられるべき基本的な能力が形成されず、そこに起因する大混乱が小学校で露呈するという問題である。この問題現象は、乳幼児を確実に成長させることを難しくしてしまった日本社会の危機を示す現象でもある。

こうした事態に対してどう対処すべきかについては、多くの議論がなされている。教育課程改革で標榜される「多くの知識を教え込む教育」から「自ら学び自ら考える力を育てる教育」への転換、「体験的な学習」や「問題解決的な学習」の充実、「個に応じた指導」の重視などに期待が寄せられている。わけても、「総合的な学習の時間」が現状を変えるきっかけになる可能性を秘めているという見方もある。[42] しかし、これに反して、河上亮一の『学校崩壊』は、もっと違った見方をしている。ここでは、ＮＨＫの報道番組「広がる学級崩壊」や朝日新聞の記事などに対して批判的な立場が取られる。たとえば、次のような見解が提出される。「学校は教育の論理で動いており、教育はそもそも保守的なものである。学校はこれまで市民社会から相対的に離れ、一種の聖域として、子どもの社会化にその役割を果たしてきた。私たちは学校たたきに対して、教育の論理で立ち向かおうとしたが、基本的に敗北したと言っていいだろう。自由・平等・個第一という近代の理念に対抗するなどできることではなかったのである。学校は聖域ではなくなり、教育の場から街中に近づいたと言っていい[43]」。

ここで言われる「教育の論理」が何であるかは必ずしも明らかではなく、基本的な立場設定に対しては疑問を抱かざるをえないが、たとえば「〝他人のため〟という考えがなくなった」「子どもの世界にいじめはつきもの」「子どもを責めない親」「母性にからめとられる学校」「怖い教師が必要だ」「学校にストレスがあるのはあたりまえ」「自由・人権第一が教育力を低下させた」「こまかな校則ができたのには理由がある」「がんばった教師ほどたたかれる」「『みんながわかる授業』が生徒を追い込む」「教育が福祉になってしまった」「自由を掲げて自由が失われていくジレンマ」「問題の根は大人の側にある」「子どもを自立させる自覚がない」などといった指摘は、教育現場の少なからざる教師の偽らざる心情を代表していると思われるし、たしかに避けて通ることのできる問題ではない。

さらに、『学校崩壊』では、文部省が進める教育改革に対しても根本的な批判が提出される。社会の自由化に歩調を揃えて学校も自由化するという文部省の方針は、あまりにも単純である。最近の学校におけるさまざまな変化については、その原因が根本的に究明されなければならない。マスコミの実態報道の効果もあってか、文部省も学級崩壊についての本格的な実態調査を実施することを決定したが、文部省による教育改革の基本的な流れは、一九九八年十一月の新学習指導要領の告示へと続いており、学校の自由化の方向性を押し止めるのは難しいと考えられる。そして、文部省の教育改革が現在最も浸透しているのが小学校であり、学級崩壊は教育改革の成果であるとも言える。昔ながらの学校という存在が崩れ去り、新しいコンセプトの学校が誕生する過程において、学級崩壊は産みの苦しみのようなものであり、それには耐えなければならないと文部省は捉えているのかもしれないが、学級崩壊に関する文部省の見解は明確に示されるべきである。(44)

もちろん、このような考え方に対しては、他人を悪者にしているだけで、自己反省がないなどといった痛烈な批判が浴びせられている。(45) 教育改革において、古い伝統的なタイプの学校がもっているすばらしい機能を中心に据えて改善が図られるべきだと考えるのか、それとも、学校そのものがもはや機能不全を起こしてしまっているので、まったく新しい学校というものが構想されるべきだと考えるのか、ここにも大きな分かれ道がある。文部省が推進した教育課程改革は、いわば前門の虎、後門の狼といった状況のなかで、どっちの方向へ舵を取ったらよいのかに苦渋して、右往左往していると言えるかもしれない。これに追い打ちをかけているのが、いわゆる「学力崩壊」という問題である。特に、大学生の学力低下の問題が耳目を集めている。[46]『分数ができない大学生』[47]というショッキングなタイトルの書物が、その引き金になった。ここでは多種多様の問題が取り上げられているが、とりわけ議論されているのは「大学入学学力試験科目の少数化傾向の問題」である。[48]

これに引き続いて、同じ編者によって『小数ができない大学生』[49]が出版された。この書物が決定打を放った。ここでは、大学生の学力崩壊問題が私立大学だけではなく国公立大学においても生じていること、またそれが数学だけにかぎらないこと、さらに小・中・高の教育において基礎教育を充実させる必要があることなどについての指摘がなされている。そればかりか、二〇〇二年度からの新学習指導要領の実施中止を求める国民会議を結成して行われている署名運動への協力も求められている。[50]そのような運動が功を奏したかどうかは不明であるが、新聞報道によれば、文部省は、学習指導要領について、ほぼ十年に一回程度のペースで改訂してきた従来の方式を改めて、内容の見直しを随時行う方針を固めたと伝えられた。[51]この記事では、新しい学習指導要領が二〇〇二年度から始まると、ほとんどの教科で学習内容が三割程削減され、それが子どもたちの「学力低下」を招き、将来に禍根を残すのではないかという指摘が教育関係者によってなされていることを紹介している。

文部省内でも、「絶対に正しい選択だったとは言い切れない」「十年先まで改訂しないという姿勢でいいのか」という意見があり、必要に応じて数年単位で内容を見直すという考えでまとまったという。文部省には、情報、環境といった新しい分野についても、社会状況に応じて随時学習指導要領に組み込むようにしたい考えがある。さらに、文部省は、教育課程を見直す基礎データにするため、全国規模の学力テストについても、随時実施する方向で検討を始めている。学習指導要領は、「どの学年でどんな内容をどう教えるべきか」を定める教育課程の「国家基準」であり、各学校では、これに従って教育が進められる。学習指導要領は、戦後日本が独立して以降、ほぼ十年に一回の改訂を目安にして、「一九五八―六〇年」「六八―七〇年」「七七―七八年」「八九年」の時期に見直されてきた。ほぼ十年おきの改訂というのは、現行の問題点を見極め新しく編成するには、十年程度の期間が必要であるというのがその理由だった。しかし、最近では学習指導要領のあり方に対する批判も多いことから、随時見直していくという方向も打ち出された。

近年の学習指導要領では、詰め込み型から「教育内容の精選」へと路線を変えてきた。二〇〇二年度から始まる新しい学習指導要領では、学校の完全週五日制に合わせて、小中学校のほとんどの教科で「教育内容の厳選」を行い、それ以前の教育内容を約三割削減した。その理由の一つとして、「勉強についていけずに学校嫌いになるのを防ぎ、基礎・基本に絞って本当の学力を身に付けさせる」という考えがある。しかし、文部省内でも、「ゆとり路線を定めた学習指導要領を絶対視すべきではない」という声がある。大学生なのに分数の計算が解けない、簡単な漢字の読み書きができないなどといった「学力低下」は、国民的な議論になった。こうした状況下で、文部省は、「後々に禍根を残さぬように検証のスピードを速め、問題点が見つかれば早めに手を加えるべきだ」と判断したという。数年単位で教育課程を見直し、教える内容を増やすことも視野に入れている。

およそ以上のような新聞報道からも明らかなように、主要な問題点は、いわゆる「ゆとり路線」の是非の問題と、「教育内容」の量的・質的問題の二点に絞られるように思われる。とはいえ、この二つの問題は複雑に絡み合っていて、事態はそれほど単純ではない。たとえば、「ゆとり路線」においては、教育内容の量的問題から質的問題への転換がすでに図られている。そして、教育内容の量と質を問題にする考え方において、「自ら考える教育」が不用であると見なされるはずがない。しかし、あえて便宜的にこの二つの問題を単純に分けて、それぞれの特徴を探ってみたい。

文部省の言う「ゆとり路線」の教育というものを、多くの知識を詰め込む教育からの転換を図り、ゆとりのなかで基礎・基本を確実に身に付けさせることによって、自ら学び自ら考える教育を行い、体験的な学習や問題解決的な学習に重点を置く教育のことだと単に文字どおりに理解するかぎりでは、これはこれでそれなりにもっともな考えで、時代の要請にもかなっていると思われる。[52] しかし、実は、この施策の背後で、「教育内容の厳選」という措置が講じられている。『小数ができない大学生』のなかに、「新教育課程に対する数学・物理・化学系諸学会の見解」というものが収められている。そこでは、一方で「ゆとり」と「特色」のある教育を行い、「自ら考える力」の育成をめざした新教育課程の理念が早急に実現されることを願い、そのために行政と連携をとりつつ協力することを惜しまないと言いつつも、他方で次のように言っている。「二十一世紀の日本における科学技術の発展と世界への貢献を考えるとき、教育水準の維持はきわめて重要である。さらに、この科学技術時代にあっては、すべての人々が十分な科学的素養を身に付ける必要がある。しかし近年、自然科学の学力が著しく低下し、その影響は大学にも及んでいる。我々は、初等・中等教育における科目配当時間の削減と学習内容の減少により、学力が一層低下するのではないかとの強い懸念を抱いている[53]」。

もちろん、以上の二つの考え方には、それぞれになお多くの問題点が含まれているのは明らかであるから、それを一つずつ拾い上げてつぶさに検討することも重要であるかもしれない。しかし、ここではそのような検討には入らずに、この二つの考え方をもっと大きく特徴づけてみたい。「知識観」という観点から見れば、この二つの考え方の間には、いわば「唯名論的知識観」と「批判哲学的知識観」とでも言えるような対立がそもそも存在しているのではないかと思われる。

オッカムのウィリアム（William of Ockham）などの唯名論者によれば、知識は経験的個体に限定される。したがって、一方で形而上学的知識が否定され、他方で知識というものは事物の本質、共通本性、イデアにではなく、個体間の因果関係にかかわるという点が強調されていった。その結果、近世の科学では、法則的知識を探求することが盛んになった。こうした唯名論的知識観と技術力が結合して、フランシス・ベーコンなどにおいて、知識は力であると考えられるようになった[54]。先の数学・物理学・化学系諸学会の見解の背後には、このような素朴な知識観がなお存在しているように受け取られる。

それに反して、カントは、理性自身による理性の批判的反省を通して、自然科学的認識（経験としての知識）の基礎づけを行った。自然の認識は、感性（受容性）と悟性（自発性）の共同作業による。この二つの認識能力が結合することによって「アプリオリな総合判断」が成立する。そして、まさにこのことが自然を合理的に関連づける「法則の定立」ということに他ならない。法則の定立に関するこの思想が明らかにしていることは、「認識が対象に依存している」のではなく、「対象が認識に依存している」ということである。カントはこのことを、思想上のコペルニクス的転回と称した[55]。このことをヒントにすれば、カントのコペルニクス的転回における「認識」はたとえば「考える力」に、「対象」はたとえば「知識」（認識される対象としての知識）に言い換えられるのではないかと考えられる。すなわち、「考える力が知識に依存している」のではなく、「知識が考える力に依存している」ということになる。要するに、知識を習得したから考える力が身に付くというのではなく、考える力を身に付けているから知識の習得ができるということになる。この関係が正しいとすれば、いわゆる「ゆとり路線」の教育はあながち憂慮されるべきものだとは言い切れなくなる。

いわば唯名論的知識観（オッカム、ベーコン的知識観）と批判哲学的知識観（カント的知識観）の対立の問題は、実は今日では至るところできわめて重要な問題になっていると言われている。たとえば、雑多な情報が氾濫する現代社会が直面する諸問題も、結局のところはこの問題から由来していると捉えている見方もある。しかし、そのように言ってみたところで、実際問題としては、一定の知識（学習内容の量と質）がなければ考える力は身に付けられず、いくら知識（情報）があったとしても考える力がなければそれを意味づけコントロールすることはできないのは明らかである。したがって、知識を優先させるべきか、それとも、考える力を優先させるべきかという論争に、どうしても決着をつけようとする思考法には、本章第一節で取り扱った精神科学における知識概念から見れば、ほとんど意味がないように思われる。にもかかわらず、教育課程改革、新しい学習指導要領への改訂をめぐっては、この点が主な争点になった。したがって、生産的な議論がなされにくい結果になった。そこで次章では、知識を習得するためのそもそもの諸条件について考察を進めることとしたい。

註

（1）新村出編『広辞苑第五版』岩波書店、一九九八年、一七一〇頁。
（2）アリストテレス『形而上学』（上）出隆訳、岩波文庫、一九五九年第一刷、一九八四年第二六刷、二一頁（980a）。
（3）今井知正「知識、西洋【古代】」『岩波哲学・思想事典』一〇五九―一〇六〇頁参照。
（4）アリストテレス『ニコマコス倫理学』（上）高田三郎訳、岩波文庫、一九七一年第一刷、一九八四年第一八刷、二二〇―二二三頁（1139b―1140a）参照。
（5）丸山高司「実践」『岩波哲学・思想事典』六六三―六六四頁参照。
（6）デカルト『改訳　方法序説』小場瀬卓三訳、角川文庫、一九六三年初版、一九七五年二八版、一六―一七頁。
（7）デカルト『改訳　方法序説』二八頁。
（8）マンフレート・リーデル『解釈学と実践哲学―法と歴史の理論に寄せるヘルメノイティクの新たなる地平―』河上倫逸、青木隆嘉、M・ブープリヒト編訳、以文社、一九八四年、二〇―二四頁参照。
（9）マンフレート・リーデル『解釈学と実践哲学』二七頁参照。
（10）Wilhelm Dilthey: Ideen über eine beschreibende und zergliedernde Psychologie（1894）. in: ders.: *Gesammelte Schriften*, Bd. 5,

hrsg. v. Georg Misch, Stuttgart 1957, S. 139-240, S. 144.

（11）石山脩平『解釈学序説』国語科学講座、明治書院、一九三五年、六頁参照。

（12）Vgl. Gunter Scholtz: Was ist und seit wann gibt es »hermeneutische Philosophie«? in: *Dilthey-Jahrbuch für Philosophie und Geschichte der Geisteswissenschaften*, Bd. 8/1992-93, hrsg. v. Frithjof Rodi, Göttingen 1993, S. 93-119, S. 103f.（「『解釈学的哲学』とは何であり、それはいつから存在するか？」森邦昭訳、福岡女子大学文学部紀要『文藝と思想』第六一号、一九九七年、六九—一〇六頁。七七—七八頁参照）

（13）Vgl. Matthias Jung: *Dilthey zur Einführung*, Hamburg 1996, S. 9f.

（14）Wilhelm Dilthey: Das Wesen der Philosophie（1907）. in: ders.: *Gesammelte Schriften*, Bd. 5, S. 339-416, S. 370.

（15）ヴィーコ『学問の方法』上村忠男、佐々木力訳、岩波文庫、一九八七年、「解説」一九九—二二九頁。二一〇—二一一頁参照。

（16）ヴィーコ『学問の方法』四〇—四一頁。

（17）ヴィーコ『学問の方法』「訳注」一六六—一六七頁参照。

（18）マンフレート・リーデル『解釈学と実践哲学』三六—三七頁。

（19）Gunter Scholtz: Zu Begriff und Ursprung der Geisteswissenschaften. in: ders.: *Zwischen Wissenschaftsanspruch und Orientierungsbeürfnis. Zu Grundlage und Wandel der Geisteswissenschaften*, Frankfurt am Main 1991, S. 17-35.

（20）Vgl. Gunter Scholtz: a. a. O., S. 19-23.

（21）Vgl. Gunter Scholtz: a. a. O., S. 24-27.

（22）Vgl. Gunter Scholtz: a. a. O., S. 28-31.

（23）Vgl. Gunter Scholtz: a. a. O., S. 32-35.

（24）木内宏「ミニマム・エッセンシャルズ」平原春好、寺崎昌男編『教育小事典』学陽書房、一九八二年、二五五頁参照。

（25）Cf. Jerry H. Gill: *Learning to learn. Toward a philosophy of education*, Atlantic Highlands, New Jersey 1993.

（26）文部省「新しい学習指導要領で学校は変わります—完全学校週五日制の下で［生きる力］をはぐくむ新しい学校教育を目指して—」（平成十一年四月）。このパンフレットについての問い合わせ先は、文部省初等中等教育局小学校課教育課程企画室となっている。文部省は、全国各地で「新教育課程研究協議会」を開催して、新しい学習指導要領の周知に努めている。このうち、平成十一年十一月十六日に、福岡・佐賀・長崎・沖縄の各県の大学教員・教育委員会の教職員・福岡県内の教職員・教育センター教職員・保護者・企業関係者などを対象にして、文部省と福岡教育大学の主催により、福岡教育大学附属教育実践総合センターで、「二十一世紀に生きる子ども像と教師像—生きる力をはぐくむ新しい教育課程—」というタイトルで協議会が開催され、筆者もそれに参加した。この協議会では、月岡英人・文部省初等中等教育局小学校課長が、「新しい教育課程の目指すもの」と題された特別講演を一時間にわたって行い、そのなかでこのパンフレットについての解説がなされた。なお、新しい学習指導要領については、そのねらいの一層の実現を図るとともに、学力低下への対応として「確かな学力」の向上をめざすために、平成十五（二〇〇三）年十二月二十六日に一部改正が行われた。その後、平成二〇（二〇〇八）年三月二十八日に改訂が行われた。改訂後の学習指導要領は、平成二十四（二〇一二）年度からの全面実施となるが、平成二十一（二〇〇九）年度から移行措置として一部が先行実施されている。

（27）文部省『中学校学習指導要領（平成十年十二月）解説—道徳編—』大蔵省印刷局、平成十一（一九九九）年九月、一—二頁参照。

（28）山田裕紀「『ゆとり』負の面も—教育機会不平等の恐れ—」朝日新聞、二〇〇〇（平成十二）年八月二十八日参照。

（29）有馬朗人「子供に［生きる力］と［ゆとり］を—中央教育審議会第一次答申にあたって—」中央教育審議会パンフレット。

（30）中央教育審議会パンフレット参照。

（31）中央教育審議会パンフレット参照。

（32）中等教育学校とは、一九九八年に学校教育法の改正によって新しく設けられた学校のことで、中学校及び高等学校に相当する中等教育段階の教育を行う学校である。これは、いわゆる「六年制中高一貫教育」を選択的に導入し、学校制度の複線化の構造を進めるという政策に基づき、一九九九年四月一日から施行されている。神田修「中等教育学校」『解説教育六法一九九九』三省堂、九六四頁参照。

（33）道徳教育については、たとえば『中学校学習指導要領』（平成十年十二月）の第一章総則の第一である教育課程編成の一般方針の二では、次のように定められている。

学校における道徳教育は、学校の教育活動全体を通じて行うものであり、道徳の時間をはじめとして各教科、特別活動及び総合的な学習の時間のそれぞれの特質に応じて適切な指導を行わなければならない。

道徳教育は、教育基本法及び学校教育法に定められた教育の根本精神に基づき、人間尊重の精神と生命に対する畏敬の念を家庭、学校、その他の社会における具体的な生活の中に生かし、豊かな心をもち、個性豊かな文化の創造と民主的な社会及び国家の発展に努め、進んで平和的な国際社会に貢献し未来を拓く主体性のある日本人を育成するため、その基盤としての道徳性を養うことを目標とする。

道徳教育を進めるに当たっては、教師と生徒及び生徒相互の人間関係を深めるとともに、生徒が人間としての生き方について自覚を深め、家庭や地域社会との連携を図りながら、ボランティア活動や自然体験活動などの豊かな体験を通して生徒の内面に根ざした道徳性の育成が図られるよう配慮しなければならない。

(34) 体育・健康教育については、たとえば『中学校学習指導要領』（平成十年十二月）の第一章総則の第一である教育課程編成の一般方針の三では、次のように定められている。

学校における体育・健康に関する指導は、学校の教育活動全体を通じて適切に行うものとする。特に、体力の向上及び心身の健康の保持増進に関する指導については、保健体育科の時間はもとより、特別活動などにおいてもそれぞれの特質に応じて適切に行うよう努めることとする。また、それらの指導を通して、家庭や地域社会との連携を図りながら、日常生活において適切な体育・健康に関する活動の実践を促し、生涯を通じて健康・安全で活力ある生活を送るための基礎が培われるよう配慮しなければならない。

(35) 総合的な学習の時間については、たとえば『中学校学習指導要領』（平成十年十二月）第一章総則の第四である総合的な学習の時間の取扱いでは、次のように定められている。

一　総合的な学習の時間においては、各学校は、地域や学校、生徒の実態等に応じて、横断的・総合的な学習や生徒の興味・関心等に基づく学習など創意工夫を生かした教育活動を行うものとする。

二　総合的な学習の時間においては、次のようなねらいをもって指導を行うものとする。

（1）自ら課題を見付け、自ら学び、自ら考え、主体的に判断し、よりよく問題を解決する資質や能力を育てること。

（2）学び方やものの考え方を身に付け、問題の解決や探究活動に主体的、創造的に取り組む態度を育て、自己の生き方を考えることができるようにすること。

三　各学校においては、二に示すねらいを踏まえ、例えば国際理解、情報、環境、福祉・健康などの横断的・総合的な課題、生徒の興味・関心に基づく課題、地域や学校の特色に応じた課題などについて、学校の実態に応じた学習活動を行うものとする。

四　各学校における総合的な学習の時間の名称については、各学校において適切に定めるものとする。

五　総合的な学習の時間の学習活動を行うに当たっては、次の事項に配慮するものとする。

（1）自然体験やボランティア活動などの社会体験、観察・実験、見学や調査、発表や討論、ものづくりや生産活動など体験的な学習、問題解決的な学習を積極的に取り入れること。

（2）グループ学習や異年齢集団による学習などの多様な学習形態、地域の人々の協力も得つつ全教師が一体となって指導に当たるなどの指導体制、地域の教材や学習環境の積極的な活用などについて工夫すること。

（36）学力評価とは直接の関係はないが、シドニーオリンピックにちなんだ次の記事は、学力評価のあり方を検討する場合にも興味深いと思われる。恵藤公活「自己ベストたたえる英方式」（朝日新聞、二〇〇〇（平成十二）年九月十日）によれば、古くからスポーツ文化をはぐくんできた英国では、各国の五輪金メダル報奨金制度が高額化するなかにあって、報奨金の代わりに、「自己ベスト奨励賞」が取り入れられている。この方式は、英国オリンピック委員会と、そのスポンサーになっている食品会社がプールした計一〇万ポンド（約一、五七〇万円）を、五輪で自己記録を超える成績を残した選手が分け合うというものである。この方式では、順位は関係なく、最下位でも自己ベストを出せば、受賞資格が得られる。団体競技などでの取り扱いに難しい点があるが、「ベストを出し切ったと表彰するにふさわしい選手」が、複数の委員の協議によって選出される。さらに、別にもう一つ、同額の一〇万ポンドの蓄えがなされ、これはベスト記録を出した選手を育てた地域に対する表彰分として当てられる。選手の獲得額と同額の奨励金が、選手の所属地域クラブにも贈られる。「相手に競り勝つことも大切だが、自分に勝つことも素晴らしい。大舞台で力を出し切った選手を手本に、またいい選手を地域で育ててください」という願いがここには込められている。とかく国威発揚、企業・所属団体の宣伝料などといった色合いが強い報奨金制度に反して、英国のこの方式はまったく異質のものだとされる。ところで、学力評価におけるいわゆる「絶対評価」と「相対評価」の問題は、それほど単純ではなく、実際のところはかなり複雑な問題である。それぞれが長所と短所をもっているが、「結局、相対評価、絶対評価、個人内評価をそれぞれの特徴に応じて使い分けて、教育に役立てることが、よい方策のように思われる」と言われている。（馬場道雄「絶対評価と相対評価」『新教育学大事典』四、第一法規出版株式会社、平成二年、四九三―四九五頁参照）新聞報道では、教育課程審議会は、新しい学習指導要領のもとでの学習評価について検討を進めていて、学校が子どもの学習状況などを記録する指導要録を、本人からの請求があれば原則開示するように提言する方針を固めたと伝えられている。さらに、クラス内での成績順位で評価するのではなく、子どもが学習目標に到達したかどうかを見る絶対評価を評価の基本にするように求めるという。こうしたことが、平成十二年末にまとめられる答申に盛り込まれる見込みである。今後の議論では、高校入試用の内申書で順位づけをしなければならない中学校において、絶対評価をどんなかたちで導入するかが課題になりそうだとされている（「指導要録『原則開示を』学力絶対評価軸に、教育課程審答申へ」朝日新聞、二〇〇〇（平成十二）年九月十五日参照）。

（37）朝日新聞社会部教育班「学校二、第三部、進学塾から見ると――学ぶ場どこ？　親子に不安」朝日新聞、二〇〇〇（平成十二）年八月二十八日参照。

（38）芳沢光雄「『円周率三』に隠された問題」（朝日新聞、論壇、二〇〇〇（平成十二）年五月五日）によれば、円周率を約三・一四から約三とするのは、計算上はそれほど大きな問題だとは考えられないが、その背後に危惧されることがあるという。つまり、この背後には、授業時間の削減によって、三ケタどうしの掛け算を小学校で教えなくなるので、三ケタの三・一四は計算上やめるという考えがあると指摘されている。さらに、小学校の円周率の象徴的な話題に隠れてしまった感があるけれども、中学校や高等学校の数学にも目を向けてみると、やはり授業時間数の削減などの問題がある。技術立国としての戦後復興の陰では、戦後から一九六〇年代ごろまでのしっかりとした数学教育が寄与した面が大きい。最近では金融ビジネスのデリバティブで使われる確率微分方程式、あるいは情報通信ビジネスで使われる符号・暗号理論など、先端ビジネスで数学の必要性が高まるばかりである。このことを考え合わせれば、数学教育の充実は重要であり、円周率以外の部分にも関心を示すべきであると主張されている。

（39）学習支援の試みとして、東京都立川市立第九小学校の例が、前註（37）の記事に添えられて紹介されている。この学校では、平成九年から、保護者や地域の人々に、教員の支援者としてボランティアで授業に参加してもらっている。これは一クラスを複数の教員で指導するティームティーチングから発想された。平成十二年は、一年生から四年生まで計八クラスの算数や国語の授業を中心に、六〇人近くのボランティアの「お母さん先生」や「おじいさん先生」などが加わって、子どもたちの学習を支援している。

(40) 朝日新聞社会部『学級崩壊』朝日新聞社、一九九九年。

(41) 尾木直樹『「学級崩壊」をどうみるか』日本放送出版協会（NHKブックス八六二）、一九九九年、四頁参照。

(42) 朝日新聞社会部『学級崩壊』二三八頁参照。朝日新聞の夕刊記事「総合学習」（窓、論説委員室から、二〇〇〇（平成十二）年七月三日）では、「総合的な学習の時間」の試行が各地の学校で始まっているなかで、ある私立女子高等学校で行われた公開授業が紹介されている。この学校は、実は独自の総合学習を一五年前から続けていて、「人間として生きていく根っこを育てる」ことを方針にしている。その公開授業は、三年生の班が児童虐待について児童相談所などで調べてきた内容を報告し、同級生に問題を問いかける実践的な授業だった。各地から参加した教諭らが公開授業後に語った感想が掲載されている。「一人ひとりを深く受け止める校風の浸透が感じられた」「生徒が調べ、考える力は相当に高い。教師は、『総合学習は専門教科外だから』としり込みするのではなく、自分のわからないことは生徒と一緒に学ぼうと考えればいいのだろう」「総合学習では教師の力量や人間性が問われる。指導する側も、それこそ総合的人間にならなければ、と痛感した」。この記事は、「総合学習の導入が子どもたちだけでなく、先生たちを変える可能性にも期待したい」と結ばれている。

(43) 河上亮一『学校崩壊』草思社、一九九九年、二〇八―二〇九頁。

(44) 河上亮一『学校崩壊』二二〇―二二一頁参照。

(45) 芹沢俊介、藤井誠二、氏岡真弓、向井吉人『脱「学級崩壊」宣言』株式会社春秋社、一九九九年参照。

(46) 二〇〇〇（平成十二）年八月二十一日の朝日新聞の「天声人語」で、興味深い話題が紹介されている。それによれば、大学生の学力が世界的に低下傾向にあることが、千葉市の幕張メッセで開催された数学教育世界会議で明らかになった。「昔に比べて出来が悪くなった」という点で、イギリス、アメリカ、ドイツ、フランスなどの大学教授たちの嘆きは共通していた。日本の大学生は、大学によっては、理工系の学生でも中学一年程度の計算問題を四割の学生が間違えるほどである。韓国では大学受験の激化を防止するため、政府が大学ごとの試験を禁止し、五年前（一九九五年）からは共通試験だけになった。数学では比較的易しい三〇の問題を九〇分で解けばよくなったため、高校生はあまり勉強しなくなったそうである。日本の大学入試問題は、実は海外では評判がよい。センター試験でも、まぐれ当たりではなく、よく理解していなければ答えられないように工夫されている。大学の個別入試でも、考えさせる良問が多い。にもかかわらず、学力低下は進むばかりのように見える。その原因は何なのか。学習指導要領、教員養成、数学なしの入試、社会における数学無用論の傾向など、いろいろな原因が俎上に載せられてきたが、この問題を解くのはきわめて難しい。なぜならば、この問いは自然科学的な問いではなく、精神科学的な問いであり、一義的な解答によって満足させられるものではないからである。

(47) 岡部恒治、戸瀬信之、西村和雄編『分数ができない大学生』東洋経済新報社、一九九九年。
(48) 新聞報道によれば、大学入試改革を検討していた国立大学協会の第二常置委員会は、平成十二年九月十一日に、大学入試センター試験で、国立大学の全受験生に五教科七科目の受験を義務づけるよう求める提言を発表した。現在は各大学の判断で決めている科目数を、かつての共通一次試験並に増やし、大学生の基礎学力の低下に歯止めをかけるのがねらいだとされる。ただし、学生確保に苦心している地方の大学を中心に抵抗もありそうで、国大協は、私立大学、高等学校などの関係者の意見も聞いたうえで、十一月の総会で結論を出す方針である（「センター試験、五教科七科目義務化。国大協委提言、低学力に歯止め」朝日新聞、二〇〇〇（平成十二）年九月十二日）。以上のことと背景はまったく異なるが、大学入試センター試験に関する出来事として、外国語科目のなかに韓国語が導入されることになった。（「センター試験に韓国語、二〇〇三年から導入方針」朝日新聞、二〇〇〇（平成十二）年九月二十四日）基礎学力の低下問題に起因して、教育課程審議会は、小・中・高の各段階で、全国規模の継続的な学力テストを行うように提言する方針を固めた。これを受けて文部省では、新しい学習指導要領が完全実施される二〇〇三年度以降の開始を目途にして、学力テスト実施の具体的な方法の検討を始めると伝えられる。新しい学習指導要領で打ち出された「自ら学び考える力」や「生きる力」などを含めた学力の定着を調べることが主眼だとされるが、計算能力などの基礎学力が低下したとの指摘もあって、文部省は経年的に学力を調べる必要に迫られていた。継続的な全国テストが行われることになれば、「学テ裁判」により一九六六年にそれが途絶えて以来のことになる（「継続的に全国テスト。教育課程審、提言の方針。新学習指導要領、小・中・高の学力確認」朝日新聞、二〇〇〇（平成十二）年九月二十日）。
(49) 岡部恒治、戸瀬信之、西村和雄編『小数ができない大学生』東洋経済新報社、二〇〇〇年。
(50) 岡部恒治、戸瀬信之、西村和雄編『小数ができない大学生』ⅳ頁。
(51) 「学習指導要領、柔軟見直し。文部省方針、一〇年改め数年単位。学力低下受け」朝日新聞夕刊、二〇〇〇（平成十二）年八月二十九日参照。

(52) 中谷厳「情報は蓄積より活用が必要に。薄れる長期雇用、系列の意味」(朝日新聞夕刊、ビジネスマンの思考一新講座、二〇〇〇(平成十二)年九月十六日)には、インターネット時代の一つの特徴が述べられている。つまり、本格的なネットワーク社会になると、これまで専門的と思われていたさまざまな企業情報がインターネット上に蓄積されて利用可能になり、知識や情報の多くはネットワークからいつでも取り出せるので、企業は従業員を長期に囲い込む必要も、系列取引に固執する必要も薄れてくる。重要なことは、自分しか知らないと思っていた多くの情報や知識は、インターネット時代には、その価値が激減するということである。これからの時代で企業や個人に真に求められるのは、情報を溜め込むことではなく、いかにクリエーティブな発想でイノベーションを生み出せるかという「イノベーション能力」を磨く努力である。

(53) 岡部恒治、戸瀬信之、西村和雄編『小数ができない大学生』二五八頁。

(54) 宮本久雄「知識、西洋【中世】」『岩波哲学・思想事典』岩波書店、一九九八年、一〇六〇頁参照。

(55) 新田義弘「知識、西洋【近世・近代】」『岩波哲学・思想事典』一〇六〇―一〇六一頁参照。

第二章　精神科学から見た知識習得

意識的ないし意図的に知識を習得するためには、学習を行うことが必要である。では、学習はどのようにして成り立つのだろうか。ここで試みにハイデガー的な考え方から、知識習得を行う学習という行為を問うならば、そこで問題になるのは、単なる「学習の機能上の問題」ではなく、「学習を成立させている動的な本質」や「学習そのものの内在的な動因」がどうなっているのかを解明することではないかと思われる。人間は誰しもがある一定の状況のなかに投げ込まれていて、その状況からさまざまに条件づけられている。そのような生活世界そのものを見つめ直すところから、なぜ、何を、どう教育するのかという問題枠組が形成されるとともに、時代や社会からの必要という条件が知識習得に対して出現してくる。しかし、学習者自身に「本当に自分からわかろうとする心」がないところでは、教育も学習も成り立ちにくい。したがって、知識習得のためには、時代や社会からの必要ということと、実存からの必要ということが二大条件になっていると考えられる。

では、この二大条件を同時に、しかも十分に満足させるような教育や学習のあり方は、現実に存在するのだろうか。そのようなあり方を探求していくことができる教育学的思考法は、そもそもどんな方法なのだろうか。この二大条件は、教育ないし学習場面における二つの極を形成していると考えられる。時代や社会からの必要という条件は、教育が制度として組織される場合は、どうしても外せない条件である。実存からの必要という条件は、教育における主役は教育者ではなく学習者であることを考えに入れれば、きわめて重要な条件である。しかも、この二つの極は、いわば「社会と個人」の相克において、緊張に満ちた両極を形成しているとも言える。もとより、人間は人間を取り巻くさまざまな苛酷な現実のなかで生きていかなければならない。それゆえに、その現実と実存的にかかわっていくなかで、それぞれの人間が自己自身の「生の意味」を徹底的に問うことが最も本質的であると考えられる。

第一節　超越問題と学習

ハイデガーによれば、「超越問題」（Transzendenzproblem）においては、「どのようにして主観が客観へ達するのか」という問いは、成り立つことができないとされる。それゆえに、ハイデガーは、「存在するものが内世界的に出会うことができ、また出会うものとして客観化されることができるということを、存在論的に可能にしているのは何であるか」が問われなければならないと言う[1]。ハイデガーの考えでは、「超越」ということが、主体性の根本構造であり、実存を特徴づける実存的範疇になっている。わざわざハイデガーを持ち出すまでもなく、人間が自分ではない他者や事物とつねにかかわりながら存在していることは、たしかに自明である。人間は、そのようなかかわりあいにおいてのみ、自己自身を保持しているとさえ言える。しかし、ハイデガーの超越概念に基づいて言えば、そのような状況のなかで、人間があらゆる存在するものを越えて存在するということの意味を問うことができ、世界に開かれ、認識や言語をもち、配慮しながら行動し、他者と間主観的な交わりをもつことができるのは、この「超越」ということが主体性の根本構造を成していればこそそのことだということになる[2]。

こうした「超越」概念は、溝口宏平の研究によれば、「主体―客体関係の場そのものを、その関係に先立って開くものであり、主体というものがそもそもそこで成立する場[3]」になっている。と同時に、それはまた「思惟への絶えざる衝迫として思惟それ自身を動かすもの[4]」になっている。この意味での「超越」は、「思惟の動的な本質」であり、「思惟そのものの内在的な動因」である。そして、まさにこの「超越」ということによって、人間は「みずからの根本的な転化」や「自己変様」を余儀なくされる。この場合に問題になるのは、もはや「思惟の機能上の問題」ではなく、「思惟の存在そのものにかかわる問い」であり、「思惟と存在との関わりと統一への問い」である[5]。「超越」ということをめぐってのこのような考え方は、「学習」ということに関する従来の考え方やあり方を根本的に見直すことを迫っているように思われる。というのも、たとえば学習心理学などにおいて、「学習とは、活動とか特殊な訓練あるいは観察の結果として生じた、多少とも永続的な変容である[6]」という定義がなされて、たしかに経験によって行動や認知が変化し、さまざまな行動が習得されたり除去されたりするメカニズムが解明されているけれども、そのメカニズムそのものを成立させているもっと根源的な諸条件については、一般にこれまでのところまだ十分に主題化されていないからである。

そこで、ここでは、上述のハイデガー的な意味での「超越」ということを参考にして、「学習」ということについて根本的に問われなければならない問題は何かということについて考えてみたい。すると、それは単に「学習の機能上の問題」ではなく、「学習を成立させている動的な本質」や「学習そのものの内在的な動因」がどうなっているのかを解明する問題だということになると考えられる。ところで、すでに前章で見たように、いわゆる「新しい学習指導要領」では、従来の「多くの知識を教え込む」教育から、「自ら学び、自ら考える教育」への転換が図られた。その結果、これからの学校教育では、「学ぶ意欲」や「主体的に学ぶ力」の育成を重視するということになった。この出来事をきっかけにして、「知識習得」とはどんなことなのか、「知識習得」ということと「考える力」を身に付けるということの関係はどうなっているのかなどといった問題があらためて重要な問題として浮上してきた。この問題は、知識習得の創造的過程を明らかにする問題であるとともに、哲学的には、知識の成立の根拠を問うという認識論の問題でもあるし、人間がものを解釈して理解するということはどんなことかを研究課題にする解釈学の問題でもある。(7) あるいは自然科学的には、この問題は、認知心理学や学習心理学のテーマでもあるし、端的に脳科学のテーマにもなりえる。(8)

いずれにしても、いわゆる「学力低下」などの問題が憂慮されている今日の社会情勢からしても、「なぜ、何を、どう」教育するのかという問題(9)は、教育哲学においても決して避けて通れる問題ではなく、正面から根本的に取り組まれるべき問題であるように思われる。(10) 本章では、すでに述べたように、「学習を成立させている動的な本質」や「学習そのものの内在的な動因」がどうなっているのかの解明をめざす。具体的には、「知識か考える力か」「学力・思考力とは何か」「新しい学習論の試み」「わかるとはどんなことか」という側面から、知識習得のための諸条件について考察する。

第二節　知識か考える力か

新しい学習指導要領については、多種多様の問題点が指摘されており、たとえば、次のような批判がなされている。(11) 算数や数学を身に付けるためには、特に初等・中等レベルでは反復練習と応用練習が重要だが、学校での授業時間も少なく、内容も厚さも薄い教科書を用いて、宿題も出ない状況で、どのようにしてこれを学ぶ(12)ことができるのだろうか。文部科学省の関係者は、「新学習指導要領は最低基準である」とにわかに説明を始めたが[13]、新しい教科書は、新しい学習指導要領を「上限」として作成されている[14]。「基礎・基本の徹底」というのは、授業のあり方のことで、教科書を薄くすることと同じではない。学校の勉強がわかる子どもの割合は、小学校で七割、中学校で五割、高等学校で三割だと言われる。教育関係者はこれを「七五三の構造」と呼ぶそうである。新しい学習指導要領では教科内容が削減されるので、この七五三の問題は解消されるという主張もなされているが、それは本当なのだろうか。

教科内容の削減とセットで導入された「総合的な学習の時間」では、「自ら課題を見付け、自ら学び、自ら考え、主体的に判断し、よりよく問題を解決する資質や能力を育てること」と「学び方やものの考え方を身に付け、問題の解決や探究活動に主体的、創造的に取り組む態度を育て、自己の生き方を考えることができるようにすること」がねらいとされた。しかし、このねらいは、本来、教育そのものが掲げる目標である。したがって、このねらいに対しては、異論の唱えようがない。総合学習が導入された背景には、現行の学校教育がうまくいっていないとの中央教育審議会の判断があり、教科学習がわからない子どものためにこれが導入されたと捉える人たちもいる。しかし、この総合学習に真剣に取り組めば取り組むほど、逆に教科学習の重要性が浮き彫りにされることになるので、教科学習の重要性には何ら変わりはないと捉えることもできる。教科学習の時間を削減して総合学習を行うことになれば、従来の学習指導要領に慣れ親しんできた学校現場ではすでに創意工夫をするゆとりをなくしているので、いきなり「大政奉還」されてもそれには対応できにくいという事情もある。時間的な余裕だけでなく、財政的な裏づけもない。体験活動の導入も求められているが、教科学習の時間を減らせば、極端な場合、学校は楽しい体験活動の場、教科学習は塾でということになりかねない。「個に応じた指導」の推進はもちろん重要だが、自学自習ができる教科書の導入と習熟度別学習をセットにしなければ効果は半減する。新しい学習指導要領は、より薄く、より例も説明も少なく、よりわからない教科書を作り出した。子どもたちに学習する喜びを経験させるためには、新学習指導要領の実施を一旦中止して、「ゆとり教育」を見直すべきである。

およそ以上のような典型的な批判をごく簡単にまとめるならば、昭和五十二（一九七七）年の学習指導要領改訂以来の「ゆとり教育」路線を撤廃して、教科学習の質と量の確保を最優先にすべきだということになる。[15] あるいは、古い枠組で言えば、問題解決学習をやめて、系統学習を行うべきだということになる。[16] もとより、学力低下の原因を特定するのは、きわめて難しい。問題の事態をそのように捉えている見解は、至るところで共通して見られる。したがって、問題の原因は学習指導要領だけに求められるとする考え方が正鵠を得ていないのは明らかである。実際、今日の日本の学力低下問題の真相究明のために、多くの見方がなされている。そのなかで特筆されるべき見方として、子どもたちが「学び」から逃走しているのではないかと見る見方がある。[17] つまり、「何を学んでも無駄さ」「何を学ぼうと、どうせ人生は変わりはしないし、社会は変わりっこない」というようなニヒリズム（虚無主義）と、「ひたむきに学ぶなんて馬鹿馬鹿しい」「学ぶことの意味がわからない」「自分は馬鹿だから学ぶなんて馬鹿馬鹿しい」「どんな内容の知識や文化も自分には関係ない」「世の中がどうなろうと自分の知ったことではない」というようなシニシズム（冷笑主義）が、多くの子どもたちのなかに深く浸透しているのではないかと見る見方である。

これを克服するには、東アジア型の教育である「勉強」から、出会いと対話による世界づくり、仲間づくり、自分づくりの実践である「学び」への転換を図る必要があるとされる。さらに、「学力の質」に関しては、たとえば「教育課程実施状況調査」の結果に示されているように、日本の場合、基礎技能を中心にして多くの知識を暗記する十九世紀型の学力では優秀だが、創造的な思考や高次の知識が求められる二十一世紀型の学力では大きく立ち遅れているという指摘がなされる。この結果は衝撃的である。というのも、前回の学習指導要領と指導要録の改訂以来、「関心・意欲・態度」を軸とする「新しい学力観」のもとで、旧来の詰め込み型の授業を廃し、創造的な思考や個性的な表現力を追求してきたはずの改革が、実際には有効に機能してこなかったことが示されているからである。したがって、ここから、新しい学習指導要領が本格的に実施されると、「学び」からの逃走が一層加速して進行する危険があるとする予想も打ち出された[18]。教育内容の約三割削減と「基礎学力」中心の教育は、先進諸国の教育改革に逆行している。いずれの先進諸国においても、この数十年、教育内容の水準を高め、質の高い学びを実現させる改革が推進されてきた。その理由は、教育内容の水準が低い従来の学びでは、高度な知識と複合的な知識で組織されたポスト産業主義の社会に対応することができず、大量の若年失業者を生み出してしまわざるをえない点に求められている。

　こうした事態に直面して、新しい学習指導要領で推進される「多くの知識を教え込む教育」から「自ら学び、自ら考える教育」への転換は、どう受け止められるべきなのだろうか。かりに、学力テストの得点を高めることが唯一の目的ならば、授業時間数を増やし、教科内容の質と量を向上させ、宿題を多く出すなどして、要するに子どもたちにハード・ワークを課して、さらに加えて、子どもたちをハード・ワークに駆り立てるような社会のあり方（学歴社会）や教育体制（受験体制）などを強化することも依然として部分的には有効であるかもしれない[19]。しかし、これが最良の方策ではないという反省に立って、「知識の習得」と「考える力」の両方を車の両輪のように育成する方策が模索されているのも事実である。この両輪がどうすれば身に付くのかは、古来からの難問の一つであるように思われる。『論語』の一節に、「子の曰く、学んで思わざれば則《すなわ》ち罔《くら》し。思うて学ばざれば則ち殆《あや》うし[20]」という戒めがある。孔子が言うには、学んでも、つまり本を読んだり先生に聞いたりして外から知識を習得しても、考えなければ、ものごとははっきりしない。考えても、学ばなければ、独断に陥って危険である。この戒めは、表面的には「学ぶ」ことと「思う」ことが極端に走った場合の難点を明らかにしているが、本質的にはこの二つの作用が両立し難いことを指摘している。

世の中には、学んでばかりの人もいれば、考えてばかりの人もいる。ほとんどの人々は、この二つのタイプのいずれかであり、学んでは考え、考えては学ぶという人はどちらかと言えば珍しいと言われている。しかし、これからのポスト産業主義の社会では、学んでばかり、考えてばかりでは、時代の要請に対応できないと危惧される。したがって、学んでは考え、考えては学ぶという高度な能力がどうしても育成されなければならない。そのためには、学んだことが考えることにつながるような学び方、考えたことが学ぶことにつながるような考え方といったようなことが、学習の動因という視点から模索されなければならないということになるのではないかと思われる。

第三節　学力・思考力とは何か

「最近の若者は……」という慨嘆は、いつの世にも繰り返される。それと同じく、学力低下の問題も、折に触れて表面化している。この問題は、日本でもすでに戦前期に噴出していたが、本格的な論争になったのは、戦後の多方面にわたる教育論争のなかにおいてだった[21]。その背景には、昭和二十年代前半における新教育運動の興隆があった。そこでは、ジョン・デューイの進歩主義教育思想が中心思想となって、児童中心の経験学習や問題解決学習が展開された。これに対して、系統学習の立場から、読・書・算の基礎学力の低下が問題にされ、論争が生じた[22]。戦後初期の新教育に対する批判は、矢川徳光からの「はいまわる」経験主義批判と前後して、「教育と科学（学問）の統合」を主張する遠山啓などの専門科学者たちによっても激しく展開された。わけても遠山の「生活単元学習」批判は、「教え足りない」点を問題視した明快なものだった。しかし、それはデューイの教育思想それ自体を本格的に検討したものではなかった。その後、「生活単元学習」を昇華するものとして「問題解決学習」が登場してきたが、その契機をつくったのはデューイの教育思想だった。こうして、系統学習と問題解決学習の争点が洗練されたかたちで示されることになる「問題解決学習論争」が巻き起こった。その代表的なものとしては、広岡亮蔵・森昭論争（一九五一年）、勝田守一・梅根悟論争（一九五二年）、矢川徳光・春田正治論争（一九五四年）などがある。[23]

このうち、広岡亮蔵の考え方によれば、[24]戦後の経験主義教育における学力は、旧時の学力の克服形態として登場し、「使用されるための学力」ではなく、主体的能動的に生活現実を「切り拓いていくための学力」であり、より高い次元に立つ学力である。この学力構造は、「狭義の問題解決学力」と「問題解決学力のための基礎学力」という二つの層から成っている。したがって、「基礎学力」という概念は、意外なことに実は経験主義教育においてはじめて登場してきた概念だとして位置づけられる。この基礎学力は、上層建築である問題解決学力の土台を成し、3Rsを主としながらも、すべての生活領域、すべての教科にまたがるとされた。ところが、問題解決学力を重視しすぎたことも一因となって、基礎学力の（「低下」ではなく）「不振」を招いたとされる。その原因は、より多くは拙い教育実践において現れる偶然的原因によるものではあるものの、経験主義教育そのものに内在する必然的原因もないとは言えないという反省がなされた。客観的に系統的なミニマム・エッセンシャルズの規定についての脆弱さと、指導性についての希薄さ、この二つがそれだという指摘がなされた。このような問題状況と問題枠組は、きわめて類似したかたちで、基本的には今日まで継承されてきているように思われる。

ところで、「学力」概念については、きわめて根本的な疑問も提出されている。たしかに「学力」という言葉はポピュラーであり、通俗語として社会的には必要であるとしても、教育学にとって「学力」概念はどうしても必要な概念なのだろうかという疑問である。[25]たとえば、次のような指摘がある。「『学力』をどう定義しようとも、それだけでは何ら意義のあることではないし、どうでもいいことなのである」[26]。次のような指摘もある。「『学力』というものの実在性をはっきり否定してみてはどうかと提案したい。学力なるモノが子どもの中に備わっている実在のように考えると、たちまち、それはどのような側面があるとか、どのような要素を含んでいるとかの一般概念による特徴づけばかりに関心が向く。その結果、態度リスト、目標リストなどの諸項目が個別的な知識内容と独立に設定され、結局のところ、実体のないことばかりがやたらに増える結果となる」[27]。

こうした指摘には、たしかにそのとおりだと言わなければならない点も含まれている。しかし、「学力」については、よく言われるように、たとえば「学ぶ力」や「学んだ力」として考えることもできるし、少なくともそれが一つの「能力」であるという点に関しては、認められてもよい部分があるはずである。ところが、この「能力」の世界というものは、その正体がほとんどつきとめられていない現代の暗黒大陸の一つであるとされている。しかし、わからないことだらけの能力全体の世界のなかでは、学力という能力は、比較的よく研究され、わかっている部分も多い分野である。学力は、通常、次のような三つの能力として捉えられている[28]。

①ある一定の規則に従って測定された能力に数字や記号が割り当てられて学業成績《アカデミック・アチーブメント》と呼ばれている点に表れているように、学問や芸術などの文化の伝達という形で、個体から個体へわかち伝えることができるとされる能力。

②伝達される文化の内容が、今日では科学文化や言語といった認識の学問と方法であることから当然に、認識の能力の一種。

③その伝達が世俗化された学校教育の形式をとって行われることからして、認識におけるかなり現実的で実際的な部門を担当している能力。

この三つの能力の区別は、知識の蓄積における三種類の学習という観点から言えば、「蓄積」「再構造化」「調整」という区別にほぼ相当しているのではないかと考えられる[29]。このうち、蓄積と調整は「体験的認知」になることが多く、再構造化は「内省的認知」を必要とする。体験的認知の代表例は、自動車の運転や学校で学ぶさまざまな計算などである。この場合にも、考えることは必要ではあるが、いつまでも考えていてはいけないわけで、なるべく素早く判断を下して、行動に移さなければならない。体験的認知の領域において練習を積めば、その道のエキスパートになれる。それに反して、内省的認知の領域においては、「他の方法があるのではないか」とか「何か見落としているのではないか」とか、さまざまなことを考えなければならない。新しいアイディアを生み出していくのは、内省的認知の方である。この場合は、むしろぐずぐずと寄り道をしているような考え方を行うことが貴重なのである。

このようなことについては、「収束的思考力」（集中的思考力、論理的思考力）と「拡散的思考力」の違いからも、同様のことが言えるのではないかと思われる。[30] 収束的思考力においては、解決のために必要な情報はすべて与えられており、論理的な筋道をたどると、誰もが一様に同じ正解に達することができることが約束されている。それに反して、拡散的思考力においては、与えられた情報から、論理的関連がさまざまな新しい情報を生み出していく思考様式が求められる。拡散的思考力の場合、派生する情報が斬新で、多様、多量であることが重視される。ギルフォードというアメリカの心理学者によれば、収束的思考力と拡散的思考力は質の異なる能力であるが、「創造的能力」として両者が結実するためには、この二つの能力がともに伸長していて、調和のとれた知的活動ができる状態が前提されていなければならないとされる。[31]

したがって、「学力を思考力や判断力などの創造的能力として重視すると、知識軽視の傾向を助長し、学力低下を招くことは必至である」とする批判や予想は、表層的な捉え方に基づくものであり、的外れであり、「思考力・判断力」を「知識・理解」とは別個のものと見る誤った考え方から生じているということになる。[32] それゆえに、知識の習得は、その知識が必要とされる背景（文脈）がすぐにわかるようなかたちで行われる必要がある。その場合に、知識は思考や判断の素材となる。そして、知識は生きて働く知識になる。バラバラの知識を大量に身に付けているだけでは、変化に対応し、柔軟に考える力になりにくい。そこで、「問題解決学習」で前提されている「経験主義教育」の「経験」とは、知識が必要とされる背景（文脈）を経験することだと捉えれば、（広岡亮蔵が言うには）経験主義教育そのものに内在するとされる基礎学力不振の二つの必然的原因が解消されることのできる道筋が見えてくる。というのも、一つは、知識が必要とされる背景（文脈）の内容そのものの問題であり、もう一つは、その内容の学習方法の問題であることがはっきりしてくるからである。後者の問題については次節で、前者の問題については第五節で検討する。

その検討に入る前に、これまでの考察をここで一旦まとめてみる。知識や基礎学力を重視する立場（系統学習）では、体験的認知や収束的思考力が中心となり、「学んで思う」ことに期待が寄せられることになる。考える力を重視する立場（問題解決学習）では、内省的認知や拡散的思考力が中心となり、「思うて学ぶ」ことに期待が寄せられることになる。もし、この二つのうち、どちらが先で、どちらが後か、という問いを立てるなら、それは鶏と卵の関係に類似した問題にならざるをえないが、従来の学校教育のあり方に対する反省を踏まえて、ポスト産業主義社会や生涯学習社会における必要性という観点から言えば、「思うて学ぶ」側面の重要性が増しているのは間違いないと思われる。しかし、いずれにしても、創造的能力としての学力が育成されるためには、両側面が結実して、「学んでは思い、思うては学ぶ」というようなことが繰り返されなければならない。ところが、実際には、学んでもなかなか思わないし、思ってもなかなか学ばないという厳しい現実があるのも事実である。(33) そこで、学習を成立させている動的な本質や学習そのものの内在的な動因という視点をここでもう一度強く意識して、この両者の断絶を相互に克服する可能性を見出していかなければならないと思われる。

第四節　新しい学習論の試み

われわれが学んでもなかなか思わず、思ってもなかなか学ばないのは、たとえばどんな場合なのだろうか。われわれが知識の価値を理解して、知識そのものを自分で選んだり、それを自らのなかに「本気で」取り込んだりする活動を行っていない場合に、われわれはそのような事態に陥っているのではないかという見方がある。[34] 一般に、「わかる」とか「できる」ということは、「与えられているもの」がわかったり、「要求されていること」ができたりという「受け身」の意味で問題にされることが多い。そうではなく、何かを「本気で」わかろうとしたり、できるようになろうとしたりする「主体的」「積極的」「実存的」な過程に焦点が絞られなければならない。たしかに、概念としてはきわめて曖昧であるにしても、たとえばこの「本気」というようなことが、学習を成立させている動的な本質を形成していると見なされることができるのではないだろうか。このことについては、次章の「自然科学から見た知識習得」において、脳科学の知見を参照することにしたい。

さて、本気でわかろうとする過程は、「知りたいと思う」「なるほどと思う」「やっぱりと思う」の三段階で考えられるという。では、どうすれば「知りたいと思う」ようになるのか。世の中の知識は、受け身で受け取るのではなく、本当によいと思うものを自分で選び取りなさいと子どもに説教するよりも、大人自身が本気で知識を評価して選んでいる様子を子どもに見せて、世の中には一見おもしろくなくても、少し根気よく取り組めば本当にすばらしい世界があることを示すことが重要だとされる。「なるほど」という納得感が得られなければ、本当にわかったことにはならない。その手がかりとしては、「視点を移してみる」「頭のなかにモデルをつくってみる」「たとえば、何のためにそうなっているのかという機能を考えてみる」「エピソードづくりをしてみる」などといったことが挙げられる。「やっぱり」というのは、「知識のわかり直し」である。この喜びを体験すると、人間は生涯学び続けて、すばらしい人生を送るに違いないと期待されている。新しい学習指導要領では、「自ら学び、自ら考える教育」というものがめざされているが、それはまさにこうした喜びに満ち溢れた学習を理想としているのではないかと考えられる。孔子が『論語』の冒頭で、「学びて時にこれを習う、亦《ま》た説《よろこ》ばしからずや[35]」と言っているのは、この「わかり直し」の喜びのことに他ならないと解釈されている。

このような学習を実際に成り立たせることができるようにするために、「状況的学習論」（situated-learning theory）という新しい学習論が展開されている[36]。この学習論の考え方を説明するために、佐伯胖はA君という仮想上の「問題児」を作り出している。そのA君について担任の先生が「気になること」としてリストアップしたものが、次の五点として示されている。

①分数のたし算やひき算ができない、漢字が読めないなど。
②授業中、集中できない、落ちつきがない、ヤジを大声で叫ぶ。
③教師に対して反抗的で、ちょっと注意すると激怒する。
④クラスの友人関係がうまくいっていないらしく、みんなに嫌われている。
⑤学校外の「変な連中」とつきあっているらしい。

次に、佐伯は、従来の心理学では、このようなことに対して、どんな対処をしていたかについて考えている。

①のような場合には、どこかに「つまずき」があり、練習が足りないので、ドリルなどをしっかりやらせる。
②と③のような場合には、カウンセリングなどの臨床心理学の専門家に相談するしかないだろう。
④のような場合には、ソシオメトリーなどの調査をもとに、社会心理学のグループダイナミクス論の知見を生かして、クラスの人間関係を修復する必要があるだろう。

⑤のような場合には、いわゆる「生活指導」が重要であり、教師の熱意と誠意で根気よく説得していくしかない。

実は、ここで問われるべきは、たとえば以上のような対処が適切であるか否かではなく、従来の研究では、問題のいわば「個別撃破」がめざされていたにすぎないことを明らかにすることである。つまり、従来の研究では、A君がかかえる問題全体を見渡す視座がなかったという問題点を明らかにすることがきわめて重要である。状況論的な捉え方をすれば、逆にむしろ⑤から考えていかなければならないことになる。A君がそもそもどんな世界で生きているのかという観点からA君の実態を把握すれば、A君が生きている社会関係の世界では、①の算数や国語ができるかどうかということが、どんな意味をもっているのかということを考えることができる。このようにして、⑤から吟味を開始して、①と結びつけて、具体的な学習内容やそこでの思考や知的スキルなどにまで考察の対象を広げると、②から④までの問題に対しても、従来とはまるで異なる見方ができるようになる。

状況的学習論では、学習というものを、実践の共同体への周辺的参加から、十全的参加へ向けての「成員としてのアイデンティティの形成過程」として捉える。この捉え方は、次のような六点において、従来の学習観を乗り越えているとされる。

①学習をつねに、外界や他者、共同体（コミュニティ）との絶えざる相互交渉とみなす。

②学習によって変化するのは、獲得される特定の知識や技能ではなく、「一人前」になるというアイデンティティの形成だとみなす。

③学習を成立させているのは、単なる記憶、思考、課題解決、スキルの反復練習といった脱文脈化した認知的・技能的作業ではなく、他者とともに行う協同的で、しかも共同体のなかでの「手ごたえ」として価値や意義が創発的に返ってくるような具体的実践活動であるとする。

④学習者は必然的に新参者どうし、古参者、さらには熟達者（一人前）らとの権力構造の制約を受けつつ、それらとのコンフリクトを通して、共同体全体の「再生産（つくりかえ）」と成員間の「置換（世代交代）」をもたらすものであるとする。
⑤学習を動機づけているのは、学習者が実践共同体に全人格的に「参加」しつつある実感と、「いま、ここに」何かしら共有の場が開かれているという予見によって、引き出され展開されていく実践活動の社会的関係性そのものにあるとする。
⑥学習をつねに「進める」ものは、予見を可能にする共同体の十全的活動へのアクセスであり、学習者の参加の軌道に即しての意味のネットワークの広がり、すなわち「文化的透性」にあるとする。

つまり、状況的学習論では、学習が学習者の社会関係づくりとしての「自分づくり」（アイデンティティ形成）とみなされる点が、従来の学習観と決定的に異なっている。その結果、状況的学習論の考え方は、学習者を否応なく「本気」にさせるものになっていると思われる。だとすれば、このような学習を可能にするようなカリキュラムが開発されることが急務であると言わなければならない[37]。

第五節　精神科学から見た「わかる」ということ

状況的学習論では、「本気でわかろうとする」ようにならざるをえない状況というものが描き出されてきた。しかし、そもそも「わかる」とは、どんなことなのだろうか。われわれが普通に言うところの「理解できた」という感覚と、「わかった」という感覚には、本質的に違うところがあるとする指摘もある[38]。それによれば、「理解できた」というのは、説明を受けて、それを論理的にわかることである。つまり、これまで知らなかった知識が与えられて、それが自分がすでにもっている知識（前理解）と論理的に整合的になることを指している。それに対して、「わかった」というのは、ミッシング・リンクのようなものである。つまり、話題になっていることに関連した知識はほとんどもっているけれども、その話題がその知識によって解釈できない状態になっていて、そこであるとき、何らかのヒントを得た結果、もっている知識によってその話題を完全に解釈できるようになることを指している。たとえば、幾何学の定理の証明の道筋を発見した場合や、「五〇ヤードなので柔らかさが重要であった」という表現がゴルフで苦労している人には自明なものになるような場合などが、これに相当するとされる。

このような捉え方からすれば、「わかる」とは、ある状況に結びついたかたちで「よりよくわかる」ことと不可分の構造を成していることがわかる。つまり、「わかる」ことにおいては、「よりよく理解する」ことがその本質を形成しているのである。このことは、奇しくも解釈学の理論の核心を衝いている。ボルノウの一九四〇年の論文[39]をもとにして、岡本英明は「よりよく理解すること」（Besser-Verstehen）の意味を、次のように三つに区分している。[40]

①断片的なものや未完成なものの補足と継続としての Besser-Verstehen（カントの事実批判）

②著者において表明されなかった前理解（背景）の解明としての Besser-Verstehen（ガダマーの「別様に理解する」こと）

③表現の創造的理解としての Besser-Verstehen（ディルタイの「よりよく理解する」こと）

ディルタイによれば、当然のことながら、解釈学の最終目標は、③の意味での「よりよく理解する」ことにある。「よりよく理解する」ことが解釈学の最終目標であることは間違いないにしても、それ以前に、そもそも「理解する」ということが、精神科学ないし解釈学の方法論の中核を成している。このことは、精神科学ないし解釈学が実践哲学として、次のような事実を認識するということに基づいている。その事実とは、「人間の行為と相互理解は常にある一定の状況（Situation）ないし生活世界（Lebenswelt）の中にあり、人間の実践的な認識過程は『生の連関』（Lebenszusammenhang）の中に局限されており、こうした根源的な『生の理解』（Lebensverständnis）からの遊離はまったく不可能だという事実である[41]」。

古代ギリシア以来、実践哲学に対しては、理論哲学が第一哲学としてつねに優位にあった。実践は、認識されたものが行為において応用されるという意味で、つねに理論の応用であった。この信念を逆転させることが、ディルタイ哲学のメルクマールの一つになっている[42]。アプリオリな認識主体という前提のもとでは、人間の具体的で生きた理解過程は、十分に解明されることはできない。なぜならば、人間の理解過程は、人間が自己と他者を理解する実践的な諸連関につねに条件づけられているからである。つまり、人間における「理解」は、認識過程の先験的分析に制約されているのではなく、具体的で実践的な行為に結びつけられているのである。

それでは、われわれの理解が条件づけられている実践的な諸連関とは、具体的にはどんなものとして捉えられるのだろうか。それが、ある一定の具体的な状況ないし具体的な意味での生活世界のことであり、われわれを取り巻いている現実のまさに一つひとつの出来事に他ならないということは、もちろん言うまでもないと思われる。しかし、そのように言ってしまえば、生活世界の捉えどころがなくなってしまうのも事実である。そこで、生活世界の具体的な事柄が、たとえば「学習内容」という観点から、「ミニマム・エッセンシャルズ」として、うまくまとめられることができるかどうかを問うことに意義があるのではないかと思われる。稲垣忠彦は、ミニマム・エッセンシャルズとは、教育内容を編成する場合に、国民の基礎的教養として、すべての者に課すべき必要・最小限の知識、理解、技能、態度として選択されるべきものであるとしている。これに関する具体例として、ハーバート・スペンサーの一八六一年の教育論で示された五つの基準が紹介される[43]。

①直接的な自己保存のための知識（健康のための生理学）

②間接的な自己保存のための知識（生活のための商品の生産、貯蔵、流通を支える科学の知識であり、数学、力学、物理学、化学、天文学、地質学、生物学、そして社会の科学など）
③親になるための準備としての知識（子どもの取り扱いに関する教育）
④市民になるための知識（歴史、心理学、社会学など）
⑤余暇の充足のための知識（美的教養、絵画、音楽など）

スペンサーのこの基準は、当時の科学革命の時代に対応した市民形成を目的とするカリキュラム改革の提言として打ち出された。さて、今日、「学習指導要領は最低基準である」と言われる場合、ミニマム・エッセンシャルズの内容は、どんなものとして考えることができるのだろうか。[44] 人間はつねにある一定の抜き差しならぬ状況に投げ込まれているわけであるから、ひょっとしたら、そこでの問題状況や解決課題などはつねにすでに明白になっている場合もありえるかもしれない。したがって、その内容をわざわざあらかじめ考えておくというのは、そのような意味では、まさにナンセンスに他ならない。しかし、すでに以前の箇所で言及したとおり、ショルツは、「一人ひとりがここで自己の決断を委譲できないがゆえに知識が必要とされている、まさにそのような領域」、つまり「一人ひとりが、他人には代わってもらえない仕方で、そのような事柄を自己自身で受けて立つようになっている」領域を明瞭に際立たせている。[45] このような領域における課題は、一人ひとりの個人が対決するきわめて個別的で特殊な課題であるけれども、ショルツは少なくとも四つの事柄（行為規範、言語、歴史、自己理解）にわたって知識ないし能力が要求されているとしている。

ショルツのこの見解は、学習内容を考える場合には、「人間、実存からの必要」という観点を提出していると考えられる。それに対して、スペンサーにおいては、「時代、社会からの必要」という観点から学習内容がまとめられている。そして、この二つの観点から、われわれの生活世界そのものを見直すことが、「なぜ、何を、どう」教育するのかという問題を解くための枠組を形成していると考えられる。したがって、「人間、実存からの必要」ということと、「時代、社会からの必要」ということが、知識習得のための二大条件になっていると考えられる。それゆえに、「本当に自分から『わかろうとする』心」[46]を育てる教育を行おうとするならば、それはこの二大条件を両極として描かれる楕円構造のなかで模索されていかなければならないことになる。というのも、この両極を避けて教育という事態について考えることはできないため、両極の緊張のなかでバランスのよい思考を行うしかなく、そのためには両極（二定点）を焦点とする楕円の構造のなかで調和を求めて弁証法的に思考を進めていく方法が適しているからである。これは、シュライアーマッハーの教育学において典型的に見られる思考方法である。[47]

ボルノウの考え方では、人間を取り巻くさまざまな苛酷な現実との実存的なかかわりのなかから、人間は自己自身にとっての「生の意味」というものを根源的に経験する。しかし、これは容易なことではないので、これを遂行していくには、ある特別な考え方をする必要がある。現実の厳しさに耐えながら現実と対決していくことができるためには、予測不能の未来に対する絶対的な信頼、つまり「希望」が必要であるというのが、ボルノウ思想の核心である。さらに、ボルノウによれば、実は、この「希望」が「生きる力」の不可欠の前提になっている。[48]新しい学習指導要領で標榜される「生きる力」というものについて考察がなされる場合には、こうした点を最も大切にしなければならないのではないかと思われる。

註

（1）ハイデガー『存在と時間』（下）桑木務訳、岩波文庫、一九六三年、一九七八年（第一七刷）、一二一頁参照（Vgl. M. Heidegger: *Sein und Zeit* (1927), 15. Aufl., Tübingen 1979, S. 366.）。

（2）L・アルムブルスター「超越」『岩波哲学・思想事典』岩波書店、一九八八年、一〇八三―一〇八四頁参照。

（3）溝口宏平『超越と解釈―現代解釈学の可能性のために―』晃洋書房、一九九二年、一三〇頁。
（4）溝口宏平『超越と解釈』一三四頁。
（5）溝口宏平『超越と解釈』一一九頁参照。
（6）山内光哉、春木豊編著『グラフィック学習心理学―認知と行動―』サイエンス社、二〇〇一年、二頁。
（7）本書第四章参照。
（8）本書第三章参照。
（9）善元孝佑「『学校の条件』が問われている」『世界』第六八八号、岩波書店、二〇〇一年五月、一三一―一四二頁参照。これによると、現在、日米両国において共通して、たとえば「学校で、何を、どのように、何故教えるのか」という、ごく簡単なことに関するコンセンサスがないという。こうした合意形成の問題は、たしかに社会政策上の問題を含んでいるにしても、学校教育のあるべき姿を模索するという意味では、本質的には教育哲学の分野に深くかかわっていると思われる。
（10）平成十二年十月十四日、十五日に茨城大学教育学部で開催された教育哲学会第四三回大会の第一日目に行われた研究討議「今日的な教育課題としての学力とは何か―教育改革を視野に入れて―」において、「学力」をめぐる教育哲学的なコンセンサスを探求する試みがなされた（『教育哲学研究』第八三号、二〇〇一年、一―二二頁参照）。翌年の平成十三年十月十三日、十四日に福岡教育大学で開催された教育哲学会第四四回大会の第二日目に行われた課題研究「『学力論』の問題圏」においては、「学力論争」に教育哲学がどうコミットすることができるかが議論された（『教育哲学研究』第八五号、二〇〇二年、二〇―四一頁参照）。
（11）西村和雄編『学力低下と新指導要領』岩波ブックレット、二〇〇一年参照。
（12）文部科学省は、平成十四年一月十七日に、「確かな学力向上のための二〇〇二アピール」として、「学びのすすめ」を提出した。新しい学習指導要領がねらいとする「確かな学力」向上のために、指導に当たっての重点等を明らかにした五つの方策が示される。しかし、学力低下批判に対処する目的で提出されたためか、一見してこの方策は、文字どおり「自ら学び自ら考える」ための方策とはとても思えない。単に、いつでもどこでも（他から強要されて）学習することが推奨されているだけのようにしか受け取られない。場合によっては、この「学びのすすめ」が、従来の「詰め込み学習」の方式に御墨付を与えるものとして利用されることも決して珍しいことではないという。本書第四章第五節で、この「学びのすすめ」の別様な理解を試みる。

(13) 新しい学習指導要領における学習内容は「ミニマム・リクワイアメント」であるということに関しては、たとえば和田秀樹、寺脇研『どうする「学力低下」―激論・日本の教育のどこが問題か―』ＰＨＰ研究所、二〇〇〇年参照。

(14) 森上展安「『学習指導要領＝最低基準』論がもたらした『教科書』大混乱」『論座』通巻七二号、朝日新聞社、二〇〇一年五月、一六〇―一六六頁参照。

(15) たとえば筒井勝美「教育立国再生へ―進学塾の立場からの提言―」『教育と医学』通巻五七五号、慶應義塾大学出版会、二〇〇一年五月、四二―四九頁参照。しかしながら、教科学習の重視は当然のこととして、生徒の自主的活動を最大限に尊重した学校行事等を中心にして学校教育を組織していく方針を伝統的に貫いている公立高等学校もある。こうした学校行事等は、そのような体験を通して、自己と世界の将来という問題に関して、これを自分自身の問題として生徒に真剣に考えさせるために実施されている。このことによって、生徒には、各人なりの学ぶ必然性をつかみ、将来は「世のため、人のため」に貢献することが期待されている。この事例は、学習を成立させる動的な本質や学習そのものの内在的な動因といったものを十分に意識した教育実践の一例になっているのではないかと思われる。高等学校での新しい学習指導要領の実施を目前に控え、一般に多くの高等学校では、いかにして学校行事等を減らして、教科学習の時間を確保するかに腐心していると言われるなかで、平成十三年度にこの公立高等学校で開催されたある進路説明会の席上で、進路担当の主任教諭から、「本校では教科学習の時間を減らしてでも、学校行事等の時間は確保していく」という主旨の決意が表明され、出席の保護者からも賛同が得られていた。

(16) とはいえ、新しい学習指導要領の「総則」の「指導計画の作成等に当たって配慮すべき事項」においても、「各教科等及び各学年相互の関連を図り、系統的、発展的な指導ができるようにすること」が明示されている。

(17) 佐藤学『「学び」から逃走する子どもたち』岩波ブックレット、二〇〇〇年参照。

(18) 佐藤学『「学び」から逃走する子どもたち』四五頁参照。

(19) 橋爪貞雄『危機に立つ国家―日本教育への挑戦―』黎明書房、一九八四年、二一四―二一五頁参照。

(20) 金谷治訳注『論語』岩波文庫、一九六三年、二〇〇〇年（第三刷）、四二頁。

(21) 船山謙次『戦後日本教育論争史―戦後教育思想の展望―』東洋館出版社、一九五八年参照。

(22) 安彦忠彦「戦後の学力論にみる思考力・判断力―わが国では、これまでどうとらえられてきたか―」北尾倫彦編集

『中学校思考力・判断力―その考え方と指導と評価―』図書文化、一九九五年、九―一五頁。九頁参照。

（23）田中耕治「戦後初期『経験主義』批判のなかのデューイ」杉浦宏編『日本の戦後とデューイ』世界思想社、一九九八年、二一九―二三〇頁。二二三―二二五頁参照。

（24）広岡亮蔵『基礎学力』金子書房、一九五三年、三―四頁参照。

（25）駒林邦男「学力」『新教育学大事典』第一巻、第一法規出版株式会社、一九九〇年、四三〇―四三五頁参照。

（26）宇佐美寛『授業にとって「理論」とは何か』明治図書選書、一九七八年、一三三頁。

（27）佐伯胖『学力と思考』（教育学大全集一六）第一法規出版株式会社、一九八二年、一二―一三頁。

（28）中内敏夫『学力とは何か』岩波新書、一九八三年、四―五頁。

（29）永野重史『子どもの学力とは何か』岩波書店、一九九七年、一九五頁参照。

（30）伊澤秀而「拡散的思考、収束的思考」『新教育学大事典』第一巻、三四六―三四七頁参照。

（31）北尾倫彦「新しい学力観における思考力・判断力―いま、思考力・判断力がなぜとわれるのか―」北尾倫彦編集『中学校思考力・判断力―その考え方と指導と評価―』、二―八頁。三頁参照。

（32）北尾倫彦「新しい学力観における思考力・判断力」七―八頁参照。「学力」をどう捉えるべきかということを考える場合、『ハリー・ポッターと賢者の石』（J・K・ローリング作、松岡佑子訳、静山社、一九九九年、二〇〇二年（第四一一刷））で描かれるいくつかの場面が示唆的であるように思われる。ネビルの制止をふりきって、ハリーとロンとハーマイオニーの三人は、賢者の石を守るためにグリフィンドールの寮を抜け出す。襲いかかる数々の困難を、三人は機転を利かせて乗り切っていく。ハリーとロンが植物のツルに巻きつかれて危険な状態に陥ったとき、ハーマイオニーがそれが「悪魔の罠」であることを知っていたおかげで、ハリーとロンは危ういところで難を逃れることができた。ハリーは、ハーマイオニーが薬草学をよく勉強していてくれたことに対して感謝する。これは、問題解決に勉強が直接的に役立っている好例である。マクゴナガルの巨大チェスを自分が犠牲になって破ったロンを残して、ハリーとハーマイオニーはさらに進んでいくが、テーブルの上にかたちの違う七つの瓶が一列に並べられている部屋に閉じ込められてしまう。この危機を脱するには、論理的思考力によって問題を解くしかなかった。しかし、この危機もハーマイオニーの優れた頭脳のおかげで脱することができた。ハリーはハーマイオニーの知力を称賛するが、彼女は自分の能力よりもハリーの友情や勇気の方がもっと大切だと語る。こうして、ハリーは黒い炎の向こう側に出て、最後の部屋にたどり着くことができた。そこでハリーはヴォルデモートと対決し、賢者の石が奪われるのを食い止めた。ホグワーツ魔法魔術学校の学年末パーティで、ダンブルドア校長が寮対抗杯の表彰を行うに当たって、かけこみの点数を与える。この何年間かホグワーツで見ることができなかったような最高のチェス・ゲームをロンが見せたことを称えて、グリフィンドールに五〇点。ハーマイオニーが火に囲まれながらも冷静な論理を用いて対処したことを称えて、五〇点。ハリーが完璧な精神力と並はずれた勇気を見せたことを称えて、六〇点。この加点によって、最下位だったグリフィンドールは、それまで首位だったスリザリンと同点になる。この場面で、ダンブルドア校長は、勇気にもいろいろな種類があると切り出して、敵に立ち向かっていくのにも大きな勇気が必要だが、味方の友人に立ち向かっていくのにも同じくらいの勇気が必要だと説き、その勇気を見せたネビルに一〇点を与える。ダンブルドア校長の以上のような評価は、とりわけ含意に富んでいるのではないかと思われる。

(33) 最近の心理学では、どんな領域にも適用される一般的な知的能力の存在に疑いがもたれている。人間の問題解決能力は、従来信じられてきたほどには、一つの領域から他の領域へ、あるいは一つの問題から他の問題へ簡単に応用されるものではないとする考え方もある（波多野誼余夫、稲垣佳世子『知力と学力—学校で何を学ぶか—』岩波新書、一九八四年、六四頁参照）。転移（transfer）は、実は実験的に生起させることが難しいものであることが、過去の実験認知心理学研究によって繰り返し明らかにされてきた。新しい見解（正統的周辺参加論）では、学習はもはや個人の認知にかかわることではなく、実践の共同体に参加する協同的ないとなみだとされる。したがって、学習の概念は、心理学的な概念ではなく、社会・文化的な概念であると考えられる（佐伯胖「学びの転換—教育改革の原点—」岩波講座『現代の教育』三（授業と学習の転換）、一九九八年、三一—一四頁。一〇—一四頁参照）。

(34) 佐伯胖『「わかる」ということの意味—学ぶ意欲の発見—』岩波書店、一九八三年、一七四頁以降参照。

(35) 金谷治訳注『論語』一九頁。吉川幸次郎（『吉川幸次郎全集』第四巻論語・孔子篇上、筑摩書房、一九六九年、一九八四年（四刷）、一八頁参照）によれば、この一節の「時に」というのは、timely（然るべき時に）の意であって、occasionally（時どき）の意ではないとされる。このことと、「スパイラル（螺旋型）カリキュラム」の重視など（佐藤学『「学び」から逃走する子どもたち』四七—五三頁参照）や、「単進法」と「並進法」の区別（広岡亮蔵『基礎学力』二一九頁参照）などは、関連していると思われる。このうち、佐藤学の次のような報告は、かなり興味深い。定時制の高校やいわゆる底辺校と呼ばれる高校において、数学の教師に、入学時の生徒（ほとんどが小学校でも中学校でも

「オール一」の入学者たち）の学力診断を求めたところ、「小学校三、四年生程度」という大半の教師の予想を裏切って、小六レベルの計算問題までは、数人を除いてほぼ全員が正答し、中一レベルで六割程度、中二レベルで三割程度、中三レベルで一割程度の正答率であった。このことは、上級の学年の内容に触れるにしたがって、それ以前の学年の内容が修復され回復されて理解されていることを示していると捉えられている。

（36）佐伯胖「状況的学習と思考力・判断力—生活環境・社会環境と思考力・判断力—」北尾倫彦編集『中学校思考力・判断力—その考え方と指導と評価—』五八—六四頁参照。

（37）佐藤学「カリキュラム観を拡げる」岩波講座『教育の方法』三（子どもと授業）、一九八七年、六八—七五頁参照。

（38）長尾真『「わかる」とは何か』岩波新書、二〇〇一年、一三九—一四二頁参照。

（39）O. F. Bollnow: Was heißt einen Schriftsteller besser verstehen, als er sich selber verstanden hat?, Erstdruck: *Deutsche Vierteljahresschrift* 18（1940）, S. 117-138. Neudruck: *Das Verstehen. Drei Aufsätze zur Theorie der Geisteswissenschaften*, Mainz 1949, S. 7-33. Jetzt in: *Studien zur Hermeneutik*, Bd. 1, Freibrug/München 1982, S. 48-72.「著者が自分自身を理解していた以上によりよく彼を理解するということは、いかなることか」O・F・ボルノウ『理解するということ—精神諸科学の理論のための三つの論文—』小笠原道雄、田代尚弘共訳、以文社、一九七八年、一九八一年（改訂版）、一五—六〇頁。

（40）岡本英明「解釈学における“Besser-Verstehen”の概念について—Bollnow/Gadamer 論争と Redeker/Kimmerle 論争を中心に—」『九州大学教育学部紀要』（教育学部門）第二八集、一九八三年、一—九頁。六頁参照。

（41）岡本英明「解釈学的教育学の実践哲学的考察—トポス論、フロネーシス、レトリックを中心に—」『教育哲学研究』第六〇号、一九八九年、一—一五頁。一頁。

（42）岡本英明「ディルタイ」筧田知義、岡田渥美編著『教育学群像』Ⅰ（外国編①）、アカデミア出版会、一九九〇年、三三七—三五五頁。三四二—三四三頁参照。

（43）稲垣忠彦『戦後教育を考える』岩波新書、一九八四年、三四—三五頁参照。

（44）立花隆『東大生はバカになったか—知的亡国論＋現代教養論—』文藝春秋、二〇〇一年、二五六—二五九頁参照。ここでは、「教養のミニマム」と「教養のマキシマム」という考え方が提出される。前者は、基本的には「常識」である。後者を教えるとは、「知の世界が遙か彼方まで広がっているその果てを想像できる地点まで学生を連れていくということ」である。ところで、知の世界は果てしなく広がっていくものではあるけれども、「知の全体像」を考えた人々が歴史上に何人かいるとされる。その代表的人物として、たとえばレイムンドゥス・ルルス、フランシス・ベーコン、ディドロ、ダランベールが挙げられている。

(45) 本書第一章第一節参照。

(46) 佐伯胖『「わかる」ということの意味』二一四頁。

(47) シュライエルマッヘル『教育学講義』(世界教育宝典) 長井和雄、西村皓訳、玉川大学出版部、一九六六年参照。Vgl. F. E. D. Schleiermacher: *Ausgewählte pädagogische Schriften*, Besorgt von Ernst Lichtenstein, Paderborn 1959, 1983^3. 伊藤慶郎『シュライアマハーの対話的思考と神認識—もうひとつの弁証法—』晃洋書房、二〇一三年、二五頁参照。

(48) Vgl. Otto Friedrich Bollnow: *Die Kraft zu leben*, erläutert von K. Suzuki, Asahi Verlag, Tokio 1967, 1970^3. 編者のあとがきによれば、このテキストは、次のものから採られている。*Die Kraft zu leben: Bekenntnisse unserer Zeit*, C. Bertelemann Verlag, Gütersloh 1963. S. 21-37.

第三章　自然科学から見た知識習得

精神科学の立場から見れば、人間における知識習得はその人間の実存と結びついていて、その問題についてはまさに人間の生き方そのものの次元で論じられなければならないと思われる。では、人間の知識習得のメカニズムをサイエンスの立場から見れば、どう見えるのだろうか。たとえば現在の脳科学者たちは、「シナプス可塑性」が記憶や学習の基礎を成す最も主要なメカニズムであるという見解をもっている。シナプス可塑性とは、もともとは、神経回路が新しく形成されることはないけれども、シナプスの伝達効率が上昇することによって、新しい神経回路が形成されたのに匹敵する効果がもたらされると考える仮説であったが、後にこれが実在することが証明されたのである。つまり、人間が必要に迫られて何かを記憶する場合、このシナプス可塑性というメカニズムに従って記憶が形成されていることがわかったのである。近年における脳科学の発展にはめざましいものがあるが、単に新しい知見がもたらされるだけではなく、従来の常識が大きく覆されることもある。

たとえば、世間での俗説に反して、脳の神経回路は年齢とともに増加し、その結果、若い頃よりもむしろ歳をとったときの方が記憶の容量は大きくなっている。したがって、今日の脳科学の知見から言えば、歳のせいで物覚えが悪くなるというようなことはありえず、それは単に努力不足だということになる。記憶力を増強させるには、

「好奇心」や「努力」や「忍耐力」などに加えて、ちょっとした「コツ」が重要であることはもちろんだとしても、結局のところは「やる気」に尽きると言われている。最新の脳科学の研究結果でそのような見解が表明されているとは、あまりにも常識的でむしろ驚きであるが、逆にそれはそれでそこには重要な意味があるのではないかとも考えられる。つまり、このことは「やる気」をもって学習に取り組む必要性を今さらながらに明らかにしていると言えるのではないだろうか。

第一節　学習における本気

前章で見たように、日本でも早くは戦前期から、本格的には戦後の多方面にわたる教育論争以来、経験学習を重視する問題解決学習の立場と、読・書・算などの基礎学力を重視する系統学習の立場の間で、論争が繰り返されている。知識や基礎学力を重視する立場（系統学習）では、体験的認知や収束的思考力が中心となり、「学んで思う」ことに期待が寄せられることになる。考える力を重視する立場（問題解決学習）では、内省的認知や拡散的思考力が中心となり、「思うて学ぶ」ことに期待が寄せられることになる。(1) しかし、いずれにしても、創造的能力としての学力が育成されるためには、両側面が結実して、「学んでは思い、思うては学ぶ」というようなことが繰り返されなければならないと考えられる。ところが、実際には、学んでもなかなか思わないし、思ってもなかなか学ばないという厳しい現実もある。つまり、学習ということにおいて、「学ぶ」ということと「思う」ということの間にしばしば断絶が見られる場合がある。この断絶を克服するにはどうしたらよいかについて考察するのが本章の課題である。

前章での考察を踏まえると、両者の断絶は、受身的、消極的、機械的な学習姿勢に起因していると考えられる。そうではなく、何かを「本気で」わかろうとしたり、できるようになろうとしたりすれば、つまり、主体的、積極的、実存的な学習姿勢をもつことができるようになれば、学ぶと思うの間の、そしてまた思うと学ぶの間の断絶が克服されるのではないだろうか。儒教の経書で四書の一つである『大学』の第三段に、「心《こころ》焉《ここ》に在《あ》らざれば、視《み》れども見《み》えず、聴《き》けども聞《きこ》えず、食《くら》へども其《そ》の味《あぢ》を知《し》らず(2)」という有名な箇所がある。通釈によれば、この一節は、心がはりつめていないと、目では視ていても、それが何であるかは見分けられず、耳では聴いていても、それが何を言っているのか聞き分けられず、口では食べていても、その味がわからないという事例を列挙している。もともとこの第三段は、第一段の「身を修めんと欲するものはその心を正しくす」について解説し、正しい心のあり方を示した箇所である。しかし、それにしても、ここで列挙された事例は、われわれの日常生活でしばしば経験される事例である。

「心焉に在らざれば」、つまり「心がはりつめていないと」、何事も上の空になってしまい、成果を上げるのが難しいことは珍しいことではない。「心焉に在らしめて」、つまり「心をはりつめて」物事に対処することが、実りある行動のあり方の基本であることは言うまでもないと思われる。百獣の王とされるライオンでさえ、一頭の獲物を倒すのに全力を尽くすと言われるくらいである。このような考え方は、ハーバーマスの「認識を導く利害（ないし関心）」という概念を連想させる。(3) ハーバーマスは、認識を導き出す利害ないし関心として、「技術的な認識関心」「実践的な認識関心」「解放的な認識関心」という三つの区別を設定している。しかし、いずれにしても、ここでわれわれが着目すべきことは、認識は「利害ないし関心」（Interesse）から導き出されるということ、すなわち、逆から言えば、「利害ないし関心」がないところでは認識は成立しないということである。ここで言われる利害ないし関心の中身についてはともかくも、それはある種の「強い意志」の表れだと捉えることができると考えられる。このことを学習場面にも転用することができれば、そのような強い意志によって学習における認識を成立させることができるはずである。

以上のことをまとめると、学習においては、何かを「本気で」わかろうとしたり、できるようになろうとしたりする主体的、積極的、実存的な姿勢が最も重要であるという結論に到達する。しかし、この結論は、あまりにも陳腐で自明である。と同時に、この結論には、それは荒唐無稽ではないかという嫌疑さえかけられることもあるかもしれない。そこで、次節では、学習における「本気」という曖昧な概念を、最新の脳科学の立場から、むしろ曖昧ではない概念にすることを試みる。前章ですでに言及したとおり、学習心理学などでは、「学習とは、活動とか特殊な訓練あるいは観察の結果として生じた、多少とも永続的な行動の変容である[4]」と定義される。この定義で使用されている用語で言えば、多少とも永続的な行動の変容をもたらすことのできる活動や訓練が行われる際に、いわゆる「本気」という要因が学習結果にどれくらい関係しているのかということが、ここでの問題の中心点である。このことについて、脳科学の知見を少し参照してみたい。

第二節　シナプス可塑性

イギリスの認知神経学者であるエレノア・マグワイアは、ロンドン市内を走るタクシー運転手一六人を対象にし、sMRI（構造的核磁気共鳴画像法）という医療機器を用いて、彼らの脳の構造を調べた結果、意外な発見をした[5]。この斬新な研究によって、タクシー運転手の脳のある一部分が一般の人のそれよりも大きくなっているという事実、つまりその部位では神経細胞（ニューロン）の数が普通の人の場合よりも多くなっているという事実が明らかにされた。この事実は、「脳の大きさや形は、人によってそれほど変わらない」という従来の常識を真っ向から否定している。さらに、職歴が長いベテランの運転手の場合ほど、その脳部位が発達し、神経細胞の数が多くなっているということから、タクシー運転手であることと、その脳部位が普通よりも大きくなっていることの因果関係が明らかにされた。実際、職歴三〇年で、その脳部位は三％膨らんでいた。

この発見は、二つの意味で、脳研究者に衝撃を与えた。一つは、減るだけだと思われていた脳の神経細胞が、実は増殖して数が増えることもありえるという事実である。体積が三％増えるということは、神経細胞の数に換算すると二〇％増殖したことになる。もう一つは、脳を使えば使うほど、神経細胞が増えるという事実である。脳の構造は、基本的には人によって変わらないが、頭を多く使って脳を鍛えれば、これに応えて神経細胞が増殖し、記憶力が自然に増大することが裏付けられた。さらに驚くべきことに、マグワイアが研究対象にしたタクシー運転手は、成年に達してから運転手を始めた人がほとんどであることから、神経細胞は大人になってからでも十分に増殖することが判明した。マグワイアの研究によれば、タクシー運転手で一般の人よりも発達している脳部位は、脳のなかでも限られた部位だけで、それは大脳皮質の内側にある「海馬《かいば》」と呼ばれる領域においてだった。海馬は、脳の表面からは見えない。側頭葉と呼ばれる大脳皮質のすぐ裏側に位置している。耳の奥あたりに、左右一つずつ存在する。直径一センチメートル、長さ一〇センチメートルほどで、小さな細長いキュウリのように湾曲した形をしている。タクシー運転手は、海馬を使って空間的なシミュレーションをしていた。海馬は、記憶を頼りにしてあれこれと考察するときに使われる。そして、使われることによって、海馬は鍛えられて膨らむ。その結果、記憶力が増大するという仕組みができあがっている。(6) この発見によって、脳を鍛えさえすれば記憶力は上昇するけれども、脳を鍛えなければ記憶力は増強されないという単純明快な図式が、神経細胞のレベルでも明白な事実として浮かび上がってきた。

マグワイアの実験に似た研究で、アメリカの生物学者であるフレッド・ゲイジらによって行われた「豊かな環境は成熟マウスの海馬神経細胞の数を増やす」という興味深い研究もある[7]。二つの飼育箱が用意される。一つには、ハシゴや回り車など、数多くの遊び道具が入れられる。もう一つには、遊び道具がまったくない閑散とした環境が与えられる。そのようにして、刺激の多い環境と、刺激の少ない環境を用意するわけである。成熟したネズミを、この二つの飼育箱で個別に飼育する。すると、刺激の多い環境で育てたネズミの方が、海馬がよく発達しており、こちらの方のネズミの海馬の神経細胞の数は、一五％多くなっていた。神経細胞の「増殖能力」は、二倍以上にまで上昇していた。さらに驚くべきことに、海馬の活性化は、ネズミの年齢に関係なく認められた。人間で言えば百歳に達しようかというかなり高齢のネズミでも、神経細胞の増殖力が上昇していた。しかも、この効果は、刺激の多い豊かな環境に移ってから、ほんの数日で十分に現れた。この実験では、もう一つ、注目に値する事実が判明した。刺激の多い環境で育てられたネズミと、刺激の少ない環境で育てられたネズミの間には、「学習能力」という点で、はっきりとした差が認められたのである。この場合の学習能力とは、水迷路試験を解く学習能力のことであるが、刺激の少ない環境で育てられたネズミは、浅瀬の位置を五日間かけてようやく覚えた。刺激の多い環境で育てられたネズミは、それを二日間で覚えてしまった。ほんの数日間、刺激の多い環境に移されただけで、これだけの効果が生じていた。したがって、この間に、記憶力が増強されていたことになると考えられる。

以上において明らかであるように、脳には、あるきっかけに従って変化を起こし、その変化を保ち続けるという性質がある。これが「脳の可塑性」である[8]。記憶が行われる際、脳の「何か」が変化し、この変化が保持される。この「何か」は「神経回路」である。脳における「まだ覚えていない状態」と「もう覚えてしまった状態」の相違は、「神経回路のパターン」の相違である。要するに、記憶するということは神経細胞のつながり方が変化するということであり、脳の可塑性は新しい神経回路の形成によって生じる。したがって、記憶の正体は、神経回路の変化に他ならない。専門的には、「記憶とは、神経回路のダイナミクスをアルゴリズムとして、シナプスの重みの空間に、外界の時空間情報を写し取ることによって内部表現が獲得されることである」と定義されている[9]。

さて、記憶とは、神経回路の変化であり、新しい神経回路のパターンを作り上げることだというところまでは明らかになったが、それでは、新しい神経回路を形成するために、脳はどんなメカニズムを用意しているのだろうか。これに関しては、①神経細胞の増殖、②発芽、③シナプス可塑性という三つの仮説が挙げられる[10]。

①の仮説は、神経細胞が増殖することによって、新しい回路が形成されるとみなす仮説である。今ここに、AとBという二つの神経細胞があり、Aの神経細胞が出力側、Bの神経細胞が入力側で、この二つがシナプスによってA→Bという結合をしているとする。シナプスとは、神経細胞と神経細胞または他の細胞との接続関係やその接続部の称である。電車の路線図にたとえて言えば、「乗換駅」のようなものがシナプスである。しかし、神経回路は、電線のような連続体ではない。線維と線維の間は途切れていて、その間にはわずかながら隙間がある。したがって、線維を伝わってきた活動電位は、その境目で次の神経細胞へ乗り継ぎをしなければならない。ちょうどそれは、北海道から鹿児島まで電車で行こうとすれば、直通の電車はないので、途中の駅で乗り換えをしなければならないというようなものである。シナプスにある神経細胞どうしの隙間のことは「シナプス間隙《かんげき》」、シナプス間隙で活動電位が乗り継がれることは「伝達」と呼ばれる。さて、従来はA→Bという結合しか存在しなかったところに、Cという新しい神経細胞が増殖によって出現し、C→Bという新しい回路が形成される。このような考え方が、「神経細胞の増殖」という仮説である。

②の仮説は、新しくシナプスが発生すると考える仮説である。たとえば、A、B、Cという三つの神経細胞があったとする。最初の段階では、A→Bという回路しか存在せず、神経細胞Cは孤立していた。ところが、次の段階では、AからCに対しても出力が行われるようになり、A→Cという回路が新しく生成した。そのような現象が

生じると考えるのが、「発芽」という仮説である。

③の仮説は、神経回路が新しく形成されることはないけれども、シナプスの伝達効率が上昇することによって、新しい神経回路が形成されたのに匹敵する効果がもたらされると考える仮説である。見かけ上は、A↓Bという回路しかない。神経細胞の数も、シナプスの数も、変化しない。しかし、神経細胞と神経細胞の間での信号のやりとりが、しやすくなるのである。電気回路のたとえで言えば、抵抗が小さくなって、電気が流れやすくなる現象である。従来は抵抗が大きかったために伝達効率が悪かったので、ほとんど利用されていなかったシナプスにおいて、何らかのきっかけで抵抗が小さくなり、その結果、情報伝達がスムーズにいくようになるのである。この場合では、シナプスの機能的な結びつきが強化されている。実際に新しい神経回路が形成されたわけではないが、全体として見れば、新しい神経回路が形成されたのと同じように考えることができる事態がここでは生じている。この考え方が、「シナプス可塑性」という仮説である。

神経回路を電車の線路にたとえるなら、①の神経細胞の増殖と②の発芽は、在来線に新しい線路をつないだり駅を新設したりすることに相当する。③のシナプス可塑性は、あまり利用されていなかった路線の電車の本数が増加されて、乗換駅がさかんに利用されるようになることに相当する。つまり、「路線図」を書き換えることが増殖や発芽に相当し、「時刻表」を書き換えることがシナプス可塑性に相当する。

さて、以上の三つの仮説のうち、新しい神経回路を形成するために、実際には脳はどの機構を用いているのだろうか。①の増殖という機構については、増殖できる神経細胞が海馬の歯状回にある顆粒細胞のように、脳のなかでもごく限られた神経細胞だけであり、脳の他の部位では神経細胞が増殖することによって新しい神経回路が形成されることはまずありえないので、これが一般的な方法であるとは言いにくい。

②の発芽という機構については、最近の研究によればシナプスの発芽には通常、数十分から数日といった長時間

を必要とすることがわかっているので、短時間のうちに何かを記憶しなければならないというような状況を前提にすれば、時間という観点から、これは記憶のメカニズムとしてはあまり適していないということになる。

③のシナプス可塑性という機構については、これはシナプスの抵抗を変化させるだけ（つまり、「時刻表」を書き換えるだけ）で瞬時に行えそうであることから、現在の脳科学者たちは、シナプス可塑性こそが記憶や学習の基礎をなす最も主要なメカニズムであるという見解をもっている。

もし、シナプス可塑性が本当に記憶に関係しているのであれば、逆に記憶のもつ性質からシナプス可塑性についてある程度論じることができるはずである。したがって、シナプス可塑性が脳の記憶の基礎だと仮定した場合に、この機構がどんな性質をもっているはずなのかを考えてみることができることになる。[11]まず、われわれの経験に基づいて、われわれが記憶してきた対象がどんなものだったかを思い出してみると、それは「印象深かったもの」だとか「記憶する必要があったもの」だとか、いずれにしても「何か特別の事象」だったことが判明する。どうでもよい物事は、あまり記憶されていない。記憶のメカニズムでは、通常は、印象的である事象や、自分から覚えようと意識した事象しか記憶されない仕組みになっている。これが記憶の基本的な性質である。ただぼんやりと眺めているだけでは、そのことは記憶されない。しかし、この性質があるからこそ、助かっている側面もある。もし、目に見えているものをすべて、もれなく記憶してしまうと、脳のメモリーがいかに膨大なものであるとしても、それは数分で満杯になってしまうと言われている。自ら覚えようと意識したものしか覚えられないという記憶の性質は、記憶すべきものと記憶すべきでないものを選択して、限られた記憶容量を有効に利用するための最低条件になっている。脳の仕組みにおいては、このことは覚えておくべきだという「強い信号」が来たときだけ、脳がそれを記憶するようになっている。前節において、学習における「本気」という曖昧な概念を用いたが、それはこの文脈で言えば、この「強い信号」のことだと言い換えることができるのではないだろうか。

当然、シナプス可塑性にも、このような性質が備わっていると考えられている。シナプス可塑性が生じるのは、ある一定以上の「強い信号」が来たときだけである。この性質は、「協力性」と呼ばれている。たとえば、神経細胞Aと神経細胞Bが結合していて、A↓Bという回路があるとする。AとBの間のシナプスには、「閾値《いきち》」（記憶するために必要な最小の刺激量）が設定されていて、この閾値を超えた「強い信号」が来たときだけ、シナプス可塑性が生じる。かりに、信号の強さの程度を便宜的に、弱、中、強の三種類に分けて、弱と中の信号が来たときにはシナプス可塑性は生じず、強の信号が来たときだけシナプス可塑性が生じたとすれば、この場合、中と強の間のどこかに閾値が設定されているということになる。したがって、厳密に言えば、シナプス可塑性を生じさせる「強い信号」というのは、「閾値を超えた信号」ということになる。それゆえに、学習における「本気」というのも、「ある程度の本気」などでは不十分であり、「閾値を超えた本気」でなければならない。このように、われわれの脳は、閾値を超えた信号を発するなどして、覚えようと意識しなければ覚えられない。このことは、とりもなおさず、われわれは覚えようとわれわれが意図したことを覚えることができるということを示している。たとえば、西洋における近代化の歴史の流れを覚えるための勉強に精を出した結果、日本における近代化の歴史の流れを覚えてしまったというようなことは、まずありえない。われわれは、われわれが覚えようとしていることだけを、確実に覚えることができる。このことも、記憶の基本的な性質である。この性質は、「入力特異性」と呼ばれている。

通常、一つの神経細胞に対して、約一万個の入力がある。これをそのとおりに図式化するのは困難なので、簡略化して、Cという一つの神経細胞に対して、AとBという二つの神経細胞からそれぞれに入力がなされているとする。今、神経細胞Aから、シナプス可塑性を生じさせるような閾値を超えた強い信号が入って来た。このとき、神経細胞Bはまったく活動していなかったとすれば、AとCの間でのみシナプス可塑性が生じ、B側のシナプスは影響を受けないという現象が生じる。このように、シナプス可塑性は、起こるべきシナプスに限定して起こるわけで、関係のない他のシナプスには影響を与えないという入力特異性をもっている。この性質によって、記憶されるべきことがきちんと記憶されるということが可能になっている。

これに加えて、記憶の重要な性質がもう一つある。この性質によって、「連合学習」と呼ばれる学習が可能になっている。ものを覚えるときに、何かに関連づけて記憶するような学習がこれに当たる。たとえば、「ワシントン」と覚えるだけではなく、「この人は初代アメリカ大統領で偉業を成し遂げた」と連合すると、これが意味ある事象となって記憶を助ける。あるいは、「語呂合わせ」によって記憶を助けるというのも、その典型的な例である。要するに、連合させることによって、閾値以下のものであっても覚えられるようになるという場合があり、シナプス可塑性においてもこのような性質が認められている。今、神経細胞Cに対して、神経細胞Aから、閾値には達しない程度の弱い信号が入力されているとする。このままでは、当然、シナプス可塑性は生じない。ところが、神経細胞Cに対して、神経細胞Bから、閾値を超えた強い信号が来ると、B側のみならずA側にもシナプス可塑性が生じる。このようにして、BはAのシナプス可塑性を補助することができる。その結果、Aという事象と、Bという事象が、このシナプスにおいて連結されることになる。線路でたとえれば、異なる路線の電車が「乗り入れ」するようになることと類似している。この性質は「連合性」と呼ばれ、連合学習の基礎になっていると考えられている。

実は、以上のことは、ドナルド・ヘブというカナダの神経科学者がすでに一九四九年に考えていたことである。もしシナプス可塑性が記憶に関係しているのであれば、「協力性」「入力特異性」「連合性」の三つの性質をシナプス可塑性はもっているはずだとするこの考え方は、「ヘブの法則」と呼ばれて、その後の脳研究に大きな影響を与えた。こうして、残された問題は、ヘブの法則を満たす「シナプス可塑性」というものが、本当に脳に実在するかということだけになった。そして今日、ついに、シナプス可塑性は机上の空論ではなく、実在するという信念が確信に変わる日がやってきた。脳科学の研究成果に対する興味・関心という点から言えば、今からまさに佳境に入らんとするところであるが、本書の主旨から遠ざかってしまうので、残念ながらここでは、この問題をこれ以上追究することはできない。とはいえ、シナプス可塑性のその後については、もう少し述べておく必要があると思われる。

ヘブの法則が提唱されてから二〇年あまりが過ぎた一九七三年に生理学雑誌で報告されたスウェーデンの神経生理学者であるブリスとレモの発見が、神経科学界に大きな衝撃を与えた[12]。この報告で二人は、哺乳類であるウサギの海馬でシナプス可塑性を発見したことを発表した。その発見とは、次のようなものだった。海馬歯状回のシナプスを高い周波数で刺激すると、つまり「強い刺激」（テタヌス刺激）を与えると、シナプスの伝達効率が上昇し、この現象は刺激の後も長時間持続したという発見である。ブリスとレモは、シナプス結合の増強が長期的に持続するというこの現象を、「長期増強」（long-term potentiation, LTP）と命名した。その後、世界中の脳研究者たちがＬＴＰを詳細に調べ始めた。その結果、ＬＴＰは歯状回だけではなく、ＣＡ3野やＣＡ1野などの海馬の他のシナプスでも観察された。さらには、ウサギだけではなく、人間を含むすべての動物の海馬においてもＬＴＰが観察されることが確かめられた。すなわち、ＬＴＰは海馬における普遍的なシナプス可塑性であることが判明したのである。このＬＴＰに関してもう一言だけ付け加えるなら、ＬＴＰというのはシナプスが記憶するという現象である[13]。要するに、強い刺激が来ると、それまであまり活動していなかったシナプスが、突然活発になるのである。そして、活発になったシナプスは、その後もずっと活発な状態を維持する。多少不謹慎ながらシナプスを「学生」にたとえて言えば、授業中に居眠りばかりしていた学生が、先生に叱られて突然まじめに授業を受けるようになるような現象である。授業をどれくらい真剣に聞いていたかという集中率が「シナプスの伝達効率」に相当し、先生の叱咤が「テタヌス刺激」に相当する。その結果、この学生のテストの成績はおそらく上昇する。ＬＴＰに関しては、およそこのようなイメージで理解できるとされている。

脳科学の話題を終えて、次に学習の具体的なあり方の問題に進む前に、最後にもう一つ、「覚えられないのか、それとも覚えないのか」という興味深いテーマに少し言及しておきたい[14]。LTPの性質を基にして考えると、たとえば「ちかごろ記憶力が落ちて……」とか「最近物忘れが激しくて……」などと愚痴をこぼしたり、「歳のせいで物覚えが悪い」と嘆いたりするのは、たいへんな勘違いだということになる。これは耳の痛い話である。たしかに、世間では、頭脳の働きは十七歳くらいまでが最も活発で、それ以後は徐々に低下するなどという俗説が流布しているが、これは必ずしも本当ではない。神経細胞の総数は年齢とともに減少していくけれども、シナプスの数は反対に増加していく。すなわち、神経回路は年齢とともに増加する。この事実は、若いころよりも歳をとったときの方が記憶の容量が大きくなっていることを意味している。したがって、歳のせいで物覚えが悪くなるというようなことは、ありえない。それは、単に努力不足だということになる。

記憶力を増強させるためには、たしかに「好奇心」や「努力」や「忍耐力」などに加えて、ちょっとした「コツ」が重要である。しかし、覚えるべきことをきちんと記憶できるようになるか否かは、結局のところは、「やる気」によって決まる。最新の脳科学の研究成果を踏まえて、さまざまな角度から記憶力の増強方法が考えられているけれども、やはり最終的には、「本人の意欲が大切である」というまことに陳腐で自明な結論に至らざるをえない。しかし、この結論はそれで重大な意味をもつ帰結であり、逆にこのことが学習における「本気」というような問題を本気で考察することの価値と必要性を根拠づけていると考えられる。

第三節　例としての英語学習法

学習においては、何かを「本気で」わかろうとしたり、できるようになろうとしたりする主体的、積極的、実存的な姿勢が最も重要であるという点に関連して、たいへん示唆に富んだ見解に接する機会を得たので、それをここで簡単に紹介したい。平成十三（二〇〇一）年六月二十三日に、NHK衛星第一放送で放映された「インターネットディベート」という番組で、シリーズ「日本人の英語力」第三回（最終回）として、「中学校、英語授業は週三時間―日本人の英語力に未来はある？―」というテーマで議論がなされた。この議論は、新しい学習指導要領への改訂に伴う変更点のうち、中学校での英語の授業時間が週当たり四時間から三時間へ削減されるという問題[15]、実践的コミュニケーション能力の重視の問題、必修単語数の削減の問題などを中心的な話題にして行われた。この議論では、主として田中正朗（文部科学省初等中等教育局国際教育課長）、鳥飼玖美子（立教大学教授）、千田潤一（英語教育コンサルタント）の三人が、それぞれの立場からそれぞれの見解を述べた。

田中は、中学校での英語の授業時間数が週当たり四時間から三時間へ削減されるという言い方には多少不正確な部分があり、誤解を生じさせかねないと前置きしたうえで、週当たり三時間というのは、必修教科としての時間数であり、選択教科としての時間を週当たり一ないし二時間プラスしてもよいこと、中学校での英語教育の力点は、あくまで実践的英語コミュニケーション能力の育成にあること、総合的な学習の時間などを利用して、英語に対する生徒の興味・関心を増大させることのできる機会も新たに生じたことなどを特に力説した。たしかに、本書でのこれまでの考察の立場からすれば、総合的な学習の時間などを利用して、英語に対する生徒の興味・関心を増大させ、さらにそこにおいていろいろの意味での「考える力」を生徒に身に付けさせれば、それが生徒の英語学習への

「意欲」となって、好ましい結果が期待できるように思われる。しかし、総合的な学習の時間は、何も英語教育のためだけに設定されているわけではないので、そこから直接的な効果を期待するのには多少の無理があるのではないかという批判がなされがちでもある。

鳥飼は、せめて週当たり五時間は必要であるとする強固な見解を展開した。その根拠として、およそ二つのことが念頭に置かれている。一つの根拠は、英語教育を実施するに当たっては、その最終目標、到達目標を明確に定めておくことが重要だという点にある。ある最終目標、到達目標が明確に定められていれば、そこからおのずと、大学での、高等学校での、そして中学校での到達レベルと学習内容が決まってくるというわけである。その観点から言って、少なくとも週当たり五時間というのが、最低基準として死守されなければならないラインになるという。英語教育においては、何よりも「積み重ね」ということが重要であり、学習結果が一本の柱にならなければ英語力は身に付かないという固い信念が披瀝されるが、この考え方は系統学習の論者に見られる典型的な考え方である。もう一つの根拠は、中学生という若者がもっている卓越した暗記力に着目した根拠である。極端に言えば、あまり努力しないでもどんどん知識を吸収していくことのできる中学生というこのすばらしい時期に、学習内容をこんなに抑えてもったいなくはないかという考え方である。

この見解に対しては、田中の方から、次の二点が指摘された。一つは、新しい学習指導要領では、習熟度別学習の導入ができるようになったので、よくできる生徒に対する配慮を行うこともできるようになっていること、もう一つは、新しい学習指導要領は、従来とは異なって、学習内容の標準ではなくて、学習内容の最低基準を示したものであることとである。鳥飼の二つめの根拠に関する見解は、たしかに一理ありそうではあるが、このことが記憶のなかでも「意味記憶」のことであれば、英語を習得するのは中学生になってからではむしろやや遅いということになる。中学生の頃までは、意味記憶の能力はまだ高くはあるが、この年齢を越えた頃から、少しずつ「エピソード記憶」が優勢になってくるので、無謀な丸暗記作戦はいずれ通用しなくなる。いずれにしても、記憶する場合には、その年齢に見合った記憶の仕方というものも考慮される必要がある。(16)

さて、最後になったが、千田の見解である。千田は、自分自身が長らく外資系企業で勤務した経験を生かして、現在は企業の社員を主な対象にして、使える英語の効果的な学習法を独自に編み出し、実社会で本当に通用する英語教育を行うことに尽力しているそうだ。実は、学習においては、何かを「本気で」わかろうとしたり、できるようになろうとしたりする主体的、積極的、実存的な姿勢が最も重要であるというわれわれの観点にとって、たいへん示唆に富んだ見解と上述していたのは、主として千田の見解のことだった。千田は、企業で英語コンサルタントをした経験に基づいて、独自のデータをとってみた。すると、一日一時間以上英語の勉強をしている人は、英語力が伸びていた。勉強時間がそれ以下の人の場合は、英語力に変化が見られなかった。この事実から、英語力を上昇させるためには、「臨界点」のようなものを突破する必要があるのではないかと千田は推察している。つまり、ある一定以上の刺激を与えることによってはじめて、英語力が伸びることになる。一日当たり一時間の英語学習で、英語力は伸びる。一日当たり二時間だと、もっと伸びる。それが三時間になれば、ものすごい勢いで伸びていくという。

ところが、意外なことに、千田が企業で英語のコンサルタントをするのは、月に四時間だけだそうだ。教える時間が多い方がよいに決まっているようにも思われるが、では何時間教えればよいのかと考えると、きりがなくなるからというのがその理由である。さらに衝撃的なことに、千田は次のように断言する。「私は英語は教えない。英語は教えられないと思っている。英語は自らの発意と自己責任でのみ習得できるスキルだと私は思っている」。千田のこの見解は、学習における「本気」ということを完全に取り込んだ考え方になっているのではないだろうか。それでは、千田はどうするのか。千田は、英語の学び方さえ教えればよいのではないかと考えている。千田は、この方式であれば、中学校での英語の授業時間は週当たり三時間でも十分であるとも言う。英語の学び方の一例として、英単語の数を増やすためには、日本語の新聞を読んで、それを片っ端から英語に直していくという方法が効果的であると紹介される。

たとえば、「ぎんさん死亡」という新聞記事に関心を抱いたなら、まずはその記事を次々に英訳してみるということから始める。すると、その記事に「老衰のため死亡」と書かれているが、はて、「老衰」とは英語で何と言うのだろうかとわからなくなり、そこでストップしたとする。そのように、英語で何と言うのかわからない箇所に出くわしたら、その箇所に線を引いていく。その後で、今度は英字新聞を取り出して、同様の記事を見てみれば、ほとんど同じようなことが書かれているわけだから、わからなかった箇所の英語表現が容易に見つかるという仕組みになる。このようにして、辞書を使わずにして、英単語の数を増やしていくことができる。これは卓抜したアイディアではないだろうか。しかも、自分自身の好奇心に応じて記事を選んでチェックしていくことができるという点も秀逸である。

千田のこのような方法に対して、鳥飼は、その方法は、大人であるとか、ある程度すでに英語ができる人であるとかにとっては有効な方法であるかもしれないが、英語を学び始めたばかりの中学生にとっては無理があるのではないかという実にもっともな疑問を投げかけた。たしかに、千田のこのような方法を無造作に中学生に適用することには無理があるかもしれない。しかし、多少とも創意工夫を生かして、英語を習い始めたばかりの中学生でも十分に取り組めるようなかたちに記事の内容を加工するなどの処置を行えば、このような方法がまったく不可能だというわけでもないと思われる。あるいは、教科書に掲載されている内容を、このような方法の観点から加工して提示するということも、効果的な学習方法につながるのではないかと期待される。

千田が中学生や高校生に教えた経験から得られた一つの教訓についての話も興味深い。生徒たちには、トピック・シートというA４判の紙が一枚ずつ渡される。その紙には、文字が記入しやすいように罫線が引かれている。用紙のちょうど三分の一の分量が配当されるような仕方で、① I can talk about … ② I want to talk about … ③ I can joke about … という三種類の文の最初の部分だけが印刷されている。生徒たちには、この後に続けて、自由に英文を書くように言い渡される。ところが、ほとんどの生徒は、これがなかなかできない。そこで、今度は、「日本語で書いてごらん」と言うと、生徒たちは二種類に大別される。できる生徒は、次から次にどんどん書くことが出てくる。できない生徒は、日本語でも書くことがなかなか出てこない。このことは、英単語の数を増やすということの以前に、生徒たちの日頃の問題意識を高めておくことの重要性や、生徒たちの話題の在庫を増やしておくことの重要性を示している。こうしたことができるようになると、生徒たちは日本語でも何かをすらすらと書けるようになり、ついでに英単語の数も増やしていくことができるようになる。そして、生徒たちは、このような作業をけっこう喜んで行うそうである。

トピックを中心にして、関連した単語を一緒に覚えていくというこの方法は、前節の用語で言えば「連合学習」に相当する。千田は、伸びる生徒と伸びない生徒の差は「問題意識」の差にあると言っているが、これはもちろん「意欲」の差でもあるはずである。さらに、田中が総合的な学習の時間の有効性を説くのも、こうしたことを念頭に置いてのことだと考えられる。千田は、最後に、自分の考えをまとめて、もう一度次のように言う。「英語は教えられない。やった人しか伸びない。自己学習がポイントである」。そうなると、自己学習を支援する仕組みが必要になる。これは、学校教育の現場からの支援と、実社会からの支援という二つの方向から用意されていかなければならないとされ、千田は、そのような支援の仕組みを手を携えて一緒に作っていきたいと切望している。実際、英語を教える学校ではなくて、英語の学び方を教える学校を作りたいと彼は思っているそうである。締めくくるに当たって、千田は、英語の学習においては、英語の自己学習の支援システムを確立することと、素敵な先生との出会いが行われるようにすることの二点が重要だと指摘した。

以上において、学習においては、何かを「本気で」わかろうとしたり、できるようになろうとしたりする主体的、積極的、実存的な姿勢が最も重要であること、このような「本気」という概念は、たしかに曖昧な概念ではあるけれども、脳科学の知見から見れば必ずしも荒唐無稽なものではないこと、そして、このような「本気」ということを学習の根底に据えて、学習効果を上げることができる方法もありえることについて考察してきた。それでは、学習における決定的要因とも言えるこのような「本気」というものを、どうすればわれわれが確実に手に入れることができるかについてさらに問われなければならないと思われる。この問題の解決の糸口は、「本当に自分から『わかろうとする』心[17]」を育てる教育のなかにあると思われるが、そこではどんな学習が行われるのだろうか。次章では、人間の認識の根源的な発生がどうなっているかの解明を通して、そもそも学習するとはどんなことかについて考察する。

註

（1）たとえば、苅谷剛彦「米国の子ども中心主義教育の失政を日本で繰り返すな―カリフォルニアの「実験」の教訓とは―」『論座』二〇〇一年十一月号（通巻七八号）、朝日新聞社、一〇八―一一九頁参照。ここでは、およそ次のようなことが言われている。新しい学習指導要領がめざす教育改革のねらいは、「ゆとり」と「生きる力」の教育にあり、それらを実現する目玉として「総合的な学習の時間」が開設されるが、この「ゆとり」と「生きる力」と「総合的な学習の時間」の三者をつなぐ教育の論理が、「子ども中心主義の」（child-centered）教育と呼ばれる考え方にある。「子ども中心主義の教育」というこの考え方は、日本ではせいぜいが「内発的な学習意欲」といった程度でしか心理学的な知見の裏づけを得ていないけれども、アメリカでは認知心理学の「構成主義」（constructivism）という考え方で理論武装している。ところが、一九八〇年代から九〇年代末アメリカのカリフォルニア州で行われた教育改革、壮大な「実験」が失敗に終わってしまった。この失敗から、次の四点が「教訓」として学ばれる。①州全体、あるいは国全体で、カリキュラムや教授法について考え方を一挙にドラスティックに変更することの危険性。②改革がめざす改善の方法が明確に定義されなかったり、よほどの経験と専門性と関心を有する教師でなければ期待通りの成果を上げられないような教授法においては、広範な「実験」が失敗する可能性が高い。③不利な社会経済的環境にある階層やマイノリティーの子どもたちにとって、子ども中心主義の教育が有効に働くのかどうかという点で問題がある。④子ども中心主義の教育を批判してきたハーシュ（*Hirsch, Jr. E. D.: The Schools We Need, 1996*）によれば、体験学習の有効性を根拠づけるはずの構成主義は、他の学習スタイルにも普遍的に妥当する。そうなると、学習者に「学ぶ意味」をわからせる方法は、体験学習や調べ学習といったスタイルの授業だけに求められるというわけではなくなる。従来の教授法においても構成主義の考え方は当てはまり、しかもハーシュによれば、獲得した知識をもとにして、さらに有意義な学習を展開できるように工夫された授業の方が、体系性を欠いた体験学習よりも、問題解決能力などを高める基盤にもなることを示す研究があるとされる。明確な体系と有意味性をもった授業は、マイノリティーや貧困層の多い学校においても有効な教授法であることが、アメリカの研究者たちによって指摘されていて、驚くべきことに、こうした研究者のなかには、「新しい学力観」が導入される以前における日本の小学校では「バランスのとれた」「目標の明確な」「組織的な」子ども中心主義の教育が行われていたと見る研究者もいるという。

（2）赤塚忠『大学・中庸』（新釈漢文大系二）明治書院、一九六七年、一九七二年（一三版）、六九頁。

（3）ユルゲン・ハーバーマス『イデオロギーとしての技術と科学』長谷川宏訳、紀伊國屋書店、一九七〇年、一九八二年（第五刷）のなかの「認識と利害」（一四九―一七三頁）参照。

（4）山内光哉、春木豊編著『グラフィック学習心理学―認知と行動―』サイエンス社、二〇〇一年、二頁。

（5）池谷裕二『記憶力を強くする―最新脳科学が語る記憶のしくみと鍛え方―』講談社ブルーバックス、二〇〇一年、二六―三〇頁参照。なお、マグワイアのこの発見は、二〇〇〇年のアメリカ国立科学アカデミー紀要で報告されている。

（6）平成十三（二〇〇一）年八月二十三日に、NHK総合テレビで放映された「クローズアップ現代」という番組において、「老いても現役―高齢者の頭脳に迫る―」というテーマが扱われ、そのなかでアメリカのソーク研究所のゲイジらの論文が紹介されている。その論文とは、次のものである。**Neurogenesis in the adult human hippocampus. Peter S.**

Eriksson, Ekaterina Perfilieva, Thomas Björk-Eriksson, Ann-Marie Alborn, Claes Nordborg, Daniel A. Perterson & Fred H. Gage. In: *NATURE MEDICINE*, Volume 4, Number 11, November 1998, pp. 1313-1317. この論文「ヒト成人の海馬における神経新生」の概要は、日本語のアブストラクトでは、次のようになっている。「ヒトの脳のニューロンは死んでも新しいものに置き換わることはないと長い間考えられてきた。しかし齧歯類やサルでのこれまでの観察によると、学習や記憶にかかわる脳の海馬では神経新生が起こる。サールグレンスカ大学病院ほかのグループは、ＤＮＡ複製マーカーであるBrdUを投与した患者の死後の脳組織を分析し、ヒトの脳でも神経新生が起こっているかどうかを調べた。そして、齧歯類やサルと同じく、ヒトの海馬の歯状回で一生を通じてニューロンの複製が続いていることを明らかにした。この成果は、神経変性疾患やおそらく移植治療の今後の研究に有用な情報となるだろう」。

（7）池谷裕二『記憶力を強くする』三一―三六頁参照。ゲイジらの研究とは、次の論文のことである。**More hippocampal neurons in adult mice living in an enriched environment. Gerd Kempermann, H. Georg Kuhn & Fred H. Gage. In: *NATURE*, Volume 386, 3 April 1997, pp. 493-495.** この論文の日本語ハイライトには、「脳：恵まれた『中産階級』のマウス」と題して、次のように記されている。「広いかごや遊び道具など、ぜいたくな品々に囲まれ、恵まれた環境にいるマウスは、知的刺激に乏しい環境に置かれたマウスよりも脳細胞の数が多いという報告が届いている。この発見が、延々と続く「氏か育ちか」の議論に油を注ぐことは必至だ。ソーク研究所のゲイジらは、学習や記憶に関係すると考えられている脳領域である海馬の発生を研究してきた。彼らの研究によると、豊かな環境で育てたマウスでは、海馬の歯状回のニューロンの数は、劣った環境で育てた兄弟のマウスに比べて一五％増える。また、豊かな環境で育てたマウスは、迷路テストでもよい成績をおさめる。哺乳類の海馬では、生涯にわたって新しいニューロンが形成される。しかし、これらの新しいニューロンの機能や、その形成を制御するものが何なのかはわかっていない。同様に、増加した分のニューロンと行動の単純な因果関係を証明するのは不可能である。しかし、ニューロンが増えると、ニューロン間の可能な接続の数が、比例する形ではないにしても増加し、それが学習や記憶の向上の一因となっているらしい」。

（8）池谷裕二『記憶力を強くする』一四一頁参照。

（9）池谷裕二『記憶力を強くする』一四二頁参照。記憶するということは、神経細胞のつながり方が変化するということと、新しい神経回路を形成するということであるが、実際には、一つの神経回路には、さまざまな情報が同時に雑居して蓄えられるということになっている。そして、そのようなかたちで蓄えられた情報は、お互いに相互作用をしてしまう。人間の記憶に曖昧な部分があるというのは、この点にその理由がある。しかし、保存情報が相互作用するということは、まったく異なる事物を関連づけることができるという結果をもたらす。これが「連想」という行為である。さらに、情報を関連づけて、まったく違った新しいものが形作られたならば、それが「創造」という行為になる。われわれが想像したり、思索したり、創造したりする行為ができるのは、「相互作用できる神経回路」に記憶が蓄えられていることの恩恵である（同書一四三―一四四頁参照）。この知見を基にして言えば、「知識の習得」というのは「新しい神経回路の形成」に相当し、「考える力」というのは「保存情報の相互作用」に起因すると言えると考えられる。ただし、ポイントはあくまで、「神経回路の使い回し」という点にあり、脳が曖昧に、そして乱雑に記憶を蓄えているという点に、「知識の習得」と「考える力」の関係を解き明かすであろう秘密の鍵の一つが隠されていると思われる。

(10) 池谷裕二『記憶力を強くする』一四五―一四八頁参照。

(11) 池谷裕二『記憶力を強くする』一五〇―一五五頁参照。

(12) 池谷裕二『記憶力を強くする』一五八―一六一頁参照。

(13) 池谷裕二『記憶力を強くする』一六四頁参照。

(14) 池谷裕二『記憶力を強くする』一八六―一八九頁、二二三―二二四頁参照。

(15) 多少厳密に言えば、その当時の中学校の教育課程においては、「英語」という教科名はなかった。「外国語」というのが正式名称だった。従来においては、この「外国語」（英語、ドイツ語、フランス語、その他の外国語）は選択教科だったが、学校教育法施行規則の改正により、「外国語」は必修教科になった。新しい学習指導要領では、必修教科としての「外国語」においては、英語を履修させることを原則とするとされ、選択教科としての「外国語」においては、生徒の特性等に応じ多様な学習活動ができるように、各学校において適切に工夫して取り扱うものとするとされる。なお、授業時数（授業時数の一単位時間は、五〇分である）について言えば、従来においては、選択教科等に充てる授業時数として、年間（三五週）、第一学年で一〇五～一四〇時間、第二学年で一〇五～二一〇時間、第三学年で一四〇～二八〇時間があったが、改正後は、必修教科の「外国語」として、第一学年から第三学年まで共通して一〇五時間となっている。ただし、選択教科等に充てる授業時数として、第一学年で〇～三〇時間、第二学年で五〇～八五時間、第三学年で一〇五～一六五時間が設けられているので、この時間を利用して、「選択教科としての外国語としての英語」の時間を捻出することも可能である。もっとも、このような措置は、他の必修教科の授業時数、道徳の授業時数、特別活動の授業時数、総合的な学習の時間の授業時数についても必要になるわけで、いわば他との競合関係のなかで行われなければならないという制約がある。ちなみに、総授業時数は、全学年を通して、従来一、〇五〇時間だったが、改正後は九八〇時間になっている。

（16）池谷裕二『記憶力を強くする』一八八―一九〇頁参照。

（17）佐伯胖『「わかる」ということの意味―学ぶ意欲の発見―』岩波書店、一九八三年、二一四頁。

第四章　精神科学から見た学習するということ

前章において、学習には「本気」をもって取り組む必要があることが明らかになったと思われる。では、その「本気」はどこから来て、どのように作用するのだろうか。本章では、そのような観点から、学習という事象について考察したい。具体的には、知識習得の根源的な発生がどうなっているのかを解明することを課題にする。この点に関して、ディルタイは、「思考の機能」と「生の機能」はもともと同一だと考えている。生の連関というものは、ディルタイの考えでは、「所与」、つまり「解釈された現実」として、すでに最初から人間に与えられている。この生の連関は、同じく生の連関のなかで所与の連関としてあらゆる認識において前提される「生の範疇」によって覚知される。この覚知においては、認識の主観と客観が未分化で渾然一体のものとなっている。したがって、単純に認識主観と認識客観を分離することはできないと考えられる。それゆえに、認識客観としての質料と認識主観としての形式を分離することはできないということになる。

ところが、ディルタイは「実在的範疇」というものと「形式的範疇」というものを完全に異なったものとして区別している。実在的範疇は、理性のなかにまったく基礎づけられていない。実在的範疇は、生の連関そのもののなかに基礎づけられている。形式的範疇のメルクマールは、完全な透明性と一義性にある。このことは、形式的範疇の起源が思考にあるということを明示している。それに反して、実在的範疇のメルクマールは、思考によって実在的範疇の中身を究めることは困難であるということにある。実在的範疇は、生の連関であるがゆえに、概念によって究明されるということがそもそもできないのである。しかし、それにもかかわらず、ディルタイは基本的な実在的範疇として、「自己同一性」「能動と受動」「本質性」という三つのグループを取り上げる。そして、ここから、いずれの個人においても、この基本的にして＝決定的なものと、非本質的なもの、どうでもよいものとの区別が与えられることになる。ディルタイのこうした考え方をもとにすれば、「生の連関全体における生の分節化としての学習」という見方が導き出される。そして、この見方から、学習するとはどんなことかを考えることが重要ではないかと思われる。

第一節　知覚の知的性格

これまでの章においては、新しい学習指導要領への改訂問題を機に、「知識習得とはどんなことか」をめぐって考察を展開してきた(1)。その際、知識というものは認識によって得られた成果であるという前提にほとんど無意識的に立っていた。その結果、その知識をもたらす認識とは何なのか、つまり認識と言われるものの作用は具体的にはどうなっているのかという問いが残されたままになっている。そこで、本章では、その認識の根源的な発生がどうなっているのかを解明することをめざす。そしてさらに、そのことを通して、そもそも「学習するとはどんなことか」について考察したい。たしかに、「認識」と「学習」はそのままで同一ではないが、認識の根源的な発生の解明は学習といわれる事象を捉え直してみる際の重要な基礎になると考えられる。ここではまず、ディルタイの一八九二／九三年頃の論考「生と認識――認識論的論理学と範疇論の構想(2)」を手がかりにして考察を開始したい。なぜディルタイの思想を取り上げるかという理由については、すでにとりわけ第二章第五節で論じたように、人間の行為の全体の意味を単に理論哲学的にではなく、実践哲学的に理解しようとしたのがディルタイだったからである。換言すれば、ディルタイの思想には、具体的で実践的な人間の行為の意味を解き明かすための唯一の有効な鍵が秘められていると考えられるからである。

「生と認識」という論考で、ディルタイは次のような意図で考察を始める。「では今から、学問や生において真理として描き出されるもののすべてが、そのような真理として証明されることができるのかどうかを私は吟味してみようと思う」（S. 333）。こうしたあらゆる真理は、「諸々の事象《なりゆき》」（Vorgänge）のなかで成立する。これらの事象を通して、やがて意識のなかである一つの連関が形成される。学問的に考えれば、まず「思考」（Denken）、つまり「考える」という事象がある。この事象のなかで、諸々の事実から「学問の抽象化作用」（die Abstraktionen der Wissenschaft）というものが成立する。しかし、そもそも「学問」（Wissenschaft）というのは「知る」（wissen）ということと不可分であり、この背後には、あたかも山の陰に隠れているかのようだが、「もっと基本的な状態」がある。それが、「さまざまな印象を伴って現れてくるイメージを結合する」ということである。その次に、「所与のものを時間的連関のなかで方向づける」ということが生じる。そして最後に来るのが、「論理的な区別や結合」というものである。こうした操作が行われると、所与のものは命題のかたちで目に見えるようになる。

このように、結局のところ、「区別」したり、「結合」したり、「関連」づけたりするということは、もともと「直接的な所与」に基づいているわけである。したがって、区別、結合、関連といった合法則的プロセスそのものから、あるいは秩序や連関そのものから、「本当の事柄」（die Tatsächlichkeit）が成立しているわけではない。それゆえに、そのような所与というものを、われわれはどうしても仮定しなければならないし、またそうしてもよいと考えられる。たとえば、青という色、ハ（C）という音程、痛いという感覚は、一定の関係（Relationen）においてわれわれに現れる。そこにはたしかに一つの中核（ein Kern）があるが、この中核それ自体はそのような関係から導出されることはできない。われわれがここで描き出そうとしている事象も、まさにそのようなものだとディルタイは捉えている。青という色、ハという音程、痛いという感覚のなかにある「ある一つの中核」は、いかなる関係からも成立することはできないにしても、青という色、ハという音程、痛いという感覚それ自体がその中核を前提にしている。

事象というものが成立するためには、その事象が前提にしている中核がわれわれのなかに存在していなければならない。そして、その中核は、諸々の事象からは完全に区別される。そのような中核をディルタイは「所与」（das Gegebene）と呼ぶ。この所与を諸々の事象が利用して、所与を意識のなかにおいて関連づけていく。しかし、所与の存在そのものについては、慎重な言い回しが必要である。「所与のものは外側から（von außen）与えられるのか、それとも内側から（von innen）与えられるのか、所与のものはそれ自体として観察されるのか、それともたとえばフィヒテが言うように、結局は心的生（Seelenleben）によって設定されたものとして把握されるべきなのか。こうした問いが、われわれがここでまだどんな答えも用意していない問いのすべてである。所与というものが現にあるということと、すなわち所与というものが知的な事象から完全に明瞭に区別されるということ、このことだけで十分である」（S. 334）。

しかし、ディルタイは、次のようにも言う。「所与の純粋経験というものを求めて私がどんなに苦労してみたところで、そんなものは存在していない。所与というものは、私の直接的な経験の外側にある」（S. 335）。たとえば、学者の間にまでも流布している通俗的な考え方では、「青という色」と「色のコントラスト」を区別する。この考えでは、「青という色」は「経験の質料」（Materie der Erfahrung）であり、「色のコントラスト」は「思考によって質料が秩序づけられたもの」であると見なしている。しかし、こうした考え方は、ディルタイによれば、根本的に間違っている。その理由は、次の命題で述べられる。「私の意識のなかに現れるすべてのもの、すなわち、それが端的にすべてのものになるわけであるが、そのすべてのものが所与を含んでいる。その所与は、秩序づけられたり、区別されたり、結合されたり、関係づけられたりしているが、たとえどうであれ、その所与は、知的な事象のなかで把握されている」（S. 335）。

この重要な一般命題から、二つの帰結が提示される。一つの帰結は、「感覚知覚の知的性格」（die Intellektualität der Sinneswahrnehmung）というものである。つまり、感覚知覚そのものが、もともと知的だという考え方である。ディルタイによれば、この考え方はフィヒテやショーペンハウアーによって先取りされてはいたが、それをはじめて証明された実証的に実り豊かな定理として示したのはヘルムホルツだとされる。ちなみに、この帰結に関して、ボルノウはその意義を次のように明らかにしている。「知覚についてのこのような指摘が認識論にとってきわめて重要であるのは、それによって、認識の構築作業は一度かぎりの出発点をもとにして始まるものではないことが示されるからである。認識するときにはいつでも、すでに思惟によって秩序づけられた——ディルタイならば『解釈された』（gedeutet）とも言うであろう——現実がある。このような現実は、循環的なやり方——あるいはディルタイはここではこの語を使っていないものの——解釈学的なやり方によってしか解明されない。ディルタイが何度も強調しているように、前提のない認識というものは存在しないのである[3]」。

もう一つの帰結は、「内的経験においても、所与というものは、それ自体として、直接的に観察されたり知覚されたりすることは決してできない」というものである。ディルタイは、この命題を「内的知覚の知的性格」（die Intellektualität der inneren Wahrnehmungen）と呼ぶように提案している。つまり、内的知覚もまた、もともと知的だと言うわけである。そして、この命題のなかに、内的経験の批判の根幹があるとされる。さらに、ディルタイによれば、内的経験が知的であるとすれば、それは心理学や歴史的批判、特に神学の基礎づけにとって、きわめて重要な意味をもつとされる。なぜならば、神学の一つの基礎は内的経験の理論にあり、もう一つの基礎は歴史的な解釈学と批判にあるからである。要するに、あらゆる神学の基礎は、内的な宗教経験の理論と批判にある。しかし、それにもかかわらず、神学者は宗教的な経験を単純で直接的な所与として取り扱う傾向にある。その結果として、神学の数知れない誤謬がこの点に起因しているとディルタイは捉えている。

第二節　意識事実と認識

以上において、直接的な所与というものは、どこにおいてであれ、それ自体として観察されることもなければ経験されることもないということが明らかになった。もし、このような考え方をしなければ、どうなるであろうか。われわれの知覚はもともと知的であるという教説がなければ、われわれの「感覚」（Empfindungen）と「内的な状態経験」（innere Zustandserfahrungen）の二つが、相並び立つ同価値のものになってしまう。つまり、感覚において「外部」（ein Außen）が与えられ、状態経験において「内部」（ein Innen）が与えられるということになってしまうわけである。しかし、感覚は、すでに他方において、内的状態でもある。というのも、感覚の集合体を対象に関連づけるということは、直接的に与えられた多種多様の感覚を解釈することとしても捉えられることができるからである。もしそうであれば、意識のなかで現れてくるものにおいて、どのようにして外部が私に直接的に与えられることができるのかという謎は、ここで解消する。この意味で、ディルタイは、次のことを確信している。

「他者のない私というもの、内部のない外部というものは、無意味な言葉である。なぜそうなのかと言えば、結局のところ、自己（ein Selbst）というものが経験としてまず現にあって、そこからやがて他者や外部が経験として成立してくるようになっていないからである。一方のものも、他方のものも、中核として自立していなければならない。所与というものにおいては、その所与がどのような仕方で与えられるかについては、どんな違いも見出されないということをわれわれは心得ていなければならない」（S. 338）。

それでは、われわれがそのなかで区別したり、結合したり、関連づけたり、秩序づけたりする知的な事象は、どうなっているのだろうか。この問題から、われわれの認識の妥当性を吟味するという「認識論」の課題が生じる。認識論には、明瞭に分けられた二つの課題がある。一つは、意識的な思考のなかで経過する結合様式を、その性格や起源や拡張に従って研究することである。もう一つは、そのようにして結合され、分離され、秩序づけられたものが、その内容や性格や起源に適しているかどうかを吟味することである。しかし、いずれにしても、妥当性ということに関するあらゆる反省が最後に行き着くのは、「覚知」（Innewerden）と呼ばれる事実である。この覚知ということにおいて、内的な事実が意識にとって顕になる。覚知においては、「私にとって存在＝する」（für mich Da-sein）ということと、「意識の＝なかに＝現れる」（Im-Bewußtsein-auftreten）ということは、同一である。ここでは、イメージと事実が一致している。妥当性の尺度というものは、すべてここから引き出されている。

私が知覚している事実は、そのどれもが「意識の事実」（eine Tatsache des Bewußtseins）と呼ばれる。したがって、「現実」（eine Wirklichkeit）と呼ばれるものも、意識の事実である。そうなると、事実をどのように覚知しているかということが、あらゆる現実の尺度一般になる。この意味で、ディルタイは、次のように述べている。「私がそのように覚知しているものと、私がそのような事実から推論することのできるものが、現実の全領域を形成している」（S. 339）。だとすれば、「思い違い」とか「誤謬」といったようなことは、どう考えられるのだろうか。このようなことは、意識の事実に現実が対応していないことから生じている。したがって、現実がその内容と生きた諸関係において、思考によって変形させられることなく、明白な意識に（zum distinkten Bewußtsein）もたらされるということが必要になる。しかし、思考というものは、その規範に従うならば、もともとそのように機能するものだとディルタイは考えている。なぜならば、ディルタイの考えでは、事実と思考というのは、もともと一体のもの、いわば不即不離、不一不異のものだからである。

　しかし、一般的には、事実と思考というのは、分離されて捉えられている。事実と思考をそのように分離して捉えるという考え方は、「形式」（Form）と「質料」（Materie）を区別するということに端を発している。この区別は、カントとその学派によって、とてもよく知られるようになった。ディルタイが捉えるところによれば、カントの場合、連関を欠いた多様性としての感覚が、われわれの認識の質料を形成している。したがって、認識の質料は、連関を欠いた多様性だということになる。そして、空間、時間、範疇《カテゴリー》、結合する意識（つまり、形式）が、こうした多様性にはじめて連関をもたらすという仕組みになっている。しかし、ディルタイによれば、この考え方は一つの仮定である。その根底には「超越論的統覚の共同作用」（das Zusammenwirken der transzendentalen Apperzeption）という図式が据えられているのであるが、この図式に関して、ディルタイは「この図式は疑わしい」（S. 341）と明言している。ディルタイは、ロックやカントの場合、一方で形式というものが「直観や思考の形式」へと特殊化され、他方で質料の方は単なる「連関を欠いたもの」にとどめおかれている点に問題があると見ている。

　それでは、ロックやカントがなぜそのような区別をせざるをえなかったのかという点については、ディルタイは、「あらゆる連関」というものが、そもそも直観や思考によってはじめて生じさせられるものとして考えられていたからではないかと受け取っている。そのような考え方に、ディルタイは批判を加えていく。以上のようなことから、哲学は仮説的思考とその領域に呪縛されているのかどうかを問わなければならなくなる。もし呪縛されているのなら、ますます痩せ細り問題をはらんだものになっていく形而上学の末席にわれわれは座することになる。そうならないようにするために、ディルタイはまず、「所与の現実」（das gegebene Wirkliche）というものが、どんなものであるのかをつかみ取ろうとする。通常、所与の現実は、外界の構成要素のなかで探し求められ、知覚の分析から生じるような図式に従って把握される。この分析は、たいてい視覚と聴覚という二大感覚に即して行われる。精神物理学的な考え方によれば、この二大感覚は、網膜や耳道における個々の末梢神経の興奮に対応して、外界と内界を分けるとされる。しかし、そのような実に広まった考え方（心的原子論）は、ディルタイによれば、心理学的な空中楼閣（仮説の空中楼閣）であるとされる。それに反して、「われわれに与えられているとされるべきものを、われわれは仮説から規定することはできない」（S. 343）とディルタイは主張する。

そこで、ディルタイは、所与のものを経験的に（empirisch）規定しようとする。しかし、ここで第二の誤謬が待ち構えている。それは、認識をもっぱら知的なプロセスに限定して解明するという間違いである。ディルタイがすでに以前に『精神科学序説』の「序言」において、現実的で、自然で、諸々の事実に対応し、それゆえに人間の実際的な本性を満足させる認識論の確立のための決定的な点として際立たせていたように、そもそも「認識を解明する」ということは、生き生きとして内容が充満した「人間の全体から」（vom ganzen, vollen Menschen）出発されなければならない。「思考の機能は、したがって当然、生のあらゆる機能の体系ないし構造との連関においてのみ把握されることができる」（S. 344）。このような基本的な立場に立って、ディルタイは次のような公式を掲げている。「思　考《考えるということ》（das Denken）は、生の事象（Lebensvorgang）に即して現れる。したがって、思考を基礎づけようとする場合には、この生の事象に立ち返らなければならない。この生の事象の記述［がなされなければならない」］（S. 344）。この公式は、思考がそのなかで現れる心理学的な連関へ立ち返るべきであるとする公式よりも、優先されなければならないとされる。なぜならば、心理学的な連関のなかで思考が現れると仮定すれば、内部（das Innere）というものを恣意的に境界づけて抽象化するということが、どうしても避けられなくなるからである。

換言すれば、このことは、機能としての思考ないし認識を、その全範囲において、つまりその最も大きな広がりにおいてつかむ必要があるということを示している。ある現実的なものに関する印象がひらめけば、そこにその現実が存在する。しかし、われわれはその現実を概念として明瞭に把握しているとはかぎらない。しかし、いずれにしても、その印象は、至るところで、生の現象（eine Erscheinung des Lebens）であり、生と結びついている。ここでは、この「生」（das Leben）という表現は、われわれの一人ひとりにとって、「最もよく知られたもの」（das Bekannteste）、「最もよくなじんだもの」（das Intimste）であるところのものを言い表している。「すると、生とは何かと言えば、それは経験のなかに与えられているものである。われわれは生を体験するものの、生はわれわれにとっては謎である。しかし、われわれは、生がどのようにして現れ、描写されるかを知っている。刺激から運動へ達する何らかの構造が存するところに、生はある。刺激から運動へというこの進行は、至るところで有機体的なものの現象に結びついている。刺激から運動へ達するこの構造のなかで、生のいわば秘密が脈動している。生の統一《生の単位》（die Lebenseinheit）というものは、つねにこの構造の連関のなかにある」（S. 344）。とは言うものの、生はまた同時に、「最も暗いもの《はっきりしないもの》」（das Dunkelste）、「完全には計り知れないもの」（ein ganz Unerforschliches）でもある。この意味での生は、解消されることのない謎である。しかし、われわれは、生を記述することができる。とはいえ、われわれは、生を要素に分解するということはできない。生は、分解されることはできないのである。「というのも、思考は、生の背後には遡ることはできないからである。思考は、生のなかで現れ、生の連関のなかで存在する」（S. 346f.）。そうなると、一体どのようにすれば生をいわば生の内側から記述することができるようになるのだろうか。ここでディルタイは、「生の範疇」（die Lebenskategorien）という概念を提出し、次のように定義している。「われわれがそれを通して世界を把握する最も重要な概念が、生の範疇というものである。実体や因果性といった概念ですら、この生の範疇から抽象化されたものである」（S. 347）。生の構造のなかで現れてくるものは、「個人的な事実性」（eine individuelle Tatsächlichkeit）であり、これは「このもの性」（eine haecceitas）[4]とも呼ばれる。これらのものは、悟性によっては必然的なものとして示されることができない。それゆえに、残された可能性は、生をそのさまざまな形式において記述して、生の構成要素と機能を際立たせていくということだけになる。

第三節　生の連関

こうして、認識の本性へと突き進むさらなる一歩が踏み出された。この場合、生と認識に関して説明されたことが、今後われわれをさらに支援していくことになる。最初に取り上げられなければならないのが、内的な生によって印象と運動がそのなかで結びつけられている機能連関である。ある多様性へと印象を分節化するということは、この機能連関の高次の段階ではじめて現れる。したがって、所与のものは、絶えずある結合のなかに存在し、所与のものが生の連関のなかに現れるということは、この結合によって条件づけられている。自己と他者、私と世界は、このような連関のなかで、お互いのために絡《から》み合《あ》って（füreinander）存在している。これは、主観と客観という純粋に知的な関係のなかでそのようにしているというのではなくて、生の連関のなかでそのようにしているわけである。この場合、生は、外側からの諸々の印象によって規定されるとともに、その印象に反応している。ここでディルタイは、一八九〇年の論文「外界の実在性についてのわれわれの信念の起源とその正当性に関する問いの解決への寄与」[5]で取り扱ったいくつかの命題を取り上げて、それをさらに発展させようとする。

①自己は、他者なくしては、ありえない。他者は、自己なくしては、ありえない。この両者の一方がそれだけで

考えられるということは、ありえない。この二つは、相関関係である。

②自己は、まず、活動している意志の経験を手段として成立する。他者は、抵抗の経験を手段として成立する。

③両方の経験とも、媒介を行う思考の共同作用のもとにおいてのみ成立する。とりわけ抵抗の経験は、そのような媒介を前提にしている。

④こうした媒介を行う思考によって、意志の諸々の状態が相互に結びつけられる。

以上のかつての四つの命題に、ディルタイはここでもう一つの命題を付け加える。

「外界が成立する過程（Vorgang）において、思考によって行われる媒介はすべて、未結合の離散した心情状態を関連づけるというのではなく、差異や類似性やニュアンス（Abstufungen）を照らし出すだけであり、そのようなことを行う意識が、生がある連関を展開していくことに役立つ」（S. 350）。

外界の実在性についての信念が発生してくる過程から、諸々の機能の内的な連関を明らかにすれば、「本源的な典型的過程」（der primäre typische Vorgang）が存在していることがわかる。「ある一定の意図を伴った運動の衝動が持続する。それは強化される。意図された外的な運動に代わって、圧迫の感覚が現れる」（S. 352）。つまり、生の感情は、抵抗を前提にして成り立っているのである。「能動（Wirken）と受動（Leiden）というこの関係によって、生の連関は、この私と、私とは異なる事物、つまり私とは異なる世界との中間に存在する」（S. 354）。ここに一本の木が立っているとする。この木は、一つの生の連関であると見立てることができる。というのも、ここでは、諸々の部分が一つの全体にまとめられているからである。葉、枝、幹、根が機能的な部分の連関を形成している。木はまた、一つの構造でもある。この構造のおかげで、木は生き延び、その環境と生きた関係に立つ。木の果実は環境のものになるけれども、この環境は再び幹や枝の糧となる。

ディルタイによれば、動物は、完全に現在のなかに生きている。そこでは本能の生活が支配し、動物は何も知らないとされる。動物は誕生も知らなければ死も知らないので、人間よりも悩みが少ないと考えられる。それに反して、人間の生活は、不断の苦悩にさらされている。われわれの生は、後ろ向きには想起することによって過去とつながり、前向きには恐怖とともにであれ希望とともにであれ未来につながっている。この両側面に向かって、生は暗闇のなかで消失してしまう。しかし、人間は、暗闇から暗闇へ過ぎ去っていく生を、その生がそこにおいて把握されるような連関に秩序づけたいと願っている。こうして、人間は、客観的なもの、永遠のもの、無条件に価値あるもののなかに自己を移し入れようと努力する。ここから、物言わぬ現実に語らせ、芸術において自然を解釈し、学問において自然を把握する必要が出てくる。

とはいえ、思考は、なるほど生そのものを照らし出すことはできるけれども、生の背後に入り込むことはできない。その結果、悲劇的な矛盾が生じる。それにもかかわらず、およそ認識を分析するということは、このような悲劇を解消する努力を行わなければならないということである。認識の分析ということによって、自然認識の形而上学と、生き生きとはしているものの主観的である感情との争いが解消されなければならない。それとまた同様に、認識の分析ということによって、自然についての知と、主観的＝目的論的＝観念論的な形而上学との争いが解消されなければならない。

第四節　生の範疇

以上のような問題は、認識における主観と客観の問題として捉えることができる。この基本的な問題に対して、ディルタイは次のような見解をもっている。「生の統一ないし主観と、事物ないし客観とは、一方が他方から分離されるということはできず、一方がなければ他方は存在しないというように、相関関係にあるのみならず、お互いに類似してもいる。生の統一と客観は、実にさまざまな仕方でわれわれにかかわってくるのだけれども、その構造はある程度類似している。それどころか、きわめて似かよっている」（S. 359）。おそらく、事物のイメージを徐々に形成していくということは、ほほえむ母親の表情とか、あらゆる満足を備えた乳母の温かな身体といったような、最初の子ども時代に体験した事柄に由来しているのではないかと考えられる。子どもにとっては、自分のベッドや自分の身体といったものが、全世界のなかで最初に最もよく親しむ事実になっているのではないかと思われる。しかし、われわれがいろいろなものを区別することができるようになってくると、これらのことは背後に引き下がっていく。そのようにして、感じられるのは、「生の統一に働きかける生」（eine auf die Lebenseinheit wirkendes Leben）だけになっていく。

　こうしたことを踏まえた上で、ディルタイは次のように問題を立てている。「こうして、主観と客観、生の統一と事物は、最高度の親しいもの、似たもの、驚くべき類似性に満ちたものになる。当然のことながら、それは、われわれが事物に、その原初的な構想において接近することに熟達しているかぎりにおいてのことである。この類似性は、結局のところ、両者の構想が同時に意志の領域において執り行われるということに基づいている。したがって、自己から他者への単なる転移というものは存在しない。むしろ、なじみのない通りを把握する場合と同じように、われわれが客観を把握するということもまた、もともとは、なじみのない《自分自身のものではない》生を理解するという方式（eine Art von Verstehen fremden Lebens）なのである。この関係から、次のことが判明する。すなわち、われわれがそのなかで生の所与の連関をわれわれにとって意識化する諸々の範疇（die Kategorien）もまた、私と他者、主観と客観、生の統一と世界を貫いた仕方で広がっているということになる。それゆえに、そのような範疇は、アリストテレスやカントの意味での真正にして十全な範疇（echte und volle Kategorien）である。今や、この範疇が問題にされなければならない」（S. 360）。

主観と客観にまたがっている生の連関は、多数の「実在的範疇」（reale Kategorien）のなかで表現される。この実在的範疇が、われわれにとっては、つねに、現実的なものを理解するための機関（die Organe）となる。カント以来、あらゆる体系は、「範疇」（Kategorie）という表現を用いて、ある連関を表現したり確立したりする概念を特徴づけている。青とか色というものが範疇であるとは誰も言わない。特性（Eigenschaft）は範疇ではない。事物における特性と統一ないし実体との関係が、はじめて範疇を形成する。一般的な見方では、範疇が含有する連関は、理性のなかで、つまり知力（Intelligenz）という統一的な本質のなかで基礎づけられているとされている。したがって、カントによれば、範疇は「思考の統一機能」（eine Einheitsfunktion des Denkens）を表示するための公式であるとされる。この見方は、アリストテレスの見方とよく一致している。現実における連関は、知力における連関と相関関係にあり、それとよく対応していると捉えられているわけである。

たしかに、「理性そのもののなかに基礎づけられている範疇」というものが存在し、それを否定することはできない。同一性（Identität）、一致（Gleichheit）、差異（Unterschied）といった概念が、そのような範疇である。しかし、これらの範疇は、その由来からして、もともと、つねに、また永遠に、「形式的範疇」（formale Kategorien）にすぎないのである。形式的範疇が標示するのは、思考がそれを通じて自らのために現実的なものを照らし出す諸関係だけである。「この諸関係は、思考のなかで生じる。われわれの外部には、まさに一致点がなく、あるのはただ二つの事実だけであり、その二つの事実に関連して思考がある操作を行い、その操作によって二つの事実の本性が明らかにされるだけである。外部にあるのは、どんな普遍性でもなく、諸々の事実だけであり、思考は、諸々の事実を普遍性へと秩序づけ、そのようにして思考それ自身を明確にしていく」（S. 361）。このような範疇をディルタイは、「形式的範疇」と呼ぶ。

それに反して、ディルタイは次に、先に登場してきていた「実在的範疇」というものを、「形式的範疇」とは完全に異なったものとして区別する。「実在的範疇は、理性のなかにまったく基礎づけられていない。実在的範疇は、生の連関そのもののなかに基礎づけられている。先述の形式的範疇のメルクマールは、その完全な透明性と一義性にある。このことは、その起源が思考にあることを明示している。実在的範疇のメルクマールは、思考によってその中身を究めることは困難であるということ（die Unergründlichkeit ihres Gehaltes duruch das Denken）にある。実在的範疇は、生の連関であるがゆえに、概念によって究明されるということはできない。それゆえにまた、実在的範疇の数や順序を確定することもできない。「ある実在的範疇を一義的に規定するなどと称する公式は、不可能である。なぜならば、生の連関の究め難さということが、概念的な思考にとって、いずれの範疇においても、再びめぐってくるからである。そして、実在的範疇の順序を規定することができないのは、われわれがいわば、実に多種多様な生の襞《はしっこをつかまえて》において（an ganz verschiedenen Zipfeln）、こうした生の連関を把握することしかできないからである」（S. 362）。しかし、それにもかかわらず、ディルタイは、基本的な実在的範疇として、（1）「自己同一性」（Selbigkeit）、（2）「能動と受動」（Wirken und Leiden）、（3）「本質性」（Essentialität）という三つのグループを次に取り上げる。

（1）自己同一性（全体、統一、実体）の範疇

ディルタイは、まず、次のように規定することから考察を開始する。「ただ身をもって知るということができるだけで、どんな概念によっても表現されることのできない統一性というものが、あらゆる差異やあらゆる変化を生の統一のなかで一つにまとめるのは、自己同一性という範疇のおかげであり、自己同一性の範疇は、人間のあらゆる理解と思考にとって、計り知れない意義を有している」（S. 362）。次に、ディルタイは、自己同一性の概念を明

確にするために、形式的範疇の一つの概念である「同一性」（Identität）の概念に言及し、この両者の比較を行う。「同一性が標示しているのは、思考というものが、二つの事実間で、あるいは同一の事実の二つの時間的な局面の間で、いかなる差異も発見することができないという完全に透明な事実である。そういうことから、事物という範疇、あるいはその範疇から抽象化された実体という範疇は、この同一性の範疇からはじめて形成されているということがはっきりする。［それに反して］自己同一性というのは、根源的で有意味な体験であり、この体験から、やがてより抽象的な概念への変換が行われるようになるのである」（S. 362）。

ところで、この自己同一性という考え方に関して、ボルノウは次のような説明を加えている。「自己同一性は、いかに変転を重ね、人生のさまざまな状況の中に置かれようとも、私は同一者であるという確信、つまり私は数十年前に子供であったときの私と今も同一の人物であるという、直接に体験される確信をあらわしている」[6]。十分に驚くに値することとしてディルタイは、実体というより抽象的な概念から、自己同一性という考え方が最も容易に理解されるようになるという。一般に考えられているのとは異なって、実体というものは、同一性ないし事物の範疇から抽象化されているのではなく、根源的に経験される自己同一性の抽象化によってはじめて生じるとディルタイは考えている。

このことに関しては、ボルノウは次のような指摘を行っている。「［自己同一性という］こうした『自己自身についての人間の最も親密な経験』（XIX, 362）に立ち返ることによって、実体概念につきまとう困難も解消するにちがいない。というのも実体概念は、単なる思惟操作や外面的な経験から得られるものではないからである。『私』の内的な経験のなかに与えられているからこそ、自己同一性は『君』にも、そしてもっと一般的に事物にも移し置かれるであろう。われわれにとって『自己同一的な、実質のある実在、事物、実体』（XIX, 365）が存在するものとなるのは、われわれが［他者の］抵抗を経験した場合だけなのだ。そこでディルタイは、彼の発生学的な考察方法の成果を次のように要約している。『以上の点において、実在的範疇の起源が生それ自身にあることが新たに確かめられた』（XIX, 364）と」[7]。

（2）能動と受動の（因果性の）範疇

生の連関のなかには、第二の実在的範疇として、「能動と受動」の範疇が与えられている。「因果性」というのは、ここから抽象化された公式のことである。「能動と受動」というのは、「相互作用」（Wechselwirkung）のことである。では、「能動と受動」がなぜ「相互作用」なのかについては、たとえばボルノウは次のような理由を挙げている。「というのも、ディルタイがカントに反駁して言っているように、相互作用は、これまでのように〈働きかけること〉と〈働きを受けること〉をばらばらに把握し、それを後で組み合わせることによってではなく、意志の抵抗経験において直接的に経験されるものだからである」[8]。

つまり、「能動と受動」というのは、二つの個別の働きではなく、その二つがワン・セットで込みになった働きだという点にその本質があることになる。たとえば、押す作用が働かなければ、押し返す作用はそもそも働きようがない。押す作用と押し返す作用は、一体のものとして作用している。ディルタイによれば、このことは、たとえば子どもの生活において、実際に確かめられるとされる。「子どもにとっては、外界の客体は、死んだ原因ではなく、意志をもった生きた力である」（S. 369）。また、同様のことが、未開民族の体験にも当てはまるとされる。

（3）本質性ないし本質、目的、価値、意味、意義の範疇[9]

ここでの問題の核心は、生（das Leben）を「生きる価値あるもの」（lebenswert）にしているのは何かという点にある。たしかに、われわれに次々と押し寄せてくるさまざまな刺激のなかには、重要なものとして経験される出来事もあれば、つまらないものとして経験される出来事もある。しかし、そのようななかにあっても、ディルタイの言う「生きる価値あるもの」というのは、われわれをいわば「決定づける」ようなものであり、そのような経験が、人間が総じてすることのできる経験のうちで、最も深いところまで達していく経験である。こうしたことから、ディルタイは、生の構造には、中心（das Zentrum）があると考えている。「生の構造そのものの中心は、それがそのように体験されるように、中心とはならないあらゆるものとは対照的に、本質、本質性、意義、意味の範疇において現れてくる。これらの範疇が有するそのような関係のなかで受け取られるさまざまな刺激は、われわれによって価値づけられる。われわれは、われわれとのそのような関係を価値と呼ぶ。生の衝動《本能》（das Trieb）や生の中心から発して、今や再び適応をもたらそうとする反作用が、目的や手段といった生の範疇のなかで現れる」（S. 357）。

そのようにわれわれの生の中心点を成しているものをディルタイは「本質的なもの」（das Wesentliche, das Essentielle）と呼び、この中心点の働きについて、次のように述べている。「たとえこのことがまったく意識されていなくても、いずれの個人にも、そのような中心点がある。何らかのものが、いずれの個人にとっても、その現存在の本質と意義を形作っている。そして、このことによって、いずれの個人においても、この基本的にして＝決定的なもの（dieses Elementar-Entscheidende）と、非本質的なもの（das Unwesentliche）、それどころか、どうでもよいもの（das Gleichgültige）との区別が与えられている」（S. 376）。

以上において見てきた範疇は、現実の全体を包括する範疇であった。こうした範疇と一見類似しているが、実はタイプが異なる一連の生の概念について、ディルタイはこの論考「生と認識」の最後の部分で言及している。そのような概念とは、やはり範疇と同じような仕方で生の構造連関のなかに根づいているけれども、より狭い範囲にしか適用されない概念である。つまり、このような概念は、「決して展開していくということにはつながらない胚のようなものである。しかし、それでもやはり、われわれの理念に対する作用という基本的な力がそれには備わっている」（S. 386）。たとえば、そのような生の概念（Lebensbegriffe）の例として、「持つこと」（Haben）、「所有すること」（Besitzen）、「帰属すること」（Zugehören）、「支配」（Herrschaft）、「力」（Macht）といった概念が挙げられる。そして、その有効性は、次の点にあるとされる。「こうして、形而上学や、宗教的な世界観や、生き生きとした理念一般に対して、生の概念の力が生じる」（S. 388）。

ここまでにおいて、ディルタイの論考「生と認識」の要点の整理を試みてきたが、まず注目されなければならないのは、「認識における形式と質料」の問題だと思われる。ロックやカントの場合では、「形式」と「質料」が分離される。それに反して、ディルタイの場合では、そのような考え方がなされていない。ロックやカントの場合、われわれの認識の質料を形成しているのは、連関を欠いた多様性（としての感覚）である。こうした多様性（感覚）にはじめて連関をもたらすのが、形式（空間、時間、範疇、結合する意識）である。たしかに、こうした考え方は、一見、当然の考え方、自然な考え方のように見える。つまり、ごく普通には、質料と形式はそもそも別物だというふうに思い込まれている。しかし、それに反して、ディルタイは、質料と形式を分離することができるという仮定を退ける。なぜならば、「思考（認識）の機能」と「生の機能」はもともと同一だと捉えられるからである。この二つは、そもそも「生の連関」のなかでしか存在することができない。

生の連関は、「所与」、すなわち「解釈された現実」として、すでに最初から人間に与えられている。その生の連関は、同じく生の連関のなかで所与の連関としてあらゆる認識において前提される「生の範疇」によって、「覚知」される。ここでは、認識の主観と客観が、いわば未分化で渾然一体のものとなっている。[10] したがって、単純に認識主観と認識客観を分離することはできないわけである。それゆえに、認識客観としての質料と認識主観としての形式を分離することもできないわけである。本章の冒頭で言及したように、本書では、新しい学習指導要領への改訂問題を機に、「知識習得とはどんなことか」をめぐって考察を展開してきたが、本章でこれまで見てきたディルタイの論考「生と認識」を踏まえると、「知識」というものと「考える力」というものを分離するということがそもそも不可能であることが判明する。その点から見れば、学力低下論者の学習論が形式的範疇をもとにして構成されているのは明白である。したがって、形式的範疇ではなく、実在的範疇をもとにした学習論をどうしたら構想できるようになるかが次の課題である。

この点で参考になるのは、ディルタイの論考「生と認識」が収められている『ディルタイ全集』第一九巻を編集したヨーアッハとローディの見解である。この二人は「編者の予備報告」で、「生の分節化」（die Artikulation des Lebens）というディルタイの考え方に着目している。つまり、生の分節化ということも、生の範疇（実在的範疇）を通り抜けていく仕方でしか把握されることができず、しかもその際、範疇のどんな体系的な秩序づけも、どんな一義的な境界づけも不可能であるとディルタイが考えている点が重要なのである。さらに、この二人の指摘によれば、この考え方はすでに、ディルタイの晩年の論考「精神科学における歴史的世界の構想の続編草案」での考え方を先取りしている。そこでは、生の範疇は生に後から付け加えられる仕方で形成されるのではなく、「時間的な経過における生それ自身の構造的な形式」を表現したものであるとされる。[11]「生と認識」においてディルタイが取り組んでいる問題は、レッシングによれば「認識の発生と認識価値を、またこれと連関しながら、認識プロセスにおける思考の機能を解明するという問題[12]」であり、マティアス・ユングによれば「獲得された心的な連関において、意識化された体験を加工（消化）する」（die Verarbeitung des bewußten Erlebens im erworbenen seelischen Zusammenhang）[13]という問題である。こうした問題は、まさに「生の分節化」の問題であり、しかも「学習の構造」の問題とも無縁ではない。というのも、「生の分節化」ということに関して、ディルタイは次のように述べているからである。「生物が高次の形式へ発展するというのは、したがって、その内側へ目を向ければ、一つの分節化である。生は、生それ自身を分節化する」（*S.* 345）。

それでは、このような生の連関そのものに根ざした認識が人間における根源的な認識であるとする観点から見れば、「学習する」ということは、どのような事象としてあるのだろうか。このことについて考えるためには、たとえば次のような見解が一つの手がかりになるのではないかと思われる。「『自ら考え学ぶ子が育つように』というのは万人の願いであろう。しかしこの問題を考えるときに、わたしたちは次のような考え違いをしてはいないかを反省してみる必要がある。／まず子どもに自ら何を学んでもらいたいと期待しているのかを反省してみたい。学校で『成績』という形で評価されるようなことを、先生が教えないでも、自ら考え学んでほしいと期待してはいなかったろうか。……／学校は『家庭学習』に期待を寄せるとき、それはともすると、『学校で教えること』を家庭で定着させてもらいたいというものになり勝ちである。宿題を出したり、家庭学習の内容をコト細かに指示するとき、わたしたちは学校にたいする家庭の『全面協力』を期待してしまう。子どもにムチをあてて、学校での勉強に励ま《ママ》してくれる親を『教育熱心』と考えてしまう。／しかし、本当の意味で『自ら考え学ぶ子』というのは、何を学ぶかについても自ら自己決定できる子のことである。自ら、『これこそ生涯をささげても考えつづけたい』と思うことを自分で発見するには、知識に対するナイーブな感動と生活そのものに結び付いた実感をもたなければならないのは当然のことである」(14)。

「何を学ぶかについても自ら自己決定できる」というのは、たしかに過激な印象を与えかねないけれども、「知識に対するナイーブな感動と生活そのものに結び付いた実感」から学習が展開されるということが、ディルタイの言う意味での「生の分節化」の一つの形態であるとするならば、そのような学習観も根拠のないものだとは言えない。問題は、「生の連関全体における生の自己分節化としての学習」というものを、実際の具体的な場面でどのようにして実現させていくかという点にあると思われる。

第五節　学習における本質的作用

文部科学省は、平成十四年一月十七日に、「確かな学力向上のための二〇〇二アピール」として、「学びのすすめ」というものを提出した。「学びのすすめ」においては、当時の新しい学習指導要領がねらいとした「確かな学力」を向上させるために、指導に当たっての重点等を明らかにした次の五つの方策が示された。

1　きめ細かな指導で、基礎・基本や自ら学び自ら考える力を身に付ける
少人数授業・習熟度別指導など、個に応じたきめ細かな指導の実施を推進し、基礎・基本の確実な定着や自ら学び考える力の育成を図る。

2　発展的な学習で、一人一人の個性等に応じて子どもの力をより伸ばす
学習指導要領は最低基準であり、理解の進んでいる子どもは、発展的な学習で力をより伸ばす。

3　学ぶことの楽しさを体験させ、学習意欲を高める
総合的な学習の時間などを通じ、子どもたちが学ぶ楽しさを実感できる学校づくりを進め、将来、子どもたちが新たな課題に創造的に取り組む力と意欲を身に付ける。

4　学びの機会を充実し、学ぶ習慣を身に付ける
放課後の時間などを活用した補充的な学習や朝の読書などを推奨・支援するとともに、適切な宿題や課題など家庭における学習の充実を図ることにより、子どもたちが学ぶ習慣を身に付ける。

5　確かな学力向上のための特色ある学校づくりを推進する
学力向上フロンティア事業などにより、確かな学力の向上のための特色ある学校づくりを推進し、その成果を適切に評

価する。

この方策は、学力低下批判に対処する目的で提出されたためか、一見して文字通り「自ら学び、自ら考える」教育を推進するための方策であるとはとても思えない。単に、いつでもどこでも（他から強要されて）学習することが推奨されているだけのように受け取られる。[15] ディルタイの論考「生と認識」において展開された基本的な考え方を踏まえて、「生の連関全体における生の自己分節化としての学習」という見方を、「学びのすすめ」の五つの方策にオーバー・ラップさせてみれば、たとえば次のように別様にこれを理解することができるのではないかと思われる。[16]

①本質性ないし本質、目的、価値、意味、意義の範疇から展開される学習を行う
学習者が自分にとって決定的に大事なこととそうでないことを判別しながら、人間としての自分の価値を高めていこうとする学習を行う。（「基礎・基本や自ら学び自ら考える力」を身に付けさせるためには、単に「きめ細かな指導」というよりも、むしろ学習者に自分の「中心点」を自覚させることができる指導を優先させる必要があると思われる。）

②自己同一性の範疇から展開される学習を行う
独り善がりの生活に埋没するのではなく、他者の抵抗を経験し、直接的・根源的に経験される確信に基づいた学習を行う。（「発展的な学習」というのは、単に学習の量的な問題ではなく、学習の質的な問題ともかかわっていると考えられるので、学習を深化させるに当たって、学習者に自分自身の状態をつねに見つめ直させ、「本当にそれで納得しているのか」を自分自身に問わせる必要があると思われる。）

③能動と受動の範疇から展開される学習を行う

何事にも積極的に挑戦したり、外界に対する感受性を強めたりして、意志をもった力としての外界との相互作用のなかで成立する学習を行う。（「学習意欲」を高めさせるには、単に楽しい体験を行わせるだけでなく、たとえば、もしあることをしなかったらどんなよくない結果になるか、もしあることをしたらどんなよい結果になるかなどを実感させることのできるような体験を行わせて、「もっと学習する必要がある」と学習者を自ら奮い立たせる指導を行う必要があると思われる。）

④形式と質料を分離しない学習を行う

勉強は教えてもらうものだという発想からではなく、自ら学ぶという自覚をもち、学んだら考え、考えたら学ぶように、知識と考える力が一体となって発展する学習を行う。（「学ぶ習慣」は「補充的な学習」などによってのみ確立されると考えるのではなく、どんなことに対しても学習者が自らの考え方をもって接し、またことに接したらその考え方を見直すということができるようになる指導をあらゆる場面で工夫する必要があると思われる。）

⑤学校においても、生の範疇を前提にした教育を行う

体験を大事にしながら、教師も子どもも保護者もなるほどと納得のいく共同探求を実行していく教育を行い、社会からの信頼に応える。（「確かな学力向上のための特色ある学校づくり」というのは、それぞれの学校が直面する具体的な課題をひたむきに解決していこうとする「共同的な探求の体験」から結果的に行われるものであると考えられるので、各学校がその地域で果たすべき役割を真剣に模索していくところから学校づくりをつねに新たに開始する必要があると思われる。）

振り返ってみれば、いわゆる「新しい学習指導要領」への改訂においては、何はさておき、これからの教育には

「生きる力」の育成が不可欠だという強力な問題意識があったはずである。たしかに、そもそも「生きる力」とは何なのかという問いには容易には答えられないけれども、[17] 当時の文部省が行っていた解説の一つに、次のようなものがある。

『「生きる力」とは、変化の激しい社会において、いかなる場面でも他人と協調しつつ自律的に社会生活を送れるようになるために必要な、人間としての実践的な力であり、豊かな人間性を重要な要素とする[18]』。

これに続けて、子どもたちに必要とされる「生きる力」の核となる豊かな人間性の具体的な徳性として、次の六項目が列挙されている。

①美しいものや自然に感動する心などの柔らかな感性
②正義感や公正さを重んじる心
③生命を大切にし、人権を尊重する心などの基本的な倫理観
④他人を思いやる心や社会貢献の精神
⑤自立心、自己制御力、責任感
⑥他者との共生や異質なものへの寛容

人間が身に付けるべきだと思われるような徳性を数えあげていけばきりがないが、この六項目の徳性を見れば、そのような徳性が現在の日本で特に欠如していると認識された結果、そうなったのではないかと（当然のことながら）考えられる。と同時に気づくことは、どんな徳性を身に付けるべきかということも重要だとしても、そもそも徳というものは、アリストテレスも言うように、本性的に与えられているのではなく、行為を習慣化することによって生まれるということである。[19] 上のいずれの徳性も、他人から強要されて一朝一夕に身に付くものだとはとても思われない。これを身に付けるには、やはり日頃から、ディルタイの言うような「覚知」ということを重視した

日常生活を送ることが、とりあえずの、しかし唯一無二の出発点であるように思われる。

結局のところ、「学ぶ」ということは、「人生の旅」を行い続けるということにたとえられるのではないだろうか。建築家の立場から「知識」と「体験」の関係について語っている安藤忠雄の次の見解は、きわめて示唆的である。「……最近の学生を見ていると、知識ばかりが先行していて、……実体験の過程がすっぽりと抜け落ちているような印象を受けます。……実際にその建築空間を体験してみることは、建築家として最低限必要な教養です。……結局、力となるのは身体で感じ取った、肉体化された空間の記憶だけなのです。頭だけで理解できるほど、建築とは甘いものではありません。建築に関わって生きていくということは、いってみれば永遠に旅を続けるようなものですから」[20]。この建築家としての旅の真髄には、おそらくそれ以外の人生の旅の真髄にも通底するものがあるはずである。実体験がなければ本当のところはわかりようがないし、実体験から得られるべきは、皮相な記憶ではなく、肉体化された記憶であるという指摘は、まさにディルタイがその論考「生と認識」でとりあげた問題にも当てはまっている。あとは、このような考え方を実際の具体的な場面でどのように生かしていくかということについて、創意工夫を重ねることが重要ではないかと思われる。

註

（1）いわゆる「学力低下」という問題をめぐる議論は、日本の戦前期においてもすでに行われていたが、今回の学力論議は、戦後四度目のものであるという。ちなみに、一回目のものは、戦後すぐの時期に行われた。それは、学校が再建され、新憲法と教育基本法のもとで新しい教育が始まってしばらく後のことだった。当時はやり出した経験主義の学習では、子どもたちにきちんとした学力が身に付かないのではないかという批判が起こり、それがきっかけとなって、学力や基礎学力とは何かをめぐる議論や調査が行われた。二回目は、それから一〇年ほど後の高度経済成長が始まる一九六〇年代のはじめのころだった。そのきっかけは、当時の文部省が、全国の中学校二年生と三年生の全員を対象にして、同じテストを同じ時期に一斉に実施すると突然言い始めたことにあった。文部省がこのテストを強行した結果、全国の教育現場で混乱が生じ、学力をめぐる議論が起こった。このとき、教育学者の勝田守一が、人間の能力を測り数値化するのはどの程度可能かということをきちんと吟味してからテストを実施するべきであるという論陣を張り、学力を測るというのであれば、学力という概念を計測可能なものに限定するべきであるという理論提起をしたことが特筆される。三回目は、それから一五年ほど後の一九七〇年代の後半に、今では「新しい歴史教科書をつくる会」でも知られるようになった藤岡信勝が、坂元忠芳の学力論を批判したことから始まった。当時、大学生でも四本足の鳥の絵を描いたり、農村でも稲と麦の区別がつかない子どもがたくさんいたりするというようなことが問題になっていたが、坂元は、この問題は子どもたちが世界を生き生きと認識していく際の精神的・身体的土壌の脆弱化の問題であると捉えようとした。これに対して藤岡は、四本足の鳥を描いてしまうのは生活の問題ではなく、単に教育の問題にすぎないとして、そのような間違いが生じるのは鳥が二本足だということをきちんと教えられていないからであり、この点に非系統的な文部省の教育課程の問題が表れているといった趣旨の批判を展開した。そして、今回が四回目となる。今回の場合は、大学生の数学学力が無視できないほどに低下してきているという大学関係者の問題提起に始まって、子どもたちの日常の学習時間が減少しているといった問題や、学力の階層分化が進行しているといった問題などが登場してきたが、新しい学習指導要領での教育内容の約三割削減の措置が一層の学力低下を促すことは確実であるという批判が、一部の大学人や財界の一部で強固なものになっている（汐見稔幸『「学力」を越える』、岩川直樹、汐見稔幸『「学力」を問う―だれにとってのだれが語る「学力」か―』草土文化、二〇〇一年、二〇四―二一七頁。二〇五―二〇六頁参照）。

（2）Wilhelm Dilthey: Leben und Erkennen. Ein Entwurf zur erkenntnistheorethischen Logik und Kategorienlehre（ca. 1892/93）, in: ders.: *Ges. Schr.* Bd. 19, S. 333-388. この論考からの引用については、本文中にその頁数を示す。なお、注釈（*Ges. Schr.* Bd. 19, S. 452）によれば、ここで印刷されたものは、そのほとんどがディルタイの手による原稿（78: 373-440R）で、計画のままに終わった『精神科学序説』の第五部（思考とその法則と形式。これらのことと現実の関係）に相当し、一八九二年四月二十八日にベルリンのプロイセン学士院で講演された論文「経験と思考」（*Ges. Schr.* Bd. 5, S. 74-89）と直接的に結びついている。そこにおいてディルタイは、ジクヴァルトとロッツェの哲学的論理学を批判的に吟味している。「生と認識」においては、ディルタイは独自の哲学的な範疇論の端緒を展開している。このテーマは、「生の範疇」（Lebenskategorien）と「生の概念」（Lebensbegriffe）というキーワードで、後期著作の『全集』第七巻において再び取り上げられて続行されている。さらに、内容的には「生と認識」は、一八九〇年の「外界の実在性についてのわれわれの信念の起源とその正当性に関する問いの解決への寄与」（*Ges. Schr.* Bd. 5, S. 90-138）と一八九四年の「記述的分析的心理学の構想」（*Ges. Schr.* Bd. 5, S. 139-240）の連結項になっていて、『精神科学序説』の第四部（認識の基礎づけ）と第五部の間の体系的な連関をもう一度明らかにしている。

（3）O・F・ボルノウ「ディルタイと現象学」高橋義人訳、『思想』第七一六号（一九八四年第二号）、岩波書店、一一二三頁。五頁。

（4）「このもの性」とは、ドゥンス・スコトゥスの「個体化の原理」（principium individuationis）の呼び名である。スコトゥスは、各々の形相を、形相性（formalitas）と呼ばれる複数の実在性の複合として受け取り、個体化にかかわる形相性に、この「このもの性」という呼び名を与えた。普遍論争において普遍の実在を主張する者は、「個体化」を説明する必要に迫られた。アリストテレスの質料形相論が中世において知られるようになると、その原理を、質料の側に求めるか、形相の側に求めるかが問題となった。トマス・アクィナスは、「指定質料」が個体化の原理だと考えた。この説は、個体は種の完全性の一部のみを実現するものだと見て、個体を消極的な存在として受け取る。これに対して、スコトゥスの説は、個体は種の完全性の全体を「これ」において実現しているものとして見る。この説は、種の存在を基本的実在とみなすアリストテレス的宇宙論のなかで、個体の存在を積極的に評価するものである。個体が普遍を十分に代表することができるという見方は、その後ライプニッツのモナド論に受け継がれた。しかし、オッカムは普遍の実在を否定するので、個体化の原理の必要性そのものを認めない（八木雄二「このもの性」『岩波哲学・思想事典』岩波書店、一九九八年、五四〇―五四一頁参照）。

（5）Wilhelm Dilthey: Beiträge zur Lösung der Frage vom Ursprung unseres Glauben an die Realität der Außenwelt und seinem Recht (1890), in: ders.: *Ges. Schr.* V, S. 90-138.

（6）O・F・ボルノウ「ディルタイと現象学」六頁。

（7）O・F・ボルノウ「ディルタイと現象学」六頁。

（8）O・F・ボルノウ「ディルタイと現象学」六頁。

（9）ボルノウも指摘しているように（「ディルタイと現象学」一〇頁、一四頁参照）、意義（Bedeutung）の範疇は、ここでは最後に挙げられ、特に重視されていたわけではなかったが、ディルタイの晩年の論考「精神科学における歴史的世界の構成の続編草案」（Plan der Fortsetzung zum Aufbau der geschichtlichen Welt in den Geisteswissenschaften, in: ders.: *Ges. Schr.* VII, S. 189-291）においては、「意義、価値、目的、発展、理想」ともう一度数え上げられ、「意義は、その下で生が把握されることができるようになる包括的な範疇である」（VII, S. 232）や、「意義の範疇は、生の部分の全体に対する関係を標示する」（VII, S. 233）と規定され、意義の範疇は第一位に押し上げられ、第一の根本的な範疇として最上位を占めるに至っている。

（10）O・F・ボルノウ「ディルタイと現象学」の訳注（二一一―二一二頁）には、次のような説明がなされている。「Innewerden は普通『覚知』と訳され、難解な印象を与えるが、ドイツ語では『はっと気がつく』とか『ああ、そうなのかと覚《さと》る』といった意味でごく普通に使われる。『覚知』は、特に晩年のディルタイにおいて重要な意味をもっていた。たとえば私が悲しんでいるときに、その私が悲しみを意識し、それを知ることは、悲しいという自分自身の状態と重なりあっていて、それと不可分である。これがディルタイのいう『覚知』であり、これによって体験における主体と客体との根源的一体性が指し示されることになる。それればかりではない。ディルタイのいう生と知の合致もまた、この『覚知』の概念から導き出されるであろう」。

（11）Vgl. Helmut Joach, Frithjof Rodi: Vorbericht der Herausgeber, in: Wilhelm Dilthey: *Ges. Schr.* Bd. 19, S. IX-LVII, S. LII.

（12）Hans-Ulrich Lessing: *Die Idee einer Kritik der historischen Vernunft. Wilhelm Diltheys erkenntnistheoretisch-logisch-methodologische Grundlegung der Geisteswissenschaften*, München 1984, S. 244.

（13）Matthias Jung: *Dilthey zur Einführung*, Hamburg 1996, S. 121.

（14）佐伯胖『考えることの教育』国土社、一九九〇年、一九九四年（四刷）、一九四―一九五頁。

（15）「学びのすすめ」が打ち出された前後の事情について、門脇厚司は、文部科学省に対して、次のような痛烈な批判を浴びせている。「あろうことか、こうした父母や教師たちの動揺や不安を味方にしたマスコミの攻勢や、有権者たる父母たちの要求に押された議員たちの突き上げに、文部科学省へと名称を変えた途端に、文部科学省は、『ゆとり教育』を『ゆるみ教育』にしてはならないという名目で、学力重視の方向へ舵を切り始めた。学習指導要領を越えて教えてはならないとしてきた文部科学省が、学習指導要領は最低基準であり、できる子にはその枠を越えてどんどん教えてもいいと言い出したり、総合的な学習の時間を教科の時間の〝補完〟に使っていいと説明したり、揚句の果てに、指導要領の実施直前になった今年一月十七日には、宿題や補習も積極的に行うようにといった「学力向上」を勧めるアピール

（「確かな学力向上のための二〇〇二アピール」）を文部科学大臣が自ら緊急発表するに至ったのである。／ゆとり教育を実行に移すことで子どもたちに生きるちからを育てることを眼目にスタートしようとしていたその直前になって、自らそのような教育を否定し方向転換するという愚挙をなすことによって、①大変だけど頑張ろうとし始めた教師のやる気に水を差し、②教師のやる気に応えて協力しようと立上がり準備し始めた多くの地域住民の意思を挫き、③全国各地でさまざまなかたちで盛り上がっていた地域の教育力の高まりを頓挫させることになった文部科学省の罪は大罪に値する。わが国の教育の在り方を大きく変える絶好のチャンスを自らご破算にしたからである。その責任は極めて大きいといわなければならない」（門脇厚司編著『学校の社会力―チカラのある子どもの育て方―』朝日新聞社、二〇〇二年、二五二―二五三頁）。

（16）森邦昭「〈道徳〉を教えるとはどういうことか」土戸敏彦編集『〈道徳〉は教えられるのか？』〈きょういく〉のエポケー第三巻）教育開発研究所、二〇〇三年、一〇〇―一一一頁参照。

（17）本書第一章第二節参照。

（18）文部省『中学校学習指導要領（平成十年十二月）解説―道徳編―』平成十一年九月、二一―二三頁。

（19）アリストテレス『ニコマコス倫理学』（上）高田三郎訳、岩波文庫、五五―五八頁（第二巻、第一章「倫理的な卓越性ないしは徳は本性的に与えられているものではない。それは行為を習慣化することによって生れる」）参照。

（20）安藤忠雄『連戦連敗』東京大学出版会、二〇〇一年、一九一―一九二頁。

第二部　精神科学から見た授業展開とその条件

第五章　認識の本質と授業展開

人間における学習では、それがディルタイの言う実在的範疇においてなされるかどうかがきわめて重要であると思われる。特に本質性に着目すれば、人間が自分自身にとっての本質をつかむということが最も重要ではないかと言わなければならないように思われる。ところで、事物や事柄は、正確に記述されることによって、はじめて人間の視野に正しく入れられることができる。それゆえに、認識の本質を言葉でどう言い当てるかということが重要な課題になる。形をはっきりさせたり、あやふやなものをあやふやでなくしたりすることは、言葉によってなされる。自分が「よくわかっている」と思う状態は、単なる心理状態ではない。それは、何がどうだということを言葉によってわかっている状態である。

そのように考えれば、教師が児童生徒に対して、授業場面やその他の教育的場面で、機に応じてどんな言葉をかけるかということが決定的に重要になる。したがって、児童生徒に何を認識させたらよいのかということを、教師はあらかじめ認識しておかなければならない。教師が児童生徒にどんな言葉をかけるか、どんな認識をもたせようとするか、またこれをどうつかみ取ってくるかは、認識の本質を言葉によって的確に言い当てるという現象学的記述の問題である。エトムント・フッサールによって根拠づけられた現象学は、記述の技能を特別の名人芸として発達させた。名人芸と呼ばれるからには、記述の技能には芸術的な特徴がある。それゆえに、記述の技能を完成させるためには、つねにただ忍耐して訓練するという道しかない。それは虚心坦懐に見るという訓練であり、あらゆる性急な構成を断固として避け、事物や事柄との慣れ親しんだ交わりから外へ出て、一歩引き下がった距離から事物や物事の実際の様相を観察するという訓練である。

第一節　授業とは何か

前章では、ディルタイの論考「生と認識」を手がかりにして、人間の認識がどのようにして発生してくるかを明らかにして、その点から「生の連関全体における生の自己分節化としての学習」というものを、実際の具体的な場面でどのようにして実現させていくかの基本姿勢について考察した。本章では、もっと具体的に授業場面でどのようにしたら児童生徒の「認識」を成立させていくことができるかについて考察したい。まず、ある授業場面を例にして、「体験」とは何かということを明らかにすることから始める。例となる小学校一年生の「おうちの人びと」という単元の授業で、M君は自分の家の住み込みの店員を「ぼくのお姉ちゃんだ」とあくまで言い張った。他の子どもたちは「店の店員はおうちの人びとではない」と反論した。このやりとりで二時間かかった。

谷川彰英は、次のように言っている。「……同じ『おうちの人びと』を認識するにしても、このような『思考体験』をすることによって『思考力』を伴って認識するか否かでは大ちがいであるからである。とくに後者の『思考体験』があるかないかは教育にとってほとんど決定的な意味をもってくると私は考えている」(1)。谷川のこの立論に、宇佐美寛は批判を加える。「谷川氏は、『認識』のレベルでは二時間もかける必要はないことを認めた上で、これを

M君の『思考体験』と称して重視する。つまり、氏は、『認識』と『思考体験』とを区別して、後者ゆえに『一時間かけてやってみる必要がある』と言う。／しかし、私は、次のように問うていたのである。／『思考体験』が有意義なのは、それによってM君が、それまで知らなかった何ものかを知ったからではないか。（もし、そうでないとしたら、およそ『体験』というものの意義をどう説明したらよいのだろうか。）この、『何ものかを知った』のが、とりもなおさず認識ではないか[2]」。子どもたちは、授業でいろいろな体験をし、それまで知らなかったことをいろいろと知った。つまり、いろいろな体験から、いろいろな認識を獲得した。あるいは、いろいろな認識が獲得される体験をいろいろとした。いずれにしても、前章の考察からも明らかなように、体験と認識、認識と体験は、密接不可分、一心同体である。

「M君は、例えば、〇〇ちゃんのある状態、性質を知り、自分がこのようなことがらで精一杯になれたという事実を知り、上気し他のことが気にならなくなるという自分の状態を知り、その時の友だちの反応を知り……というように多くのことがらを知る。これこそ認識ではないか。認識があるからこそ『思考体験』なるものは有意義なのである[3]」。いろいろな体験をしたとしても、そこで何も認識されなかったとすれば、その体験の意味を見出すことは（ディルタイの発生的認識論の立場から言っても）不可能である。それどころか、何も認識しない体験というものがかりにあったとしたら、そのような体験は（無意味な）体験として意識されることすらない。したがって、それはそもそも体験と呼ばれることもない。ある体験において何らかの認識がなされる場合にのみ、つまり認識が生の範疇を通り抜けていく場合にのみ、その体験は体験として意識され、何らかの意味をもつ。ここで重要なのは、体験の内容であり、そこでなされた認識の内容である。

そのように考えると、しばしば標榜されている「体験は、心を育て、体を育てる源である」というようなスローガンは、どのように理解されるのだろうか。このスローガンでは、体験のなかで得られた何かの認識が源（きっかけ）になって、心が育ち、体が育つ場合があるということが主張されていると考えられる。あるいは、「自然や社会に接し、生きること、働くことの尊さを実感する」と言われる場合は、自然や社会に接するという体験を行った者は、その体験のなかで、生きることや働くことに関して、何らかの尊さというものを実感しているということが言われていると考えられる。何をどう実感したのだろうか。それは取りも直さず、その体験者が獲得した認識だということになる。しかし、そのような認識は、何も「体験」によってしかもたらされないわけではない。なぜならば、実感された内容、つまり認識された内容は、「言葉」によってしか捉えられないからである。したがって、まず体験してそこから言葉で何かを実感したり認識したりする場合もあれば、最初から言葉で何かを実感したり認識したりする場合もある。もちろん、われわれの立場では、この「最初から言葉で何かを実感したり認識したりする」ということそれ自体を体験と呼ぶことができる。なぜならば、前述のとおり、体験と認識、認識と体験は、密接不可分、一心同体だからである。

そうなると、「言葉に接し言葉を理解する」という行為そのものも体験として捉えられることができる。それゆえに、たとえば、自然や社会に実際に接しなくても、「社会の第一線で活躍している人々」から「自然の素晴らしさや重要性」について、あるいは「さまざまな技や生き方」について話を言葉で聞くことによって、何かを実感したり認識したりした場合、その行為も体験である。したがって、「言葉」のやりとりも「体験」である。しかし、「体験」のなかで実感されたり認識されたりした内容は、「言葉」によってしか表現されない。ここで重要になるのは、「体験」や「言葉」のなかにおいて、どんな「認識」がなされているのかである。学校の授業場面でも、どんな「認識」がなされているかが問われなければならない。宇佐美は、次のように主張している。「授業とは、何かを認識させることである。つまり、学習者がそれまで知らなかった何ものかを知らしめる営みである。もし、そうでないとしたら、授業の意義をどう説明するのだろうか[4]」。

この考え方に従えば、授業では教師が学習者に何かを認識させるというのが教師の職務であり、体験によって知らしめようが、言葉によって知らしめようが、それ自体が本質的な問題ではなく、それはそのときの事情による。しかし、体験のポイントを教師が学習者にあらかじめ言葉によって意識させておくと、学習者がそれまでできなかったことを効果的にできるようになる場合がある。その例として、とび箱実践について向山洋一が書いた文章を宇佐美は挙げる。向山は、次のように書いている。「とび箱がとべない子は、腕を支点とした体重の移動ができないのである。それは、自転車に乗れない子が乗っている感覚がわからないのと同じである。自転車の荷台をつかまえて走らせてやればやがて感覚をつかまえるようになる。／それと同じである。とび箱がとべない子にも体重の移動を経験させてやればいいのである」[5]。このとび箱実践で、向山は子どもたちに「腕を支点とした体重の移動」を認識させた。すると、とび箱をとべなかった子どもたちがとべるようになった。とび箱のとび方を認識したからである。とび箱をとぶことができなかったのは、とび方を認識していなかったからである。このように考える向山の指導技術の独自性について、宇佐美は次の二点を指摘している[6]。

①向山氏の技術は、単に腕を支点とした体重の移動ではなく、その「体験」を意図的にさせるということである。（中略）

②A 腕で体を支える、B 助走、C 踏み切りの三要素があれば、必然的に（「当然」）「腕を支点とした体重の移動」が生まれるか？ その三要素だけならたいていの教師は実践してきた。しかし、少なからぬとべない子どもが残ったのである。向山氏は、学習者である子ども自身に「なぜとべ、なぜとべないのか」を体験させ意識させたのである。「腕を支点とした体重の移動」という本質を意識したときにA・B・Cはその本質を目指す方向で統御される。はじめてA・B・Cの力は効果的・集中的に「体重の移動」のために使われることになるのである。

この「腕を支点とした体重の移動」という本質は、教師から学習者に対して「言葉」によって知らしめられる。学習者がこの本質を意識してとぶかとばないかは、結果を大いに左右する。「なぜとべ、なぜとべないか」の体験は、「腕を支点とした体重の移動」という本質を言い当てた「言葉」によって、有意義で効果的なものになる。したがって、教師が学習者に何らかの認識をもたらそうとする場合、教師が認識の本質を「言葉」でどう言い当てるかが課題になる。

第二節　教育学理論の成立

とはいえ、認識の本質を「言葉」で的確に言い当てるのは容易ではない。なぜならば、人間はそもそも事物や事柄がどう「見えるか」、あるいはそれをどう「見るべきか」ということを、まったく「知っていない」、つまり「認識していない」からである。さらに厄介なことに、事物や事柄との日常的な交わりのなかに含まれている「知識」（思い込み）が人間を盲目にし、事物や事柄の実際の様相を見えなくしている場合もある。たとえば、とび箱をとぶときには、「腕で体を支える」「助走」「踏み切り」の三要素が重要だという常識が流布している。しかし、この常識、つまり「知識」（思い込み）に拘泥していると、「腕を支点とした体重の移動」という本質はなかなか見えてこない。

この本質をつかむということが、「記述」の課題である。ボルノウによれば、あらゆる理論の最初にあるのが記述である。したがって、教育学理論も記述から始まる。ボルノウは、次のように言っている。「記述は、あらゆる理論の最初にある。記述は、完全な現実に対する目を開く。記述は、われわれがそのなかで今まであたかも自明のごとく動いてきた事柄を対象として捉えることができるようにし、それを理論にとって把握可能なものにする。さらに言えば、理論（Theorie）という言葉がその語源的意味［ギリシア語のテオリア］で端的な直観と観察を特徴づけているのは、謂れのないことではない」[7]。

事物や事柄は、正確に記述されることによってはじめて、人間の視野に正しく入れられる。その場合に問題になるのが、「『的確な』言葉の選択[8]」である。「腕を支点とした体重の移動」というように、本質をぴたりと言い当てる記述は、どうすればできるのだろうか。たとえば、フッサールによって根拠づけられた現象学は、記述の技能を「特別の名人芸」として発達させた。しかし、それは名人芸であるから、この技能には芸術的な特徴がある。したがって、記述の技能を完成させるためには、つねにただ忍耐して訓練していくという道しかない。その訓練とは、「虚心坦懐に見る」という訓練である。あらゆる性急な構成を断固として避け、事物や事柄との慣れ親しんだ交わりから外へ出て、一歩引き下がった距離から事物や事柄の実際の様相を観察する訓練を繰り返して行うという道以外に、記述の技能を上達させる道はないとされる。このようにして記述の課題を果たすのが、理論成立の第一段階である。

では次に、記述において獲得された認識内容に着目すれば、これは「解釈」を必要としている。何かを解釈するとは、それまで理解できなかったことを、理解できるようにすることである。具体的には、それまで理解できなかったことを、より大きな連関のなかで、有意義な項目として把握するということである。そのような解釈がうまくいってはじめて、理解するということが可能になる。この解釈という手続きを踏むのが、理論成立の第二段階である。「腕を支点とした体重の移動」という認識内容は、とび箱をとぶという一連の運動のなかで有意義な項目として把握された。この場合の解釈は、成功している。というのも、「なぜとべ、なぜとべないのか」が理解されるようになったからである。しかし、解釈によって達成された世界理解は、再び一種の先入見（思い込み）となる。

その結果、まったく新しい事態や予期せざる事態に対する目のとらわれのなさが失われてしまう。そこで、先入見を除去し、とらわれのない目を開くことが、再び正確な記述の課題となる。このように、記述と解釈の相互作用が展開していくなかで、理論においては認識が前進していく仕組みになっている。

記述と解釈の相互作用は、あらゆる理論に当てはまっている。しかし、ここで問題になっている教育の領域では、問題設定をもっと具体的にすることができる。教育で問題になるのは、人間である。教育されるべき人間とは、どんな存在なのかが問題である。教育におけるさまざまな現象が有意義な項目としてフィードバックされる先は、「人間とは何か」という問いである。ボルノウによれば、この「人間学的考察」が教育学理論の成立の第三段階である。人間学的考察の具体例の一つとして、「信頼」に関する考察がある。ニコライ・ハルトマンがかつて『倫理学』のなかで言ったように、他人を信じてあげるということは、創造的な力をもっている。というのも、他人のなかに信じられたものが、その他人のなかで実際に生じるからである。もし教育者が子どもを、勇気があるとか、誠実であるとか、時間を守るとか、規律正しいとかとみなせば、子どもはこうした信頼に支えられて、そのような特性を自分自身で発達させる。

しかし、その反対面は危険である。もし教育者が子どもを、怠惰であるとか、嘘つきであるとか、馬鹿だとかとみなせば、子どもは期待されたとおりに、すぐに怠惰になり、嘘つきになり、諸能力の発達が遅滞する。不信は衰弱させる毒物と同じように、あらゆる健全な発達の息の根をとめる。この事実は、教育者に法外な責任を負わせている。なぜならば、教育者がたとえ口に出さないとしても、軽率にも態度で子どもに気づかせている教育者の子どもに関する判断が、子どもの発達に決定的な作用を及ぼしているからである。教育学理論がもっている意義と課題は、人間学的考察によってこのような連関への洞察を可能にし、そこから生じる責任を教育者に自覚させるところに存在している。

第三節　ピグマリオン効果

たとえ口に出さなくても、信頼や不信の中身は相手に伝わる。これはたしかに、非言語的コミュニケーションである。しかし、伝えた側が信じた中身はともかくも、伝えられた側が受け取った中身は、明らかに言語的である。なぜならば、伝えられた側は、自分のことについて、伝えた側が「自分をどう判断し、どう認識しているか」を解釈して、理解するからである。この「解釈して、理解する」という行為は、言語のレベルで行われる。いずれにしても、伝える側がどんな中身を信じているかが、伝えられる側に決定的な影響を及ぼす。期待効果の問題については、ロバート・ローゼンサールとレノーア・ヤコブソンによって命名された「ピグマリオン効果」というものが知られている。従来から、子どもは「できる子」として扱われると「できる」ようになり、「できない子」として扱われると「できなくなる」傾向があると言われてきた。この二人は、これが本当であることを実験的に確かめ、このことを一九六八年に『教室のピグマリオン(9)』という書物で紹介した。

実は、この実験には前史がある。一九六三年にローゼンサールとカーミット・L・フォードが、ネズミを用いた迷路実験を学生たちに行わせたことがあった。その際、同じ系統のネズミなのに、一方を「よく訓練された賢い」ネズミ、他方を「非常にのろまな」ネズミだと偽って、学生に渡したのである。すると、賢いとされたネズミが、のろまとされたネズミよりも、よりよい成績を示した。そうなった原因の一つは、ネズミに対する学生たちの扱い方の違いにあると考えられた。学生たちは、賢いとされたネズミは丁寧に扱っていたが、のろまとされたネズミは粗末に手荒く扱っていた。

ローゼンサールとヤコブソンは、このような現象は教室のなかでの教師と子どもの間にも見られるのではないかと考えて、次のような実験を行った。一九六四年の春に、サンフランシスコのある小学校で、一年生から六年生までの子どもたちに対して、「ハーバード式突発性学習能力予測テスト」という奇妙な名前をつけたテストを行ったのである。このテストは、その名称が示すとおり、「この数ヵ月のうちに急速に知的能力が伸びる子どもを予測することができる」テストだという嘘の説明がなされた。このテストは、実際は、非言語領域の単なる知能テストだった。

その年の秋、新学期が始まるときに、各学年の二〇%の子どもたちの名前が、テストの得点とはまったく関係なく、ランダムに選び出された。そのリストが各担任教師に渡され、「この子どもたちは、テストの結果から、知的能力が急速に伸びると予測される子どもたちである」と告げられた。そのリストを見た教師には、このことを子どもや親には口外しないようにとの指示がなされた。このようにして、「伸びるとされた子どもたち」と「伸びるとされなかった子どもたち」の間に、教師が「ひそかに期待する」ということ以外に何も差が生じることのないような仕掛けが仕組まれた。

半年後に再びテストを実施したら、「伸びるとレッテルを貼られた」子どもたち（実験群）は、「伸びるとレッテルを貼られなかった」子どもたち（統制群）に比べて、著しい伸び方を示した。特に低学年でそうだった。ＩＱの伸びは、一年生で一五点以上の差、二年生で一〇点近い差で、実験群が統制群を上回った。この期待効果は、ＩＱの上昇だけでなく、多くの学科の成績や行動評点の上昇にまで及んだ。教師が子どもにひそかに期待しただけで、このような結果が得られた。このことは、当時のアメリカで評判になったという。

この事例の教訓から、教育の現場を見る場合において重要なのは、子どもがどう振る舞っているかを見るのではなく、子どもがどう扱われているかを見ることだという見解が出てきた。筆者が関与した検証実験に、日本の小学校一年生のクラスで、教師がピグマリオン効果を意識して教育活動を実践した事例がある。[10] Ａさんは幼稚園のとき、とても消極的な子どもだったそうだ。小学校に入ったらAさんが教師や友だちとコミュニケーションができるかと保護者は心配していた。入学後のAさんを担任した教師は、そのことについて保護者から相談を受けた。この教師は、Aさんを見る見方を変えた。「Aさんは、本当はお話が好きな明るい子どもである」「Aさんは、自分の考えを友だちや教師に話したいと思っている」というふうにAさんを見て、そのようにAさんに接した。すると、一ヵ月も経たないうちに、Aさんはすっかり変容した。相手の目を見て話すようになった。声も大きくなった。わからないことは、授業中でもその他の時間でも質問するようになった。さらに、自分から積極的に発表までするようになった。この変容は、保護者にも「うちの子が」という衝撃を与えた。もし教師が「よい期待」ではなく、「これまでの定評」に基づいた態度でAさんに接していたら、どうなっていただろうか。ピグマリオン効果は、教育における人間関係の大前提であり、絶対条件になっていると考えられる。

第四節　能動的な聞き方

何の根拠もなく「伸びる」と単に見なされたにすぎない子どもたちの名前リストを担任教師が見ただけで、その子どもたちのＩＱも学科の成績も行動評点も伸びた。担任教師が子どもを見る見方を変えて接しただけで、その子どもに変容が生じた。このように、教師の態度が発する非言語的メッセージには、大きな力がある。「目は口ほどに物を言う」である。では、態度ではなく、言葉によるメッセージではどうだろうか。やはり、目よりも口の方が物を言うのではないだろうか。トマス・ゴートンというアメリカの臨床心理学者の『教師学』[11]によれば、教師が「子どもの心のなかで何が起きているのか」、すなわち「子どもの真意」を解読して（解釈して）つかむ（理解する）ことが重要である。なぜならば、子どもは、自分の真意を理解してもらったと感じると、おのずと独力で問題解決に立ち向かおうとする意欲を喚起するからである。

これとよく似た考え方が、平成元年版の『中学校指導書道徳編』でなされている。「道徳教育の基盤は、教師と生徒との人格的交流を深める人間関係にあり、これは日々変化し成長するものである。そのためには、生徒一人一人のその時の考えや感情、意図を十分把握し、その把握したことを生徒に伝えるように努めることが大切である。このような関係を積み重ねて深化させることにより、生徒は自分が理解されているという気持ちから、心を徐々に開き、自分の内面的世界にも目を向け、自分自身でどうしたらよいかを考え始めるようになる。これが道徳教育の基盤である」[12]。つまり、教師が生徒の考えや感情や意図を把握するだけでは、足りないのである。その把握したことを、教師は生徒に伝えなければならない。伝えるのは、言葉によってである。となると、生徒が自分は理解されているという気持ちを抱くような「生徒の真意」を、教師は言葉で正確に言い当てなければならない。これは、理論成立の第一段階における「記述」の課題と同じである。事柄の本質や生徒の真意を一回でぴたりと言い当てることができたら、それはとても素晴らしいし、それに越したことはない。しかし、もし当たらなかったら、当たるまで記述し直すことが求められる。当たったか、当たらなかったかは、生徒に変容が生じたかどうかで判定することができるはずである。

ところで、そもそもコミュニケーション過程と言われるものは、どんなふうにして始まるのだろうか。人間の内部で、何かが起こる。そして、その人間は、何かやむにやまれない気持ちになる。すると、そのことをどうしても他人に話しかけざるをえなくなる。たとえば、路傍でこのうえなく美しい花を不意に見かけたとき、あるいは愛くるしい子犬が三匹なかよく散歩させてもらっている光景に遭遇したとき、一緒にいる人に向かって、「ほら、見て、見て」などと言って（regarder-effect, Kuck mal-Effekt）、そのことを反射的に告げてしまう場合がある。とはいえ、やむにやまれない気持ちであっても、どんな言葉でメッセージを発したらよいのかがわからない場合も多い。生徒のほとんどは、教師にとっては意味不明の言葉でメッセージを送ってくる。その場合、生徒自身ですら、自分が何を言いたいのかがわかっていないことさえある。その結果、生徒は多くの場合、その生徒が独自の仕方で暗号化したメッセージを教師に差し出す。したがって、教師が生徒の真意を理解するというのは容易ではない。メッセージを額面どおりに受け取る教師は、往々にして生徒を誤解する。その結果、教師は生徒の悩みがわからず、生徒を手助けできない。生徒は、「先生はわかってくれない」と感じる。このようにして、教師と生徒の相互の関係が険悪になることもある。

生徒が送り出してくるメッセージの真意、つまり生徒の内部で何が起きているのかということを、教師は解読して理解しなければならない。たとえば、生徒が「もうすぐテストがあるのですか」と尋ねてきた場合、その質問は「テストの時期」を尋ねているとはかぎらない。そこでまず、生徒に答える前に、教師は自分の理解が正しいかどうかを確かめる必要がある。教師が「もうすぐテストがあるのを心配しているんだね」とフィードバックしてみたら、生徒が「そのとおりです」と答える場合もある。この場合、生徒は「自分のことを教師に理解してもらった」と感じ、その心配なテストに向かって、今自分が何をどうすればよいのかを、自分の力で考えようとする。相手の真意を理解するために行われるこのフィードバック過程を、ゴードンは「能動的な聞き方」（active listening）と呼ぶ。通常、「聞く」という行為は、能動的な行為ではなく、受動的な行為だと思われている。しかし、何かを正しく聞き取るためには、相手のメッセージを解読して、その真意を理解しなければならないわけで、この行為は受動的にはなされない。逆に、こちらの側からアクティブに、つまり積極的、能動的に相手のメッセージを解読しようと試みないかぎり、相手の真意を言い当てて理解することはできない。「能動的な聞き方」という表現は、一見矛盾しているように見えるが、実際はそうではない。

再び、筆者が関与した実践例である。[13] 小学校二年生のBさんは、昼休みに鉄棒の練習をしていた。手にまめができて、それが破れてしまった。それをBさんは教師に見せに来た。「まあ、手のまめが破れたのね。痛かったでしょう。手当をした方がいいね。保健室に行きますか」と教師が応じた。Bさんは「はい」と言いながらも、一向に行く気配がなかった。そこで、教師が「一生懸命練習したんだね。まめが破れるくらいだもんね。Bさんはがんばりやさんだね」と応じ直したら、Bさんはにっこり笑って「保健室に行ってきます」とさらりと言った。Bさんの真意は、「保健室に行ってもよいかについて、教師の許可を得る」という点にはなかった。そうではなく、「鉄棒の練習をがんばったことを教師にわかってもらいたい」という点にあったのではないかと考えられる。とにもかくにも、そのような解読によって教師は成功を収めた。

中学校三年生のCさんは、数学が苦手だと自覚しているそうだ。ある放課後、自主的に数学を習いに職員室に来ていた。習い終わってから、下校時刻を過ぎても帰ろうとしない。教えていた教師もすでに自分の仕事に戻ったにもかかわらず、職員室前の廊下から動かない。それを見ていたある教師がCさんに命じた。「もう時間だから早く帰りなさい」「もう一問、もう少し勉強したい」「そんなこと言ったって、もう遅いでしょ。さっさと帰るのよ」「せっかくわかったのに。まだやりたい。いつもは勉強しろってうるさいのに、やる気が出るとこうだし」というような遣り取りで、埒が明かない。見兼ねた別の教師がCさんに話しかけた。すると、それまでとはまったく異なる遣り取りが展開された。「まだ勉強したいのね」「そう、今日は、今まで全然わからなかった問題が解けたよ。すごくうれしい」「よかったね。数学が苦手だって言ってたもんね。うれしかっただろうね」「うん。こんなこと小学校以来だし」「本当にうれしかったんだね。がんばったね」「今日は、メチャクチャがんばったよ。何かさわやか」「充実感あふれる放課後だったのね」「うん」「だけど、もう遅いよ」「ほんと。暗くなったね。さようなら」。ものの二分ほどの会話で、Cさんは気持ちよく自発的に帰途についた。Cさんの真意は、「今日の学習の成果と満足感を誰かに伝えたい」という点にあったのではないかと考えられる。それなのに、規則を盾にして有無を言わせず高圧的に「帰りなさい」と命じただけだと、どうなっていただろうか。

第五節　わたしメッセージ

『教師学』では、教師が生徒に向けて「わたしメッセージ」（I-messages）を発すると効果的だとされる。「わたし」という主語でメッセージを送ることが重要である。「あなた」を主語にした「あなたメッセージ」（you-messages）を送ると、逆効果になる場合が多くなってしまう。「今は、授業中です。（あなたたちは）騒いではいけません。（あなたたちは）授業を真剣に受けなければなりません」などといくら声高に叫んでも、あまり効果がない場合がほとんどではないだろうか。せいぜい、生徒たちは謂われなく非難されたと感じるのが関の山ではないだろうか。そして、教師は生徒たちから何の協力も得られないというのが相場になっているのではないだろうか。

ところが、教師が「わたし」を主語にした「わたしメッセージ」を送ると、生徒の態度が瞬時に一変する可能性がある。なぜならば、「わたしメッセージ」は「あなたメッセージ」とは反対に、相手を非難しないからである。つまり、「わたしメッセージ」は、出来事の責任を「わたし」が引き受けることを強くはっきりと表明するメッセージになっているからである。ゴードンによれば、「わたしメッセージ」が生徒に強い影響を及ぼすためには、そこに次の三つの情報（構成要素）が含まれていなければならない。つまり、「わたしメッセージ」は、三部構成になっている。

①何が教師に問題を引き起こしているのかということ。

②そのことによって教師が被っている明確かつ具体的な影響。

③その結果として、教師の内部に引き起こされてしまった感情。

たとえば、次のような「わたしメッセージ」が効果的だとされる。「わたしの授業を無視して、（あなたたちが）好き放題に騒ぐと（①）、わたしがこの授業で、（あなたたちに）どうしてもわかってもらいたいと思って教えていることが、（あなたたちに）ちっとも伝わらないので（②）、わたしは教師としてとても悲しくなります（③）」。「わたしメッセージ」は「あなたメッセージ」に比べて、生徒に防衛的な反応をとらせにくいメッセージになっている。しかし、言い方はどうであれ、「あなたの行動がわたしの欲求を妨害し、わたしに問題を引き起こしている」と言われて喜ぶ人間はまずいないと考えるのが自然である。したがって、最良の「わたしメッセージ」を送ったとしても、生徒が傷ついたり防衛的になったりする場合がないとは言えない。そのような場合には、教師が「わたしメッセージ」から「能動的な聞き方」に切り替えることが必要である。

このようなゴードンの考え方を参考にして、教師が「わたしメッセージ」で教科や道徳の授業を行うということも考えられるのではないだろうか。たとえば、「今日は○○を学んでほしい」「これは△△の理由でとても重要だ」「この仕組みは□□となっている」などと要領よく教えられたら、生徒たちは「聞く耳もたぬ」とはなりにくいと考えられる。しかし、教師の方は大変である。入念な事前準備や話法の練達を要する。しかし、生徒たちの方には、教師の授業を受けて、さまざまな納得や疑問が生じるはずである。すると、生徒たちは意欲的になり、自ら考えたり、練習（復習）に取り組んだりするようになることが期待される。そうなれば、基礎的能力と発展的能力を同時に身に付けてしまうこともありえる。なぜならば、納得したということは基礎的能力を身に付けたということになり、疑問を抱きながらさらに学習に取り組んだということは発展的な能力を身に付けたということになると考えることもできるからである。実際、筆者が関与した中学校三年生の英語の授業の実践例で、そのような仕方で

「受動態」を教えたら、通常よりもはるかに効果的だったことが報告されている。[14]

あるいはまた筆者が関与した実践例で、「わたしメッセージ」の三部構成を多少変形させて、小学校と中学校で道徳の授業を試みた事例もある。[15] ここでは、教師は「わたし」を主語にして、自分自身の言葉で、自分自身の考えを語るようにした。

（1）使用する資料のなかで教師が児童生徒に何を認識させようとしているかについて、教師が児童生徒に語る。

（2）教師が児童生徒に認識させようとしている事柄の事実関係を教師がどのように認識しているかについて、教師が児童生徒に語る。

（3）そのような認識を児童生徒にもってもらおうとなぜ教師が思ったのかについて、教師が児童生徒に語る。

授業の進め方の手順としては、まず、（1）のメッセージを教師が語る。次に、教師が資料を範読する。それから、（2）と（3）のメッセージを教師が連続して語る。その後で、児童生徒には、以上のことを踏まえさせたうえで、今日の授業で何を認識し、どんな考えを深めたかについて自由に発言させる。と同時に、児童生徒どうしの認識や考えを交流させる。この場合、教師は「能動的な聞き方」を用いて児童生徒の真意を汲み取りながら対応する。最後に、今日の授業で何がわかったか（何を認識したか）をシートに記述させて、発表させる。このような手順で実際に授業を試みた結果、教師が児童生徒に認識させたいと思った事柄を、教師は言葉を用いることによって、児童生徒にほぼ確実に認識させることができた。児童生徒は、自分が認識したことを、言葉を用いて表現できるようになっただけではなく、道徳的行為への意志と実行力を高めることができた。

授業ではもちろん、広く教育でも体験でも、教師は児童生徒に何かを認識させなければならない。「認識させる」とは、「知らしめる」ことであり、「わからせる」ことである。児童生徒は、知らしめられてわかるようになって能力を獲得し、できるようになる。知らしめられてもわからなければ、わからないまま、できないままになってしまう。したがって、知らしめられて「わかった」か「わからなかった」かの違いは、「できるようになった」か「できないまま」かの違いで、これは大違いである。この二つの違いは、どんな基準で判別されるのだろうか。山鳥重は、次のように言っている。「きちんとわかったのか、わかったと思っただけなのかは、一度その内容を自分の言葉で説明（表現）してみると、たちまちはっきりします。表現するためには正確にわかっている必要があるのです。ぼんやりとしかわかっていないことは、自分の言葉には出来ません。説明しているうちになんだかあやふやになってしまいます。あるいはごまかしてしまいます。わかったように思っただけで、実はたいしてわかっていなかったことがわかります。それに対して、ちゃんとわかっていることがらは自分の言葉で説明することが出来ます。自分の言葉で説明出来るのと、自分で箱の絵が描けるのとは、同じことです。話す、というのは行為であって、ちゃんと話すには内容の正確な把握が必要なのです[16]」。

知らしめられた内容がわかったかどうかは、自分の言葉で説明（表現）できるかどうかで判別される。あるいは、とび箱の例で言えば、実際にとび箱をとべるようになったかどうかで判別される。山鳥の研究によれば、話すのも、文を書くのも、絵を描くのも、表現活動はすべて運動であり、「わかるとは運動化出来ること[17]」である。したがって、児童生徒は、教師から知らしめられたことを運動化できるようにならなければならない。山鳥は、このことについて、次のように言っている。「運動化するということは、形をはっきりさせるということです。はっきりさせないと運動になりません。あやふやがあやふやでなくなる、ということです。その分、理解も深まります。自分がわからないことは人にもうまく説明できませんが、うまく説明出来れば、誰よりも自分が『よくわかる』ようになります[18]」。

形をはっきりさせたり、あやふやなことをあやふやでなくしたりすることは、言葉によってなされる。自分が「よくわかっている」と思う状態は、単なる心理状態ではない。何がどうだということを、言葉によってよくわかっている状態である。つまり、わかっている内容を、言葉によってよく説明（表現）できる状態である。漠然としたものに輪郭を与え、形をはっきりさせるのは、言葉であるということになる。万葉集のなかに、日本のことを指す言い方として「言霊《ことだま》の幸《さき》ふ《はう》国」という表現があるように、言葉には形成力があると信じる「言霊」という考え方がある。あるいは、ハンス・リップスは、「言葉の潜勢力」（Potenz des Worts）[19]という言い方をした。言葉のもつ力によって現実や人間が形成されるということが、この言い方に込められている。それゆえに、教師が児童生徒に対して、授業場面でもその他の教育的場面でも、機に応じて、どんな言葉をかけるかが決定的に重要である。したがって、児童生徒に何を認識させたらよいかを、教師があらかじめ認識しておかなければならない。教師が児童生徒に、どんな言葉をかけるか、どんな認識をもたせようとするか、またそれをどうつかみ取ってくるかは、すでに見たように、認識の本質を「言葉」で的確に言い当てるという現象学的記述の課題である。

向山はとび箱実践で、「腕を支点とした体重の移動」という言葉で、とび箱をとぶための本質をぴたりと言い当てた。ある教師は、数学が苦手なのにがんばった女子生徒の心情を、一連の言葉で正確に言い当てた。教育においては、このような「言葉の力」を教師が身に付けるのが先決問題ではないだろうか。教師が的確な言葉で教育を行えば、生徒には「確かな学力」が形成されるはずである。さらに、教師が「言葉の力」を身に付ければ、それを見習って児童生徒も「言葉の力」を身に付けるのではないだろうか。

註

（1）宇佐美寛『授業の構想と記号論』（宇佐美寛・問題意識集一四）明治図書、二〇〇五年、一六九頁。（谷川彰英『社会科理論の批判と創造』明治図書、一九七九年、一一二―一一三頁。）
（2）宇佐美寛『授業の構想と記号論』一六九―一七〇頁。

(3) 宇佐美寛『授業の構想と記号論』一七〇頁。
(4) 宇佐美寛『授業の構想と記号論』一七一頁。
(5) 宇佐美寛『授業の構想と記号論』一七一―一七二頁。(向山洋一『斉藤喜博を追って』昌平社、一九七九年、一二頁。)
(6) 宇佐美寛『授業の構想と記号論』一七七頁。
(7) Otto Friedrich Bollnow: Theorie und Praxis in der Erziehung, in: ders.: *Zwischen Philosophie und Pädagogik. Vorträge und Aufsätze*, Aachen 1988, S. 77-91, S. 82.
(8) Otto Friedrich Bollnow: a. a. O., S. 82.
(9) Robert Rosenthal and Leonore Jacobson: *Pygmalion in the Classroom. Teacher Expectation and Pupil's Intellectual Development*, Holt, Rinehart and Winston 1968.
(10) 森邦昭「学ぶ意欲の低下を食い止めることはできるのか」『教職研修』二〇〇五年四月号、教育開発研究所、四二―四五頁。四三頁参照。森邦昭、藤井美智子、石川由美子、武田綾子、池田楠緒子、山田稔(福岡市教育センター道徳研究室)「学習意欲と学習スキルを向上させる道徳教育実践の試み―「ピグマリオン効果」及び『教師学』の応用―」『福岡市教育センター平成十六年度研究紀要』第六九八号、二〇〇五年、一―六四頁。一五―一六頁参照。
(11) トマス・ゴードン『教師学―効果的な教師=生徒関係の確立―』奥澤良雄、市川千秋、近藤千恵訳、小学館、一九八五年。(Thomas Gordon: *T. E. T. Teacher Effectiveness Training*, New York 1974.)
(12) 文部省『中学校指導書道徳編』大蔵省印刷局、平成元年、一〇―一一頁。
(13) 森邦昭「学ぶ意欲の低下を食い止めることはできるのか」四三―四四頁参照。森他「学習意欲と学習スキルを向上させる道徳教育実践の試み」二九頁、四五―四六頁参照。
(14) 森邦昭「学ぶ意欲の低下を食い止めることはできるのか」四五頁参照。森他「学習意欲と学習スキルを向上させる道徳教育実践の試み」五六―五七頁参照。
(15) 森邦昭、藤井美智子、石川由美子、佐々木妙、池田楠緒子(福岡市教育センター道徳研究室)「『わたしメッセージ』で児童生徒に認識をもたらす道徳授業の試み」『福岡市教育センター平成十七年度研究紀要』第七二二号、二〇〇六年、一―二〇頁参照。
(16) 山鳥重『「わかる」とはどういうことか―認識の脳科学』筑摩書房、二〇〇二年、二〇四―二〇五頁。

（17）山鳥重『「わかる」とはどういうことか』二〇三頁。
（18）山鳥重『「わかる」とはどういうことか』二〇七頁。
（19）Otto Friedrich Bollnow: *Die Macht des Worts. Sprachphilosophische Überlegungen aus pädagogischer Perspektive*, Essen 1971, S. 30.

第六章　事実認識と授業展開

宇佐美寛によれば、「意志が働いているといわれる状態は、実は、ある内容の認識が行われている状態」であるとされる。この説に従えば、何かをしようと意志している状態は、何かを認識している状態だということになる。それゆえに、何らかの意志をもたせるということは、何らかの認識を行わせるということによってのみ可能になるという結論が導き出される。つまり、人間が意志をもって行動することができるのは、その人間のなかにその人間をその行動に駆り立てる認識が成り立っているからだということになる。この考え方は、すでにこれまで見てきたとおり、人間存在についてのディルタイの考え方と見事に一致していると思われる。なぜならば、ディルタイによれば、人間の知情意は個々ばらばらに機能するのではなく、相互に分離不可能なかたちで機能しているからである。したがって、たとえば道徳授業の場面では、児童生徒が認識することによって意志するようになることが重要ではないかと考えられる。

日本の道徳授業の実践においては、こうした「認識・意志・行動の関係」に基づいて授業が構成されて実践に移されているのだろうか。道徳的行動が成立する過程において道徳的感情が果たす役割は小さくないとしても、感情のみでは意志は強固になり難いし、行動にもつながりにくい。事実関係についての認識を明確なものにしていくことのできる授業展開でなければ、児童生徒はただのおしゃべりをするだけにとどまり、何かをはっきりと学習するには至らないのではないかと思われる。それゆえに、学習の結果として、行動の変容も生じにくくなっているのではないかと思われる。そこで、さまざまな事実関係を教師自身がどう認識し、その認識結果から教師が児童生徒にどんな認識をもってもらいたいと考えているかということを、教師が児童生徒に訴えかけるという方式での授業展開を導入するということが重要なのではないだろうか。このことは、新しい視点から教育実践のあり方を見つめ直す必要性を示しているとも考えられる。

第一節　いじめを克服する道徳授業

前章での考察を踏まえて言えば、教授者にはどうしても教授するべきことがあるはずであり、学習者にはどうしても学習するべきことがあるはずである。この前提があるからこそ、教授者は教授しているわけであるし、学習者は学習しているわけである。授業において教授者が教授し、学習者が学習した結果、学習者（または教授者）の「行動の変容」が生じたと認められる場合のみ、その授業は授業として成立していたと言われるべきだとすれば、教授者と学習者の共同作業によって「行動の変容」なるものが生じさせられるような授業が作り上げられなければならない。この「行動の変容」がもちろんすべての授業のみならず、広くすべての教育活動においても、その都度適切な仕方で目標に掲げられなければならないのは当然だとしても、最も直接的に「行動の変容」が問われるのは、道徳授業ではないかと思われる。しかし、一般に、「行動の変容」から最も懸け離れているのが道徳授業ではないかというイメージもある。今現在も世相を反映して「道徳教育の充実」が至る所で力説されているにもかかわらず、多分にして道徳授業ないし道徳教育は胡散臭いだけで、何の効果もないのではないかとさえ疑問視されている場合も少なくない。このイメージを払拭し、この事態を一変させることはできないのだろうか。

筆者がかつて担当していた大学二年生対象の観察・参加型の教育実習で、ある中学校へ実習に行った学生が興味深い報告をした。道徳授業で教師が「なぜ、いじめはよくないか」を生徒たちに説いて聞かせたそうだ。ただそれだけなら、ありふれたことかもしれないが、その学生の先輩に当たるその教師は、脳科学の知見をもとにして、「いじめ」の非人間性を訴えたという。報告した学生は、今までこんな道徳授業は見たことも聞いたこともなかったけれども、こんな授業なら、きっと「いじめ」を克服する（あるいは防止する）効果があると確信したそうだ。この授業が生徒たちに与えた影響は絶大だったようである。その学生が報告したのとほぼ同趣旨だと思われる道徳授業がインターネットのページで紹介されていたので、ここでは、その実践例について言及する。この授業（「いじめ」を克服する道徳授業）は、長野藤夫という教師（TOSS中学網走みみずくの会代表）によって、中学校一年生に対して行われたものである(1)。

まず、教師が「弱肉強食」と板書し、その意味を問う。「弱いヤツが肉になり、強いヤツが食う」という生徒からの返答。どこの世界の話かと問えば、動物の世界のことだという。そこで、教師が「弱肉強食は、動物の世界だけのものではありません。それは、人間の世界にも存在しているのです」と板書し、それが中学生の世界にもあると語り、資料（TOSS道徳「心の教育」シリーズ八『道徳授業で少年非行に歯止めをかける！』七四頁）を読む。教師が何の作文だったかを問うと、生徒は「いじめ！」と即答。それは、いじめにあった小学生の作文だった。三分間で感想を書かせると、次のような発表があった。

○いじめというものは、母さんが、「いじめている方はいじめていないと思っていても、いじめられている方は完全にいじめられていると思っているんだよ」と言っていました。ぼくも知らぬ間にいじめをしているかもしれないと思いました。これから友だちに接するときは、気をつけたいと思います。（男子）

○弱い人が、強い人にいじめられるということは、許せないことです。弱い人も、強い人も、一つになって仲良くしてほしいと思います。（男子）

○いじめられた人がかわいそうだと思いました。いじめる人のことを「ひどいやつ！　なんでそんなことをするんだ？」と思いました。でも、そうやってくやしがったりして、しかえしなんかしたら、いじめはなくならないと思う。（女子）

○そのいじめた人は、一回いじめられればその人の気持ちもわかると思う。（男子）

ここで、教師が脳の話をする。実は、脳といじめには深い関係があるという話である。人間の脳は、三つの部分からできている。まず、脳幹。これは、最も内側にあって、生きるために必要な呼吸や食欲、睡眠などを担当している。ヘビなどの爬虫類にはこの脳しかないことから、「ヘビの脳」と呼ばれている。次は、旧皮質。これは、脳幹のまわりにあって、喜んだり悲しんだりといった感情を担当している。イヌやネコの脳がここまでだということから、「ネコの脳」と呼ばれている。最後は、新皮質。これは、一番外側にあって、ものを考えたり、言葉を話したり、勉強をしたりするための脳である。このようなことは人間にしかできないことから、「ヒトの脳」と呼ばれている。

この話の後、教師は次のように問いかける。人間はいじめられると、この三つの脳のうち一つの脳が弱ってしまうのだが、その脳はどの脳だと思うか。挙手で確認すると、ヒトの脳は〇人、ネコの脳は三二人、ヘビの脳は一人だった。正解はヘビの脳であり、正解者は一人だけだった。正解者以外の全員の生徒たちは、感情を司るネコの脳こそが弱ってしまうと考えたのではないかと教師は推察し、次のように語る。人間はいじめられると、ヘビの脳が弱ってしまう。ヘビの脳は、人間が生きていくのに必要な機能を果たしている。つまり、ヘビの脳が弱くなるということは、生きる力がなくなってしまうということであり、人間をいじめるということは、人間の命を奪うということである。

この重要な事実を教えた後で、教師は『遺書』（Ｖｅｒｂサンクチュアリ出版）から三編の遺書を読む。さらに、教師は新聞記事を印刷したプリントを配り、いくつかを取り上げた後で、次の話をする。いじめた生徒たちは、学校にいられなくなることもある。裁判にかけられることもある。両親や家族にも影響が出る。会社にいられなくなることもある。自殺する人もいる。このように、いじめというものは、いじめられた人だけではなく、いじめた人にも悲劇が訪れる。生徒たちは、真剣に考えてくれている様子だったという。ここで、教師は「三本足のライオンの話」を知っているかと尋ねるが、生徒は誰も知らない。足を一本失ってしまったライオンがいたそうだ。もちろん、走れない。獲物を捕れないから、死を待つだけである。ところが、ライオンの仲間が助け合って暮らしているというのである。そこで、動物にできることが人間にできないわけはないということで、山口県の小学生が書いた実話「ぼくを助けてくれた友達」（ＴＯＳＳ道徳「心の教育」シリーズ『道徳授業で少年非行に歯止めをかける！』七八頁）を読む。

授業の残り時間が七分となったところで、「今日の授業の感想」をノートに書いてもらう。残り時間が二分となったところで、教師がこの授業での最後の語りを行う。いじめている生徒は、それがいじめだと気づいていない。いじめだと思っていない。では、それがいじめだと決めるのは誰なのか。それは、いじめられている生徒であり、いじめられている生徒が、それはいじめだと思ったら、それはいじめである。いじめている生徒がそれは違うと言っても、それは通用しない。どんなに素晴らしいクラスでも、いじめは起きる。しかし、素晴らしいクラスとそうでないクラスとでは、一つだけ大きな違いがある。素晴らしいクラスではいじめが起きても解決していけるが、そうでないクラスではそれができない。このクラスは、そんな素晴らしいクラスになれると教師は生徒たちに伝える。そこでチャイムが鳴り、授業が終わった。それでは、この授業に対する「生徒の感想」のなかから、いくつかを見てみたい。

○弱肉強食。この言葉は知っていたが意味はぜんぜん知らなかった。考えてみれば、悪い言葉のように聞こえた。いじめっていうのは、本当に相手にはわかることだが、しているがわは、わからないこと、と思った。（女子）
○友達っていいなって思いました。いじめで死んじゃうかもしれない人を、助けてあげることができるから。私も人を救える人間になりたいと思いました。（女子）
○いじめはなぜあるのか。いじめはなぜうまれたのか。いじめはこの世からなくなればいいのに。いじめがあるから、なぐられたりお金をとられたりして、死のちょくぜんまでおいこまれて、いしょをのこして死んでしまう人だっているのに。こんなことは何年あってもなくならないと思う。いじめはやはりないほうがいい。（男子）
○いじめは、ないほうがいいです。いじめをしたら、じさつをする人もでてきます。じさつした人がいなくなったら、ともだちも一人もいなくなることです。だから、ともだちを大切にしてほしいです。（男子）
○私もいじめを見つけたら、「やめろ！」っていって、たすけてあげたいです。友達っていいですね。みんな仲よし！（女子）
○いじめられて自殺したという事件は、ヘビの脳が弱ってしまうからということを知って、びっくりした。きっと、そうやって死んだ人たちは、自分の周りにいじめをやめさせようと本当に思った人がいなかったのだろうと思った。いじめをやめさせようとして自分がやられたらイヤだからというのは、本当にやめさせようと思っていないのだと思う。（女子）
○いじめるっていうのは、こわいことだとわかった。今度いじめられているひとがいたら助けてあげよう。（男子）
○今日の道徳はすごく現実的だった。聞いているだけで泣きそうになったんだから、いじめをうけていた人は、この何倍

う生徒の記述は、たしかに抽象的でそっけなく、これが実際の行動につながるかどうかは定かではないにしても、学習指導要領で言われるところの「道徳的実践意欲と態度」が授業によって養われたことを如実に示す内容になっていると思われる。ヘビの脳に言及した記述は、言うまでもなく秀逸である。ただし、「今日は弱肉強食（いじめ）について先生が話してくれた」という記述は、多少気になる。なぜならば、必ずしも「弱肉強食＝いじめ」ではないだろうからである。教師が授業の導入部分で、あたかも「弱肉強食＝いじめ」であるかのような誤解を生徒たちに与えているのではないかと思われる。弱肉強食は比喩的な意味ではもちろん人間界にも当てはまるのだろうが、それは動物界の弱肉強食とは意味が違うはずである。動物界の弱肉強食は自然のルールであるが、人間界の弱肉強食はそうではないのではないだろうか。もしそうなら、人間が道徳について考えることは意味をなさなくなってしまうのではないだろうか。両者を同一視したとすれば、それは事実誤認ではないかと思われる。

さらに、「いじめはなぜあるのか。いじめはなぜうまれたのか。いじめはこの世からなくなればいいのに」や「いじめはやっぱりわるいことだ。いじめられたほうもいじめたほうも不幸になるからだ。でも、なんで人はいじめをするんだろう?」などの記述は、きわめて根源的な問いを発し、授業を受けたことによって、生徒たちの考えが深められたことを表している。たしかに、いじめにあった小学生の作文を聞いた後で書いた感想のなかにも、「ひどいやつ!　なんでそんなことをするんだ?」という記述があったが、この疑問のもつ重みは、脳の話を聞く前と聞いた後では、まるで違うのではないだろうか。授業の実践例を見るかぎりにおいては、この難問に関して教師は言及していないようである。生徒たちが自らの頭で考え、（素朴な疑問であれ）重みのある発展的な課題を見つけ出したと言えるのではないだろうか。もっとも、この疑問が完全に解かれることはないと思われるにしてもである。

小学校及び中学校学習指導要領第三章道徳の部分では、道徳授業においては児童生徒の「悩みや心の揺れ、葛藤等の課題を積極的に取り上げ、(人間としての生き方について)考えを深められるよう指導を工夫／配慮すること」[2]が求められている。「考える」という言葉には多様な意味があるが、国語辞典を引いてみると、「判断する」という意味もある。したがって、「考えを深められる」ということを、「判断力を増すことができる」という意味で受け取ることも不可能ではないと思われる。小学校及び中学校学習指導要領解説(道徳編)には、次のような指摘がある。「道徳的判断力は、それぞれの場面において善悪を判断する能力である。つまり、人間として生きるために道徳的価値が大切なことを理解し、様々な状況下において人間としてどのように対処することが望まれるかを判断する力である。的確な道徳的判断力をもつことによって、それぞれの場面において機に応じた道徳的行為が可能になる[3]」。

理解し、判断する力がなければ、つまり「考える力」がなければ、道徳的行為が自覚的なかたちや意志されたかたちをとってなされるとは期待しにくい。教師が授業で児童生徒にいろいろなことをいくら熱心に教えたとしても、児童生徒がその場かぎりでの理解しか示さず、その一時的な理解がその後の道徳的行為になかなか結びつかないようなことがあれば、つまり「行動の変容」が生じなければ、それは、その授業によっては児童生徒に「考える力」が身に付いていない、「理解し、判断する力」が身に付いていないということであり、それゆえに「自覚」や「意志」も芽生えようがないということだと考えられる。要するに、そのような授業では「学習」が成立しないことになる。

宇佐美寛の『「道徳」授業批判』によれば、「意志が働いているといわれる状態は、実は、ある内容の認識が行われている状態」であるとされる[4]。すでに第四章第四節で見たとおり、この説の考え方とディルタイの考え方は見事に一致している。この説に従うならば、何かをしようと意志している状態は、何かを認識している状態だということになる。それゆえに、何らかの意志をもたせるということは、何らかの認識をさせることによってのみ可能になないだろうか。

るという結論が導き出される。つまり、人間が意志をもって行動することができるのは、その人間のなかに、その人間をその行動に駆り立てる「認識」が成り立っているからだということになる。われわれの実際の経験から言っても、われわれのなかの「認識」があやふやだと、われわれは行動において躊躇せざるをえなくなっているのではないだろうか。

ところで、われわれが他人に何かをする気にさせたい場合、われわれは一般にどんなことをしているのだろうか。われわれは、その他人に対して事実関係をはじめとして、してもらいたいことの意味や重要性などについて、できるだけよくわかってもらおうとしているのではないだろうか。このことは、たとえばさまざまなコマーシャルの例や、前節で取り上げた「『いじめ』を克服する道徳授業」の例を見ても、たしかに言えることではないかと思われる。こちら側が相手に対して事実を十分に知らせて説得した結果、相手が納得して喜んで行動するようになることは、実際にありえることである。そのような具合にして、相手に「認識」させることがきわめて重要だと考えられる。世界では、国や地域の伝統や文化に応じて、さまざまな道徳教育が行われているが、基本的には「認識」させるというこの方法が世界中の道徳教育で共通して用いられているとさえ言うことができるように思われる。(5)

ところが、日本の道徳授業のなかには、授業で使用する資料に登場する人物の「気持ち」を問うことによって、児童生徒の道徳的な感情を喚起し、そのことによって道徳的な意志をもたせようと意図するタイプの授業も存在している。このタイプの授業が今まではむしろ主流だったとも言われている。しかし、このタイプの授業では、なかなかうまくいかない面がある。賢い児童生徒たちにとっては、教師が授業でどんな「答え」を求めているのかが、見え見えだというのである。相手の気持ちを思い遣るというのは、言うまでもなくきわめて重要な道徳的態度である。しかし、それは、単に相手の身を推し量って同情するということだけを意味しているわけではない。もっと重要なことは、相手が直面している困難な事態の事実関係について、自分なりによく認識し、自分が（そんなことが可能だとして）相手の立場に立って考えることである。そうでなければ、道徳授業を受けて学習した結果として「行動の変容」は生じず、ただ模範的だと思われる「答え」を言うだけに終始すると考えられるし、実際その傾向が顕著だと受け取らざるをえないような現実が存在している。

道徳授業で教師がつい多用してしまう「気持ち」を問う発問とは、宇佐美によれば、たとえば次のような発問である。明治時代の半ばに、富士山の山頂に気象観測所を国に作らせようとした野中到という人物の奮闘を描いた資料「こおりついた風力計」を用いた授業例（小学校六年生対象）の場合なら、「この時のふたり［野中夫妻］の気持ちはどうでしたか」「このような目標を持っていただけでできただろうか」「到が動けなくなってしまった時、むかえの人がきましたが、おりようとはしなかったのはどんな気持ちがあったからでしょうか」「こういう心の持ち方を私たちの日常生活のどんな時に、どのように生かしていったらよいのでしょうか」などと問う発問のことである。[6] おそらくは、教師は「豊かな感情」をはぐくむためにはこうした発問が有効だと無意識のうちに思って、子どもたちに対して、資料に登場する人物の「気持ち」をしきりに問うているのではないかと想像される。しかし、登場人物の「気持ち」それ自体を明らかにするということは、きわめて困難な解釈作業を必要とするし、それはそもそも不可能なことではないかとさえ言える。とはいえ、教師の発問によって答えを求められているので、子どもたちは悪い意味で適当に推察して、当たり障りのない返答をするしかなくなっていると言われている。

「こおりついた風力計」の授業例では、子どもたちは、「世界の人びとにまけられない」「命をなげだしてもがんばろう」というのが野中の「気持ち」だと答えた。しかし、それだけでは、いわば粗雑なレッテルを貼っただけにすぎない。その「気持ち」がどのようにして出てきたかについては、何もわからない。そもそも、何かを「感じる」というのは、何かを「知った」からではないのか。何かを「知った」から、その結果として何かを「感じる」ということが生じているのではないのか。野中が「世界の人びとにまけられない」と思ったとすればそれはなぜか、「命をなげだしてもがんばろう」と思ったとすればそれはなぜかが、問われるべき核心である。

宇佐美の評価によれば、この授業例では、なぜそう思ったのかということが湧き出してくるおおもとを提供する事実認識なしに、要するに「がんばろう」というような「気持ち」を表す言葉を発して子どもたちと教師がうなずきあい、感動しあうという一種の儀式を行っているにすぎないとされる。しかし、またなにゆえにそのようなことになってしまったのだろうか。それは、そもそも野中が何をどのように認識し、どんな道筋で自己の意志を固めていったのかということに関する事実認識が、教師の側にも、子どもたちの側にも、あろうことか資料それ自体のなかにも、まったくなかったからであり、無い無い尽くしの状態である。この状態で、「気持ち」だけが問われていた。資料の登場人物の「気持ち」をよりどころにして人間の社会的行動を見ようとする見方を、宇佐美は「気持ち主義[7]」と呼んでいる。「気持ち主義」では、登場人物の気持ちが問題にされるけれども、登場人物を複雑なかたちで取り巻いているさまざまな事実関係は不明なままになっている。したがって、「気持ち主義」の道徳授業では、子どもたちに事実関係についての「認識」がもたらされることはないという結果にならざるをえない。

それゆえに、授業を受けても、それがその後の道徳的行為になかなか結びつかないという事態を招いている。つまり、そのような「気持ち主義」の授業をいくら行っても、子どもたちの「行動の変容」はまず生じないという厳しい現実が待ち受けている。なぜそうならざるをえないかと言えば、子どもたちはその授業でほとんど何も「学習」していないからであり、ただ何となく思いついたことを言っただけ、おしゃべりをしただけだからである。「行動の変容」は、「学習」の結果である。宇佐美の指摘によれば、道徳が問題になるような人間の思考や行動は、まず社会的事実を認識し、この社会的事実を処理するという事実として存在している[8]。この指摘のとおり、たとえば野中が気象観測所を国に作らせようと考えたり行動したりしたことは、事実として存在している。それは、事実の問題であって、気持ちの問題ではない。そして、野中は自分の思考や行動を実現させるためには、当時の社会状況のなかでさまざまな社会的事実を的確に認識し、その認識をもとにして適切な戦略を立てて国に対して訴えかけをしなければならなかったはずである。

一見すると、ここには二つの層の事実が存在しているように見える。一つは、人間の思考や行動が事実として存在するという層である。もう一つは、社会的事実と言われるものが存在している層である。しかし、少し考えてみれば、この二つの層は個々ばらばらのものではない。人間が考えたり行動したりするというのは、夢の世界の絵空事ではなく、現実の事実である。社会的事実と言われるものは、この現実の事実のいとなみとして人間が考えたり行動したりした結果、歴史的に作り上げられてきた事実であり、また現に作り上げている事実である。要するに、二つの層の事実とも、人間のいとなみの事実である。したがって、何が事実なのかと問うことは、人間が歴史的に何をいとなんできて、今現在何をいとなんでいるか、さらにこれから先何をいとなもうとしているかを問うことである。これを独自の方法論を用いることによって問い、それを明らかにしようとしているのが、すでにこれまでに見てきたとおり、日本で言われるところの「文科系の学問」、ドイツ語圏で言われるところの「精神科学」の課題である(9)。

そのように考えると、事実というものは、人間の自己反省から生じてくるものである。それでは、人間はそもそも、なぜ自己反省をするのだろうか。それは、おそらく「よりよく生きる」ためではないかと考えられる。中学校学習指導要領解説（道徳編）では、道徳教育は「人生いかに生きるべきか」という生き方の問題だとされ、「道徳教育においては、生徒のよりよく生きようとする願いにこたえるために、生徒と教師が共に考え、共に探求していくことが前提となる(10)」と述べられている。それでは、生徒と教師は、何を共に考え、共に探求していくのだろうか。それは、当然、道徳やよりよい生き方ということなのだろうが、それをもっと具体的に言えば、道徳が実現されるようになるための、あるいは、よりよい生き方ができるようになるための、よりよい事実認識ということになるのではないかと考えられる。

というのも、道徳的思考の事例も道徳的行動の事例も、まず事実として捉えられ、そうすることによって具体的に分析されるということがなければ、教師も生徒もそのような事例について考えるということはきわめて困難であるし、そもそもそれはそれ以外の方法では不可能であるとさえ言えるからである。このことは、こうした課題を解決していくために精神科学が必要とされている事実を見ればすでに明白だと思われる。したがって、道徳授業では、道徳問題を何よりもまず事実認識の問題として捉え、教師も生徒もさまざまな事実を明瞭に把握し、その把握したことをもとにして、今度は自分の頭で「考えを深められる」ようにしなければならないことになる。この場合、「考えを深める」というのが「事実認識の度合いを高める」ということになるとすれば、その度合いが高まれば高まるほど、道徳的行為への意志も必然性も高まると期待される。

第三節　訴えかける道徳授業の可能性

それでは、どうすれば「事実認識の度合いを高める」ことができるのだろうか。単に事実をたくさん知ればよいというわけではないと思われる。知る量もさることながら、知る質も問われなければならないはずである。単に博学多識であればよいというのではないとすれば、行動の変容につながるような知り方、つまり効果的な学習の仕方とはどんなものなのかについて考察する必要がある。イギリスの言語哲学者のジョン・ラングショー・オースティンによれば、人間の発言は二種類に分かれるという。「事実確認的発言」と「行為遂行的発言」である。事実確認的発言とは、事実について情報を伝達しようとする発言であり、真か偽かのいずれかである。それに対して、行為遂行的発言とは、その発言をすることが当の行為を実際に行うことに他ならないような発言であり、ここで問題になるのは、真か偽かではなく、適切か不適切かである。[11]

道徳授業においては、道徳的命題の真偽を見極めるだけではなく、道徳的命題を実際に遂行できるようになることがめざされるべきである。したがって、道徳授業で獲得されるべき認識は、オースティンの分類で言えば、事実確認的発言ではなく行為遂行的発言の形式でなされるべきだということになる。もっと端的に言えば、道徳授業では、さまざまな事実認識に基づいて行為遂行的発言ができるようになることが授業の目的になると言えるのではないだろうか。ところが、それにもかかわらず、往々にして教師は道徳授業において事実確認的発言さえほとんど発せず、行為遂行的発言に至ってはそれ以上に発していないというのが現状ではないかと思われる。たとえば、「命は大切だ」という道徳的命題を教師が事実確認的に語って児童生徒に教えた場合、それが果たして行動の変容や行為遂行に結びつくのかという問題について言えば、気持ち主義の授業よりも事実確認的発言の授業の方が格段に効果的であるのは間違いないと思われる。しかし、ここでの問題は、事実認識の度合いをもっと高めるためにはどうしたらよいかということにある。

われわれは「何かをしようと意志している状態は、何かを認識している状態だ」と捉える立場に立っているが、教師から事実確認的に伝達されたことを、児童生徒が行為遂行的に語ったり実際に遂行したりするとはほとんど期待できないと考える立場もある。[12] この立場に関して言えば、行為遂行的発言は当の行為を実際に行う発言であるから、当然の帰結としてそこから行動の変容がもたらされることになると考えられるが、事実確認的発言は情報を伝達するだけであるから、その情報が相手に確実に届いたかどうかでさえ定かではない場合も考えられる。だとすれば、考えを深められるようになる道徳授業、行動の変容がもたらされることになる道徳授業では、教師が児童生徒に事実確認的ではなく行為遂行的に語りかけることによって、児童生徒もまた行為遂行的に語り出すような仕方で、教師は児童生徒に対して、道徳に関するさまざまな事実認識をもたらさなければならないということになる。しかし、ここで、きわめて些細な問題なのかもしれないが、日本語の響きの関係で、「事実確認的」という概念と「事実認識」という概念が、ややもすれば混同されやすいのではないかと危惧される。

事実確認的発言（constative utterance）が単に何事かを言うだけの発言にとどまるのに反して、行為遂行的発言（performative utterance）は発言を行うことが取りも直さず何らかの行為を遂行することになり、単に何事かを言うだけにとどまらない発言である。したがって、道徳授業では、道徳をめぐる事実認識について、コンスタティブ（事実確認的）ではなく、パフォーマティブ（行為遂行的）に語らなければならないということになる。あるいは、道徳授業では、コンスタティブな事実認識ではなく、パフォーマティブな事実認識が求められているということになる。それでは、実際の道徳授業の場面で、道徳をめぐる事実認識について、どうすれば教師はコンスタティブにではなくパフォーマティブに語ることができるのだろうか。オースティンは、パフォーマティブの例として、次の四つの例を挙げている。[13]

（例 a）そうします。（すなわち、私はこの女性を、私の法律上婚姻関係にある妻と認めます。）――ただし、結婚式の進行のなかで言われた場合。

（例 b）私は、この船を「エリザベス女王号」と命名する。――ただし、船首に瓶をたたきつけながら言われた場合。

（例 c）私は、私の時計を私の弟に遺産として与える。――ただし、遺言状のなかに記された場合。

（例 d）私はあなたと、明日雨が降る方に六ペンス賭ける。

パフォーマティブでは、その文を口に出して言うことが、当の行為を実際に行うことと一致している。「そうします」というのは、結婚という事件を報告しているのではなく、「私」がその事件に当事者として参与していることを表している。「命名する」という行為は、ある状況のもとでは、あることを発言することと同じである。遺言や賭けの場合も、これと同様である。それゆえに、パフォーマティブでは、ある状況を作り出して、そのなかで実際に行為するということが、その核心を成している。とはいえ、結婚や命名、遺言や賭けなどの場合は、すでにその状況が設定されている場面でパフォーマティブな発言がなされている。ところが、授業場面では、必ずしもあらかじめ状況が設定されているとはかぎらない。したがって、道徳授業で教師がパフォーマティブに語ることができるためには、何とかしてある一定の状況を作り出さなければならないということになる。

それでは、どうすれば教師はそれができるのだろうか。そのためには、前章第五節で取り上げた「わたしメッセージ」と呼ばれる話法を用いるのが有効だと思われる。[14] 通常、「わたしメッセージ」は、次のような三部構成になっている。

①何が教師に問題を引き起こしているのかについての言及。
②そのことによって教師が被っている明確かつ具体的な影響についての言及。
③その結果として、教師の内部で引き起こされてしまった感情についての言及。

この通常の三部構成を、次のように多少変形させて、教師が「わたし」を主語にして、自分自身の言葉で、自分自身の考えを語るということが、資料を用いて道徳授業を行おうとする場合に、教師がパフォーマティブに語る状況を作り出すのではないかと考えられる。

（1）使用する資料のなかで、教師が児童生徒に、何を認識させようとするのかについて語る。
（2）その認識における事実関係がどうなっているかということについて、教師がどう認識しているかについて語る。
（3）その認識を児童生徒にもってもらおうということを、なぜ教師が思ったかについて語る。

およそこのようなかたちで教師が「わたしメッセージ」で児童生徒に語りかけていけば、授業でもたらされる事実認識がコンスタティブにならず、パフォーマティブになる状況が整えられるのではないかと期待される。なぜならば、このようなかたちで教師が語れば、発せられたメッセージが児童生徒を問題状況のなかに巻き込み、児童生徒を問題の当事者にしてしまう効果があると期待されるからである。授業の進め方の実際の手順としては、まず、(1)のメッセージを教師が語る。次に、資料を教師が範読する。それから、(2)と(3)のメッセージを連続して教師が語る。たとえば、先に見た「『いじめ』を克服する道徳授業」の実践例に即して言えば、まず、「人は、いじめられると、生きる力がなくなってしまう。人をいじめるということは、人の命を奪うということである」と語る((1)のメッセージ)。次に、資料(永田勝太郎『脳の革命』)を範読する。それから、図解しながら三つの脳の説明をする((2)のメッセージ)。そして、いじめは(脳の仕組みから言っても)生命にかかわる重大事件であるから、軽々しく考えるなどということは決して許されることではないと訴える((3)のメッセージ)。

その後、児童生徒には以上のことを踏まえさせたうえで、今日の授業で何を認識し、どんな考えを深めたかについて、自由に発言させる。また、児童生徒の認識や考えを交流させる。この場合、児童生徒に教師は「能動的な聞き方」(教師が児童生徒の真意を汲み取る聞き方)で対応する。最後に、授業に当事者として関与したことによって「わかったこと」[15]、つまり「認識したこと」をシートなどに記述させる。時間的に可能ならば、さらにそれを発表させる。このような手順で授業を実施すれば、授業に当事者として関与する児童生徒が行う一連の認識や発言や記述などは、コンスタティブにならず、パフォーマティブになるのではないだろうか[16]。

読み物などの資料を用いて道徳授業を実施する場合、その資料に含まれるさまざまな事実関係を教師がどう認識し、その結果、教師が児童生徒にどんな認識をもってもらいたいと考えているかということを、教師が児童生徒にいわば自分自身の本音として「わたしメッセージ」で、コンスタティブにではなく、パフォーマティブに語る、あるいは訴えるということが不可欠である。そうすれば、児童生徒は児童生徒なりに自分自身の認識をもつようになるはずであり、児童生徒の道徳的行為への意志と実行力は高まるはずである。要するに、これが「事実認識の度合いを高める」ということであり、教師がパフォーマティブになればなるほど児童生徒もパフォーマティブになり、学習の結果としての行動の変容もより生じやすくなると期待されるのではないだろうか。

以上において、「認識」が「行動」により直結しやすくなるにはどうしたらよいかについて考察してきたが、ここで言う「認識」とは、こちら側が相手に対して事実を十分に知らせて説得した結果、相手が納得して自ら喜んで行動するようになる「知り方」のことである。したがって、その知り方は、コンスタティブな知り方ではなく、パフォーマティブな知り方であると言える。そのような「認識」を教師が授業で児童生徒にもたらそうとする場合、教師がどんな資料を用意して、それをどう分析して、そこからどんな学習目標を設定するかなどの能力が問われることは言うまでもない。しかし、教師がこうした課題に積極的に取り組んで悪戦苦闘することが、教師自身をパフォーマティブにしていくのではないだろうか。

先に、「こおりついた風力計」の授業例で見たように、そもそも資料自体のなかにおいて事実関係が十分に明らかになっていない場合も少なくない。どうしても用いたい資料なのに事実関係が不足している場合は、教師の教材研究によって補完がなされなければならない。こうした研究的努力も教師をどんどんパフォーマティブにしていくのに役立つのではないかと思われる。授業を実施する際の最大の要点は、教師が児童生徒にどんな「認識」をもたらそうとするかにあると言えるだろうが、その「認識」のもたらし方については、以上において言及した方法以外にも、さまざまな創意工夫の余地があることは言うまでもない。たとえば、「実際の体験を通して認識させる」という方法もありえるかもしれない。教師が児童生徒にパフォーマティブに語りかけて児童生徒の考えを引き出していくなかで、適宜「体験（活動）」を織り込むと、児童生徒の「認識」が、より「自分自身が当事者として関与する問題」になることもありえると思われる。

あるいは、もっと手っ取り早く、児童生徒を読み物資料のなかの当事者にしてしまって、否応なく問題に関与せざるをえなくする方法も考えられる。この場合には、教師が道徳授業で読み物資料を児童生徒に対して「どう提示するか」が決定的な分かれ道になる。そこで次章では、この問題に関して考察してみたい。いずれにしても、学習の結果としての行動の変容を達成するためには、つまり事実認識が行動に直結するようにさせるためには、教師が児童生徒にコンスタティブにではなくパフォーマティブに語りかけるということが前提にされなければならない。授業場面で教師が児童生徒にパフォーマティブに語りかけるということは、教師の事実認識をもとにして、教師が児童生徒にも事実認識をするようにと訴えかけるということだとすれば、訴えかけるということが教育の中心に位置づけられるべきだということになる。実際、「訴えかける教育学の必要性」(die Notwendigkeit einer appellierenden Pädagogik)[17]という視点は至る所で生じてきているし、この視点から教育実践を見つめ直すことは不可避的であるように思われる。

註

(1) http://homepage3.nifty.com/abashiri-mimizuku/tossland-jh/doutoku/ijime1.htm 参照(二〇一二年九月八日閲覧)。なお、この授業は、向山洋一監修、TOSS道徳教育研究会編『道徳授業で少年非行に歯止めをかける!』(TOSS道徳「心の教育」シリーズ八)明治図書、二〇〇〇年に掲載されている河田孝文の実践(「弱いものいじめ」に歯止めをかける道徳授業、七二―七九頁)をアレンジしたものである。

(2) 文部科学省『小学校学習指導要領』国立印刷局、二〇〇四年改訂版、九五頁。文部科学省『中学校学習指導要領』国立印刷局、二〇〇四年改訂版、一〇三頁。丸括弧の部分は、『中学校指導要領』だけに見られる。また、「考えを深められるよう」に続く文言は、小学校の場合は「指導を工夫すること」、中学校の場合は「配慮すること」となっている。

（3）文部省『小学校学習指導要領解説（道徳編）』大蔵省印刷局、一九九九年、二六頁。文部省『中学校学習指導要領解説（道徳編）』大蔵省印刷局、一九九九年、二九頁。
（4）宇佐美寛『「道徳」授業批判』明治図書、一九七四年、二八頁。
（5）J・ウィルソン監修、押谷由夫・伴恒信編訳『世界の道徳教育』玉川大学出版部、二〇〇二年参照。
（6）宇佐美寛『「道徳」授業批判』三七—三八頁参照。
（7）宇佐美寛『「道徳」授業批判』三九頁参照。
（8）宇佐美寛『「道徳」授業批判』四〇頁参照。
（9）Vgl. Gunter Scholtz: Die Wissenschaftlichkeit und Aufgabe der Geisteswissenschaften. Überlegungen im Anschluß an Dilthey (Manuskript) 2005. この論考の翻訳は、次のとおりである。グンター・ショルツ「精神科学の科学性と課題—ディルタイを手本とした考察—」森邦昭訳、日本ディルタイ協会『ディルタイ研究』第一六号、二〇〇五年、五—二九頁。
（10）文部省『中学校学習指導要領解説（道徳編）』一四頁。
（11）J・L・オースティン『言語と行為』坂本百大訳、大修館書店、一九七八年参照。
（12）土戸敏彦「規範伝達のルーティンから規範創設の瞬間へ」教育哲学会『教育哲学研究』第九一号、二〇〇五年、二九—三四頁参照。
（13）J・L・オースティン『言語と行為』一〇頁参照。
（14）トマス・ゴードン『教師学—効果的な教師＝生徒関係の確立—』奥澤良雄、市川千秋、近藤千恵訳、小学館、一九八五年参照。（Thomas Gordon: *T. E. T. Teacher Effectiveness Training*, New York 1974.）森邦昭、藤井美智子、石川由美子、武田綾子、池田楠緒子、山田稔（福岡市教育センター道徳研究室）「学習意欲と学習スキルを向上させる道徳教育実践の試み—「ピグマリオン効果」及び『教師学』の応用—」『福岡市教育センター平成十六年度研究紀要』第六九八号、二〇〇五年、一—六四頁参照。
（15）市川伸一『学ぶ意欲とスキルを育てる—いま求められる学力向上策』小学館、二〇〇四年参照。
（16）このことを実際に検証する目的で、筆者は共同研究に取り組んだ。森邦昭、藤井美智子、石川由美子、佐々木妙、池田楠緒子（福岡市教育センター道徳研究室）「『わたしメッセージ』で児童生徒に認識をもたらす道徳授業の試み」『福岡市教育センター平成十七年度研究紀要』第七二二号、二〇〇六年、一—二〇頁。

（17） Otto Friedrich Bollnow: Theorie und Praxis in der Erziehung, in: ders.: *Zwischen Philosophie und Pädagogik. Vorträge und Aufsätze*, Aachen 1988, S. 77-91, S. 87.

第七章　読み物資料を用いた道徳授業

児童生徒の行動変容が可能になるためには、学習内容を児童生徒が認識し、そこから一定の意志を有するようになることが必要だと考えられる。日本の小学校と中学校で行われている道徳授業では、読み物資料を教材にして授業が行われることが多い。読み物資料にはさまざまな種類があるが、そのなかに「ジレンマ資料」と呼ばれるタイプの資料がある。ジレンマないしディレンマ（dilemma）とは、そこで選ぶことができる選択肢が二つしかなく、そのいずれもが望ましくない結果をもたらすという状態のことを言う。つまり、ジレンマ状態に陥れば、八方ふさがりにならざるをえないのである。したがって、ここから何らかの道徳問題の解決を模索するのは、きわめて難しいのではないかと思われる。にもかかわらず、葛藤状態において道徳的思考をめぐらせることを要求するタイプの道徳授業が存在する。そのような道徳授業において、児童生徒は何を学ぶことができるのだろうか。むしろ、道徳授業では、児童生徒がジレンマ思考に陥ることなく当事者意識をもって道徳問題と向き合えるようにする工夫が必要ではないのだろうか。

このように構想される道徳授業では、社会的問題状況や人間関係などの問題状況において、言動のための意志決定を迫られた場合、児童生徒がどうすればよいか（最善手）を考えられるようになることをめざしている。このような授業では、児童生徒はディルタイの意味での「生の連関全体における生の分節化としての学習」を行うように促される。なぜならば、どうすればよいかという思考を進めていく過程において、本質性の範疇、自己同一性の範疇、能動と受動の範疇といった実在的範疇を用いずに思考を進めていくことはできないからである。したがって、同時に意志している状態である認識を成り立たせるためには、どうしてもこの実在的範疇を用いる必要性があると考えられる。

第一節　ジレンマ資料の問題点

昭和三十三（一九五八）年以来、日本の小学校と中学校には、「道徳の時間」という授業時間があり、一週間に一回、年間で三五回実施されることになっている。この道徳授業では、読み物資料を教材にして授業が行われることが多い。道徳授業で用いられる読み物資料にはさまざまな資料があるが、そのなかに「ジレンマ資料」と呼ばれるタイプの資料がある。たとえば、「われた花びん」という資料がその一つであり、次のような内容である。(1)

けい子とのり子は家が近所で、小さい頃からよく一緒に遊んでいた。けい子はいつも明るく元気であったのだが、のり子は気が弱く友達が少なかった。しかし、五年生のクラス替えでけい子と同じクラスになったのり子は、二人でいろいろなことについて話しながら、毎日楽しく学校に通うようになっているようである。

ある日、二時間目の体育が終わってから教室へ戻る途中、二人は学校から帰ってからのことなどの話に夢中になり、時を忘れるほどであった。三時間目がもうすぐ始まろうかというときになって、今日の日直はのり子であることをけい子は思い出し、のり子に早く教室に行って準備するように促した。

　のり子が急いで教室へ行こうとしたそのとき、廊下の隅の花びんにのり子の右手がぶつかり、花びんが床に落ちたのである。思わず立ちすくんだのり子は、心配そうであった。そこに駆け寄ってきたけい子は、自分が散らばった花を花びんに元どおり挿しておくので、日直であるのり子は早く教室へ行くようにと言った。ちなみに、その花びんは大事なもので、校内美化運動の一つとして各クラスが責任をもって預かっていた。

　帰りの会で一郎が挙手して、朝見たときはなかった「ひび」が花びんの口に入っていると発言した。驚いたけい子はのり子を、不安になったのり子はけい子を見た。クラスのみんなはざわめき始め、今日の日直が水を取り替えたのはいつか、日直は誰かなどと口にしだしたのである。


「ジレンマ資料」を作成したり重視したりする論者は、「ジレンマ」論者と呼ばれている。「ジレンマ」論者は、「ジレンマ資料」を用いた道徳授業で、何をねらっているのだろうか。この読み物資料「われた花びん」について、ある「ジレンマ」論者は、次のように述べている。[2]

　すなわち、この資料を「友情」という面から考えるなら、二人の友情を守るように判断すればよいだろうし、「正義・勇気」の面から考えるなら、自己の良心に従って判断することが大切になってくる。

　しかし、二つの価値を併せ考えるなら、二人の友情を守ろうとすると正直に言わねばならぬという「正義・勇気」を犠牲にし、正直に言うことを貫こうとすれば二人の友情を犠牲にしなければならない。


　このような状況に追い込まれたら、子どもたちは一体どのような判断をするのだろうか。おそらく二つの価値を同時に考慮しながら、判断を下した結果起こり得るプラス面のこととマイナス面のことを検討していくほかないだろう。その結果子どもたちは「正義・勇気」を通して「友情」のあり方を考え、「友情」を通して「正義・勇気」のあり方を考えていくことになるのである。（傍点は原文）

この見解に対して、宇佐美寛は「この『ジレンマ資料』が示している事態は、異常であり、不健全である[3]」と言う。なぜならば、「ジレンマ資料」は、人間の現実社会での問題解決思考から懸け離れた特異な思考を要求するからである。特に乱暴な行動をしたわけでもないのに、右手が花びんにぶつかり、花びんが床に落ちたということは、花びんの置き場所が悪かったに違いないと考えるのが普通の健全な思考である。しかし、「ジレンマ」論者は、そのような点を一顧だにしない。「ジレンマ資料」の奇妙な点は、その他にもいろいろとある。花びんの口にひびが入ったくらいのことで、クラスのみんながざわめきだすのはなぜか。花びんは、買い直せばよいのではないか。帰りの会では、その代金の捻出方法について相談するべきではないのか。買い直せないほど高価な花びんなら、たやすく落ちるような場所に置いたのが悪いのではないのか。故意でもなく、特に異常な失態でもないのに、花びんが落ちれば、のり子が一方的に悪かったということになるのか。のり子とけい子は、たとえばそのように物事を広く考えるべきだと宇佐美は主張する。もちろん、クラスのみんなにも、そのように広く考えさせるべきだという主張である。さらに宇佐美は、たとえばけい子は次のような趣旨の発言をするべきだと提案している[4]。

花びんと人とどっちが大事ですか。花びんと暖《ママ》かい楽しいクラスとどっちが大事ですか。特にそそっかしいわけでもなく、まして故意ではないのに、花びんを落としてしまったのです。そののり子さんが、どうして、こんなに気にして、かくす気持ちになるのでしょう。みんなの追及がこわいからです。花びんのひびは気にしても、ひびを入らせてしまった人の気持ちのことは気にしていない冷たい雰囲気の学級……。何が「美化運動」ですか。「美」とは、花びんの外形のことですか。

それでは、「ジレンマ資料」が示している事態は、なぜ異常で不健全なものになるのだろうか。宇佐美の指摘によれば、それは「ジレンマ」論者の「視野が狭すぎる」[5]からである。宇佐美の定義では、「道徳とは、社会的状況における個人の行動のための意志決定のことである」[6]とされる。「ジレンマ」論者は、視野が狭すぎるために、道徳的な意志決定ができない。なぜならば、「ジレンマ資料」で示される問題状況を二者択一の「ジレンマ」として把握すれば、問題解決のしようがなくなってしまうからである。そもそも「ジレンマ」とは何なのだろうか。宇佐美は“dilemma”を「ディレンマ」と表記する。「ジレンマ」論者は「ジレンマ」と表記する。何種類かの国語辞典を見てみると、どちらの表記も記載されている。意味としては、二つの相反する事柄の板挟みになって、どちらとも決めかねる状態（進退両難）のことである。あるいは、論理学で二つの仮言的判断を大前提として、その判断を小前提で選言的に肯定ないし否定して結論を導き出す三段論法（両刀論法）のことである。たとえば、「城にとどまれば焼き殺される。城から出れば切り殺される」「城にとどまるか、城から出るかの他に道はない」「ゆえに、いずれにしても殺される」といった論法である。

宇佐美も言うように、もともとディレンマはない方がよいに決まっているのではないだろうか。かりに、本当の意味でのディレンマが生じたとしても、道徳的判断はそのディレンマを解消する方向で模索されなければならないのではないだろうか。少なくとも、AかBかのディレンマが生じた場合に、AかBかのいずれかをオール・オア・ナッシングの方式で選択してはならないと思われる。たとえば、より大きな文脈Cを考慮に入れて、AとBの両方を成り立たせることはできないのか。あるいは、まったく別の選択肢Dを考え出して、AとBを無意味化することはできないのか。選択肢がどうしてもAかBかしかない場合でも、「全か無か」ではなく、「半々」とか「四対六」

とか「六対四」とかの割合を適用することはできないのか。本来の道徳的な思考は、最善の解決策を模索するために、広く多面的に考えていく思考である。にもかかわらず、AかBかの選択肢を全か無かで選ぶために行う思考は、広く多面的に考えをめぐらせる思考ではない。したがって、この思考が本来の道徳的な思考であるとは言うことができない。それゆえに、むしろ反対に、道徳授業では、ディレンマ思考に陥らないように広く多面的に思考する方法を教えなければならない。いわば「ディレンマくだき[7]」を教えなければならないことになる。つまり、一見ディレンマと見えるような事態でも、それを分解していくことのできる思考力を育成していくことが求められる。ところが、「ジレンマ資料」を用いて「ジレンマ」論者が行う道徳授業では、二者択一の「ジレンマ」の枠組が強要される。これでは、広く多面的に考えるという本来の道徳的な思考はできにくくなる。

「ジレンマ資料」とそれを用いて行われる道徳授業は、そのいずれもが「オープンエンド」であると「ジレンマ」論者は主張する。しかし、そのようなことは、現実的にありえるのだろうか。二者択一の「ジレンマ」を前提にすれば、そこでなされるあらゆる思考は、あらかじめ前提された「ジレンマ」の枠内での思考にとどまらざるをえない。したがって、この思考の結果がオープンになるなどということはありえない。「ジレンマ」を前提にするということは、閉じた枠内での思考を要求するということにしかならない。やはり、人間の現実社会では、ディレンマに追い込まれないように努力するのが普通ではないのだろうか。ディレンマに陥らないためには、広く情報を収集し、ありとあらゆる対策を立て、それを確実に実行しなければならないというのが常識だと思われる。つまり、実際場面で問題を解決しようとする思考や行動には、広さや柔軟さや粘り強さが求められるというのが常識だと思われる。ところが、それに反して、「ジレンマ」論者は、道徳授業において、児童生徒に、視野が狭すぎて、不自然で、不健全で、非現実的で、粘り強さのない思考を要求していると言わざるをえない。

このことは、何も「ジレンマ資料」に限定された問題ではない。「ジレンマ資料」以外の読み物資料にも、同様の問題が認められる場合が多い。同じように視野が狭すぎて、非現実的で、非常識な思考をせざるをえなくなる問題状況を前提にした読み物資料が存在している。道徳授業で用いられる読み物資料には、このような傾向のものが多い。「ジレンマ資料」は単に極端な例にすぎないとさえ言えるほどである。取り立てて「ジレンマ資料」とは呼ばれていない普通のごくありふれた読み物資料の例を次に引用してみたい。小学校五年生用として用いられることが多い「手品師」という読み物資料である。(8)この資料でも、非常識な二者択一が強要されている。

あるところに、うではいいのですが、あまりうれない手品師がいました。もちろん、くらしむきは楽ではなく、その日のパンを買うのも、やっとというありさまでした。

「大きな劇場《げきじょう》で、はなやかに手品をやりたいなあ。」

いつもそう思うのですが、今のかれにとっては、それは、ゆめでしかありません。それでも、手品師は、いつかは大劇場のステージに立てる日の来るのを願って、うでをみがいていました。

ある日のこと、手品師が町を歩いていますと、小さな男の子が、しょんぼりと道にしゃがみこんでいるのに出会いました。

「どうしたんだい。」

手品師は、思わず声をかけました。男の子は、さびしそうな顔で、おとうさんが死んだあと、おかあさんが働きに出て、ずっと帰って来ないのだと答えました。

「そうかい。それはかわいそうに。それじゃおじさんが、おもしろいものを見せてあげよう。だから元気を出すんだよ。」

と言って、手品師は、ぼうしの中から色とりどりの美しい花を取り出したり、さらに、ハンカチの中から白いハトを飛び立たせたりしました。男の子の顔は、明るさをとりもどし、すっかり元気になりました。

「おじさん、あしたも来てくれる?」

男の子は、大きな目をかがやかせて言いました。

「ああ、来るともさ。」

「きっとだね。きっと来てくれるね。」

「きっとさ。きっと来るよ。」

どうせ、ひまなからだだ、あしたも来てやろう、手品師は、そんな気持ちでした。


その日の夜、大きな町に住む仲のよい友人から、手品師に電話がかかってきました。

「おい、いい話があるんだ。今夜すぐ、そっちをたって、ぼくの家に来い。」

「いったい、急に、どうしたと言うんだ。」

「どうしたも、こうしたもない。大劇場《げきじょう》に出られるチャンスだぞ。」

「えっ、大劇場に?」

「そうとも、二度とないチャンスだ。これをのがしたら、もうチャンスは来ないかもしれないぞ。」

「もうすこし、くわしく話してくれないか。」

友人の話によると、今、ひょうばんのマジック・ショウに出演している手品師が急病でたおれ、手術をしなければならなくなったため、その人のかわりをさがしているのだというのです。

「そこで、ぼくは、きみをすいせんしたというわけさ。」

「あのう、一日のばすわけにはいかないのかい。」

「それはだめだ。手術は今夜なんだ。あしたのステージに、あなをあけるわけにはいかない。」

「そうか………。」

手品師の頭の中では、大劇場のはなやかなステージに、スポットライトを浴びて立つ自分のすがたと、さっき会った男の子の顔が、かわるがわる、うかんでは消え、消えてはうかんでいました。

（このチャンスをのがしたら、もう二度と大劇場のステージには立てないかもしれない。しかし、あしたは、あの男の子が、ぼくを待っている。）

手品師は、まよいに、まよっていました。

「いいね。そっちを今夜たてば、あしたの朝には、こっちに着く。待ってるよ。」

友人は、もう、すっかり決めこんでいるようです。手品師は、受話器を持ちかえると、きっぱりと言いました。

「せっかくだけど、あしたはいけない。」

「えっ、どうしてだ。きみが、ずっと待ち望んでいた大劇場に出られるというのだ。これをきっかけに、きみの力が認《みと》められれば、手品師として、売れっ子になれるんだぞ。」

「ぼくには、あした約束《やくそく》したことがあるんだ。」

「そんなに、たいせつな約束なのか。」

「そうだ。ぼくにとっては、たいせつな約束なんだ。せっかくの、きみの友情に対して、すまないと思うが……。」

「きみがそんなに言うなら、きっと大切な約束なんだろう。じゃ、残念だが……。また会おう。」

よく日、小さな町のかたすみで、たったひとりのお客さまを前にして、あまり売れない手品師が、つぎつぎとすばらしい手品を演じていました。

「手品師」というこの読み物資料を用いた道徳授業では、「たったひとりのお客さまの前で手品を演じる手品師の気持ちを考えてみましょう」という発問がなされることが多いようである。ところが、宇佐美は「私には、この手品師の気持ちがわからない。彼の生きかたが、不明なことだらけである(9)」と言う。宇佐美は、「手品師」というこの読み物資料に対して、数々の疑問を抱いている。それを次に列挙したい⑽。

○「その日のパンを買うのも、やっとというありさま」で、なぜ電話があるのか。

○「うれない」なら、「大きな町」から一晩もかかる「小さな町」に、なぜ住んでいるのか。「うる」努力を、なぜしないのか。

○たまたま町を歩いている状態なのに、「ぼうしの中から色とりどりの美しい花を取り出したり、さらに、ハンカチの中から白いハトを飛び立たせたり」することが、なぜ可能なのか。自分のことを「どうせ、ひまなからだだ」と思っている手品師が、なぜ道具を持ち歩いているのか。

○この手品師は、専門家として手品を演じてみせることの意義がわかっていないのではないか。歌舞伎の世界では、「親の死に目に会えるような役者になるな」という言葉があるそうである。代役を立てられるような役者になってはいけないし、親の臨終よりも出演する方が大事なのである。この手品師には、芸術家としてのこのような誇り、気迫、責任感がないのではないか。

○この手品師は、軽率ではないか。「まよいに、まよって」いるのに、「受話器を持ちかえると、きっぱりと」返事をしてしまっている。迷うほど重要なことに、即答してはならない。いったん電話を切って、じっくり考えるべきではないか。

○この手品師は、電話をかけてきてくれた友人に事実を話して相談にのってもらえばよかったのではないか。この手品師は、「仲のよい友人」にさえ事実を話す気になれないほどの閉鎖的な男なのか。自分一人の知恵で考えようとすると、視野が狭くなり、非常識的、非現実的な考え方に陥りやすくなるのではないか。

○そもそも、大劇場への出演を選ぶか、それとも男の子との約束を守るかという二者択一が非常識ではないのか。

その男の子を探し出して、大劇場に連れて行けばよいではないか。それがうまくいかなければ、代理の手品師に約束を果たしてもらえばよいではないか。会う場所に張り紙をしておいてもよいではないか。その男の子が字が読めないとしたら、会う時刻に代理の人にその場所へ行ってもらってもよいではないか。さらに、約束をすっぽかしてもよいではないか。事の決着がつき一段落してから、男の子を探し出して謝ればよいではないか。

○この手品師は（つまり、この読み物資料の作者も、さらに、授業者も）、事柄の本質をまったく考えようとしていないのではないか。

以上のような疑問がいったん脳裏に浮かぶと、「手品師」という読み物資料はもはや読むに堪えなくなってしまう。というのも、事実関係で不明な点が多いためだけでなく、手品師の行動が非常識的で非現実的であるために、読者の思考が停止させられてしまうからである。それでは、「手品師」という読み物資料は、道徳授業においてまったく使い物にならないのだろうか。この資料には、手品師が下した判断の内容がすでに書かれている。その判断を下した手品師の気持ちをいくら推察しても、道徳的な思考の訓練にはならない。道徳的な思考の訓練を行うのであれば、置かれたこの状況のなかで、どんな判断を下すべきかということについて、広く多面的にじっくりと考える訓練をしなければならないはずである。

しかし、そのような訓練は、もとのままのかたちの資料では、実行が困難である。なぜならば、前述したように、手品師がどんな判断を下したかがすでに書かれているからである。したがって、それが書かれている部分を削除した資料を道徳授業で用いれば、読者である児童生徒は、「自分が手品師だったら、どう行動するべきか」を自由に、しかも当事者として考えることができるようになる。つまり、読み物資料「手品師」を用いた道徳授業で児童生徒の道徳的な思考力を効果的に向上させるためには、この資料の結論部分、たとえば「手品師は、受話器を持ちかえると」よりも後の文章を削除して、資料を提示すればよいのではないだろうか。

第二節　読み物資料から何を学ぶべきか

読み物資料「手品師」が提供する問題状況から、児童生徒は何を学ぶべきなのだろうか。この点について宇佐美は、「『手品師』を材料として、この手品師の状況を超え様々な状況に適用し得る行動の型を学ぶことができる。また、それを学ぶべきなのである」[11]と主張している。「手品師」の結論部分を削除した資料を用いた道徳授業では、児童生徒は否応なく「自分が手品師だったら、どう行動するべきか」について当事者として自由に考えをめぐらせるはずである。しかし、児童生徒のほとんどが将来、手品師という特殊な職業に就くわけではないということは明らかである。したがって、手品師としての処世術、つまり手品師としての成功をめざしてうまく行動する世渡りの方法を児童生徒に習得させるということが、この道徳授業の目標になることはありえない。

しかし、手品師としてどう行動するべきかということに関する問題は、道徳的な思考力を向上させるために行われる訓練の「材料」としてはたいへん価値がある。読み物資料で手品師が置かれた状況は、一つの「材料」である。この「材料」をもとにして、それ以外の状況においても役立つ内容、つまり「行動の型」を学んでいくことを道徳授業の目標にすることが最も本質的である。この「行動の型」は、「定石」とも呼ばれる。「『定石』は、この状況だけではなく、広く他の状況にも適用し得る意志決定の型である」[12]と規定される。つまり、道徳授業では、「行動の型」を「意志決定の型」、すなわち「定石」として学ぶべきだということになる。

いくつかの国語辞典を見ると、定石とは、「囲碁で、長年の研究によって、部分的に双方ともに最善とされる、きまった形の打ち方」のことである。定石に類似した言葉に、「定跡」がある。定跡とは、「将棋で、古来の研究によって、双方ともに最善とされる、きまった形の指し方」のことである。要するに、定石も定跡も、ある一定の状況で「最善とされる、きまった形の」手立てである。平成八（一九九六）年に史上初の七冠王になった棋士の羽生善治は、定跡について、次のように述べている。[13]

将棋には、いわゆる「定跡《じょうせき》」というものがあります。簡単にいうと定跡は、「この場所に行くには、こんな道が通っていますよ」と示してくれる、地図みたいなものです。

この定跡が、いまは情報として非常によく整備されていますので、知識を得るのは本当に簡単になってきました。私もプロを目指していたころは、知識を得たいと思い、定跡を一生懸命覚えていました。

しかし、いまになって振り返ると、ただそれを覚えただけではあまり役に立っていない。そこに自分のアイデアや、判断を付け加えないと、きちんとしたものとして自分の中に吸収されない、消化されないという感覚があります。

将棋にかぎらず、私たちはとかく膨大な量の情報に埋もれてしまいがちです。そういう事態を回避するためには、とにかく自分で考えることだと思います。

「これが定跡だ」と言われているものが、必ずしもいつも正しいとはかぎらないわけです。それを鵜呑みにしないで、もう一度自分で、自分の判断で考えてみるということが、非常に大事だと思います。

言い換えれば、単に知識を得るのではなく、知識を積み重ね理解していく中で、知識を「知恵」に変えていけたらいいな、と常に思っています。ここでいう「知恵」とは、一つの場面で正確な判断を下すこと、そして、解決するための「ツボ」を瞬時に見出すことをいいます。

対局中には「これはいい手だ」「悪い手だ」とか、「どういう流れだ」と瞬時に判断を下し、次の一手を選択しなければならない。そのために大きな方向性やプランを設定するわけです。

「いい」とか「悪い」というのは非常に抽象的な判断であるけれども、やはりそれぞれの局面には、解決のための「ツボ」があると思うんです。そのツボをいかに早く見つけるかということが非常に重要になります。これは、どれだけ知識があってもできるものではありません。知識を「知恵」に昇華させることで初めて可能になるのです。

ある問題状況で、それがどんな問題状況であるかについて正確な判断を下すことと、その問題状況を打開する「ツボ」を瞬時に見つけ出すための「知恵」というものを羽生は重視している。羽生は将棋に対して、このような考え方を徹底してもっている。「羽生には棋風がない」と言われるのは、おそらくそれゆえにではないかと推察されている。このことについて、小説家の保坂和志は、次のように述べている。[14]

羽生は、棋風・個性・スタイルとは、可能性を狭めるものだと考えている。既成の常識の中で一流棋士になるには明確な棋風を持つ必要があるけれど、一流を越えるためには棋風は可能性を限定するものだと考えている。

棋風を持たず、指し手の特徴や癖を持たず、つねにその局面での最善手を探すこと。棋風で指し手を選択するのではなく、あくまでも、最善かどうかで指し手を選択すること。それだけを考えるなら、棋風の入り込む余地はない。

どちらが最善手かわからないときに、「これが私の棋風だから」という言葉に逃げずに、さらに深く読むこと。…(略)…つねに最善手を考えようとしつづけるのが羽生の将棋であり、棋風に頼らず最善手を考えつづける意志の強さを持続させることのできた者が勝つ、というのが羽生の将棋観だ。しかし、棋士は通常、最善手を考えつづける意志を持続させることができない。「最善手を考えつづける」と言葉で言うのは簡単だが、現実には一局の将棋を通じてそれを持続させることができないのだ。

　…(略)…棋士が考えるのは勝つためではなく、その局面での最善手を見つけるためなのだ。先手後手で有利不利がはっきりしている戦型でないかぎり、最善手に多くこだわりつづけられた者が自然と勝つ。

　囲碁にせよ、将棋にせよ、直面している問題状況について、それがどんなものなのかを正確に判断できることがまず求められる。そして、その問題状況のなかでは、どの手が最善手なのかについて、単に定石や定跡に縛られることなく、自分の判断で粘り強く考え抜くことが求められる。このことを道徳授業の場面に置き換えれば、今直面している道徳的な問題状況がどんなものなのかをまず認識したうえで、だから「このときには、こう行動するべきだ」という「最善の行動の仕方」について、単に「行動の型」に縛られることなく、自分の判断で粘り強く考え抜くことが求められる。宇佐美は「定石」としての「行動の型」を「システム」とも呼んでいる。システムという言葉には、往々にして「閉じた体系」というイメージがつきまとっている。おそらく羽生のイメージでは、定跡というものは「閉じた知識体系」として把握されているのではないかと推察される。それゆえに、「知識」を「知恵」に昇華させることを重視しているのではないかと思われる。

　しかし、十八世紀末から十九世紀にかけての「機械論」と「生気論」の対立のなかで、当時の生物学が提起した「組織体」（organization）の概念から由来したシステムという概念には、全体は部分の総和以上のものだという考え方がもともとある。一九七〇年代以降の新しいシステム論では、システムの秩序を平衡状態とは見ずに、逆に平衡から遠く隔たっているときに生じる動的過程として捉えている[15]。だとすると、道徳的な問題状況における「システム」とは、その問題状況での「最善の行動の仕方」を粘り強く考え出すための「動的過程」だということになり、単なる「閉じた知識体系」ではないということになる。つまり、強い意志をもって最善手を探し出す動的過程がシステムだということになる。宇佐美は、「システムとは、ある目的に照らすと見出される、複数のものの間のある関係である」[16]と定義している。人間は問題状況に直面すると、当然「このときは、どう行動するべきか」ということについて考え出す。つまり、この時点で、問題状況を克服するという「目的」が与えられる。すると次に、その目的を達成するために、「何をどう考え、どう行動するか」が問われる。このようにして、「観念」と「行動」が要求されてくる。この「目的—観念—行動の関係の型」[17]が「システム」であるとされる。

道徳授業で教師が児童生徒に学ばせなければならないのは、この「システム」であると考えられる。もちろん、できるだけ多くの「システム」（「行動の型」「定石」「意志決定の型」）を児童生徒は学ぶべきである。したがって、教師は道徳授業の年間指導計画において、できるだけ多様な「読み物資料」などを取り上げなければならないことになる。というのも、通常、教師は一つの「読み物資料」などによって、一つの「システム」しか学ばせることができないからである。道徳授業での児童生徒の学習活動は、「読み物資料」などのなかで展開される特定の具体的状況における問題解決思考にとどまるわけではない。道徳授業の主眼は、むしろ特定の具体的状況から導きだされる一定の「システム」を児童生徒に学ばせる点にある。ちなみに、読み物資料「手品師」の場合は、「自分が手品師だったら、どう行動するべきか」を当事者として自由に考えるということだけでなく、さらにそれを越えて、「先約の履行に支障があるときの対処方法」[18]という「システム」を学ばなければならない。道徳授業についてのこのような考え方は、何も特異な考え方ではなく、試みに小学校及び中学校学習指導要領解説（道徳編）の「道徳教育の基本的な在り方」の考え方と比べてみると、奇しくも一致していると言うことができる。『小学校学習指導要領解説（道徳編）』には、次のような記述がある。[19]

…（略）…小学校では、人間としてよりよく生きるための共通の心の構えや行動の仕方を様々な体験や学習を通して学び、一人一人の基礎的な道徳性を確立していく必要がある。そして、それらは、人間としての生き方の自覚を重視した中学校における道徳教育へと受け継がれるのである。

つまり、ここには、小学校で学ばれるべきは、「人間としてよりよく生きるための共通の心の構えや行動の仕方」だと明記されている。これはすなわち「システム」のことである。しかし、それは「閉じた知識体系」ではなく、一人ひとりの「人間としての生き方の自覚」につながっていく「動的過程」である。『中学校学習指導要領解説（道徳編）』には、次のような記述がある。[20]

道徳は、個人の自覚と主体的実践にかかわるものである。したがって、その指導は、教師の側からの一方的な道徳的価値観の注入や押し付けではなく、自律的に考え、行動することのできる主体的な生徒の育成を目指さなければならない。すなわち生徒自身の生き方への関心に基づいて、よりよい生き方を主体的に実現していく指導が大切である。

ここに明記されているとおり、中学校での道徳教育の目的は、生徒を「自律的に考え、行動することのできる主体的な生徒」に変容させることにある。このことは、生徒に「システム」を学ばせることによって可能になると考えられる。なぜならば、「システム」を学ぶと、「このときは、こう行動するべきだ」という「最善手」を自ら考えて、それを実行に移すことができるようになるからである。『中学校学習指導要領解説（道徳編）』には、右の記述に続いて、次のような記述がある。[21]

人はだれでも、よりよく生きたいと願っている。道徳の指導は道徳的価値の実現を目指すものであるが、道徳的価値は生徒の外側から与えられるものではなく、生徒自身がよりよく生きようとするときの手掛かり、あるいは方針として主体的に求められる。道徳性は、生徒の自らの生き方への関心に基づいて内側から育てられるものである。

「システム」とは、「目的―観念―行動の関係の型」のことだった。この「システム」というものは、ある目的に照らされなければ気づかれることはない。「目的に照らす」ということは、「自分だったら、どう行動するべきか」を考えることである。したがって、「システム」（すなわち「手掛かり」「指針」）を学ばせるということが、「生徒の自らの生き方への関心に基づいて内側から」道徳性を育てるということになる。

第三節　道徳授業で何が問題か

読み物資料を用いる道徳授業で教師が児童生徒に「システム」を効果的に学ばせることができるためには、教師は用いる読み物資料の提示の仕方を工夫しなければならない。なぜならば、資料のもとのままの形を温存して資料を解釈しようとすると、資料が内包している「システム」に気づきにくいからである。「システム」に気づかなければ、「システム」を学ぶことはできない。教師が読み物資料をどう提示すれば、その資料が内包している「システム」に児童生徒は気づきやすくなるのだろうか。その一例として、「手品師」の場合における工夫についてすでに言及した。結論部分を削除した資料を提示するという工夫である。そして、児童生徒に、「自分が手品師だったら、どう行動するべきか」を当事者として自由に考えさせるのが効果的だと思われる。この場合、この問題に対して、できるだけたくさんの対処方法を考え出させることが重要である。いわば「ブレーン・ストーミング」をさせるのである。そして、その後で、「最善手」を見つけ出させる。

それが十分にできれば、児童生徒はこの場合の対処方法の「定石」「行動の型」「意志決定の型」、すなわち「システム」（「手品師」の場合だと、先約の履行に支障があるときの対処方法）に気づくことができるだけの思考力を身に付けていくと期待される。そのようにして児童生徒の思考力が育っていけば、読み物資料で問題となった状況に類似した他の問題状況でも、「このときは、こう行動するべきだ」という判断ができるようになるはずである。なぜならば、児童生徒は個別具体の状況における特定の対処方法だけを学んだのではなく、さらに進んで、同種の問題状況に共通する対処方法としての「定石」「行動の型」「意志決定の型」、すなわち「システム」も学んだからである。それでは、次に、読み物資料を効果的に提示する仕方の別のパターンについて、小学校三年生用として用いられることが多い「ことばのまほう」[22]という読み物資料を例にして考えてみたい。現場教師の話によると、児童生徒の言動が粗野になる時期を見計らって、この種の資料を用いた道徳授業が計画されることが多いという。


　きょうはまちにまったゲームのソフトが発売される日です。ぼくは学校から帰ると、すぐに家をとびだしました。

　店のドアをあけて、中に入ろうとしたとき、中からとび出てきた男の子とぶつかってしまいました。ぼくは、思わず、

「いたいなあ。よく前を見ろよ。このあわてんぼ！」

と、その子にむかってどなりました。するとその子も顔色をかえて、

「何いってんだ。おまえがとびこんでくるのがいけないんだろう。」

と、いいかえしてきました。

「なんだよ、そのいい方は！」

とにらみ合い、もう少しでつかみあいになるところでしたが、ほかの人に、

「じゃまだ。」

といわれ、にらみあったままわかれました。

帰り道、ぼくは、むしゃくしゃしてたまりませんでした。

あくる日、ぼくは前の日のいやな気分をかかえたまま、スーパーにおつかいに行きました。みかんをかごに入れ、つぎは何を買うのかメモを見ながら角をまがったとたん、前から来た男の子とぶつかってしまいました。おとしたかごからころころと、みかんがころがり出ました。ぼくは、むっとして、もんくをいってやろうと思いました。するとその子は、

「あっ、ごめんね。ほんとうにごめんね。」

といって、みかんをいそいで一つ一つひろい、手でこすってよごれをおとそうとしてくれました。

「いいんだよ。ぼやっとしていたぼくもわるいんだから。」

そういって、その子といっしょにちらばったみかんをあつめました。

「ひろってくれてありがとう。」

というと、その子はにこっとわらいました。

ぼくはなんだかうれしくなって、自転車のペダルをすいすいこぎながら、家に帰っていきました。


この読み物資料「ことばのまほう」に内包されている「システム」は、どんなシステムだと言うことができるのだろうか。それはたとえば、「偶発的な事件に遭遇したときの第一声の発し方」とでも言えるのではないかと考えられる。邪険な言葉には、邪険な言葉が返ってくる。思い遣りの言葉には、思い遣りの言葉が返ってくる。まさに「因果応報」である。あるいは「目には目を、歯には歯を」の同害報復である。この資料では、このようなシステムを容易に学ぶことができる。とはいえ、もし教師がこの読み物資料の提示の仕方にちょっとした工夫を加えると、資料に手を加えずそのままの形で単に提示した場合よりも、もっと効果的にシステムを児童生徒に学ばせることができるのではないだろうか。どんな工夫がありえるのだろうか。

たとえば、「第一声」の部分（二箇所）を空欄にするという方法はどうだろうか。「いたいなあ。よく前を見ろ

よ。このあわてんぼ！」と「あっ、ごめんね。ほんとうにごめんね。」の台詞を削除して、その部分を空欄にするという方法である。そして、児童生徒に空欄部分の台詞を自由に考えさせるように試みる。すると、児童生徒は「第一声の発し方」がもっている決定的な力の大きさに気づかざるをえないのではないかと思われる。さらに、「この場面に遭遇したのが自分だったら、そこで何と言うのか」を当事者の立場で考えさせると、児童生徒はこのシステムをよりよく認識するのではないだろうか。言葉が現実を形作っていくという捉え方もなされることができる。

それでは、具体的に授業はどう進めたらよいのだろうか。第五章と第六章でも考察したが、道徳教育と道徳授業について筆者らが行った二つの共同研究[23]をもとにすると、およそ次のような進め方が効果的ではないかと考えられる。[24]

○まず、児童生徒はこの授業で、何を、なぜ学ぶのかについて、教師が簡潔に話す。（用いる資料が内包している「システム」について、授業の冒頭で教師があらかじめ示唆しておく。言うまでもないが、教師は教材研究の段階で資料をよく読み込まないと、資料の「システム」に気づけない。）

○次に、教師が読み物資料を範読する。（授業では、「システム」一部を削除したり、空欄にしたりして、授業目的を効果的に達成するための工夫を加えた資料を用いる。）

○授業のこの段階までの進行は、可能なかぎり迅速に行う。

○読み物資料が示している問題状況をよく認識させて、児童生徒に「自分だったら、どう行動するか」を当事者の立場で自由に考えさせ、できるだけ多く発表させる。（このとき、教師は児童生徒が発表しやすい雰囲気を作り出し、発表の真意を正確に聞き取るように努め、児童生徒の考えを十分に引き出す。）

○その後で、冒頭で示唆しておいた「システム」に教師が言及し、読み物資料で問題となっている状況に類似した他の問題状況の例を児童生徒にできるだけ多く列挙させ、その場合にどうするかを発表させる。（発表のさせ方については、前述の点に留意する。）
○用いた読み物資料から、児童生徒がどんな「システム」を学習したかについて、教師がまとめる。
○児童生徒に「今日の授業で何がわかったか」を記述させて、発表させる。
○さらに時間的に余裕があれば、児童生徒に「友だちの発表を聞いて何がわかったか」を記述させて、発表させる。

たとえば以上のような道徳授業には、社会的問題状況や人間関係などの問題状況において、言動のための意志決定を迫られた場合、児童生徒が「どうすればよいか」（最善手）を考えることができる力を効果的に向上させる工夫に必要な基本原理が含まれていると思われる。小学校及び中学校学習指導要領第三章道徳の「第三　指導計画の作成と（各学年にわたる）内容の取扱い」（括弧書きの部分は、小学校の場合）に、「児童／生徒自らが成長を実感でき、これからの課題や目標が見付けられるよう工夫する必要がある」[25]という定めがある。言うまでもなく、道徳授業における読み物資料の提示の仕方の工夫は、そのための工夫でもある。

註

（1）宇佐美寛『「価値葛藤」は迷信である―「道徳」授業改革論―』（宇佐美寛・問題意識集一二）明治図書、二〇〇五年、一五一―一七頁参照。（宇佐美が引用している資料の出典は、次のものである。荒木紀幸編著『道徳教育はこうすればおもしろい―コールバーグ理論とその実践―』北大路書房、一九八八年、一八三―一八四頁。）
（2）宇佐美寛『「価値葛藤」は迷信である』一七頁から引用。（これは徳永悦郎の見解である。出典は、次の箇所である。

荒木紀幸編著『道徳教育はこうすればおもしろい』三九頁。）
（3）宇佐美寛『価値葛藤」は迷信である』一八頁。
（4）宇佐美寛『価値葛藤」は迷信である』一九頁。
（5）宇佐美寛『価値葛藤」は迷信である』一九頁。
（6）宇佐美寛『価値葛藤」は迷信である』一九頁。
（7）宇佐美寛『価値葛藤」は迷信である』二〇頁。
（8）宇佐美寛『「道徳」授業に何が出来るか』明治図書、一九八九年。この資料は、いわゆる「文部省資料」と言われる資料である。
（9）宇佐美寛『「道徳」授業に何が出来るか』一六頁。
（10）宇佐美寛『「道徳」授業に何が出来るか』一六―二二頁参照。
（11）宇佐美寛『「道徳」授業に何が出来るか』四二頁。
（12）宇佐美寛『「道徳」授業に何が出来るか』七六頁。
（13）羽生善治『羽生善治　挑戦する勇気』朝日新聞社、二〇〇二年、八六―八八頁。
（14）保坂和志『羽生　二十一世紀の将棋』朝日出版社、一九九七年、三四―三五頁。あらためて言うまでもないが、「最善手」が文字通り最善手だとはかぎらない。
（15）大澤真幸「システム論」『岩波哲学・思想事典』岩波書店、一九九八年、六三五頁参照。
（16）宇佐美寛『「道徳」授業に何が出来るか』七六頁。
（17）宇佐美寛『「道徳」授業に何が出来るか』二〇四頁。
（18）宇佐美寛『「道徳」授業に何が出来るか』四二頁。
（19）文部科学省『小学校学習指導要領解説（道徳編）』国立印刷局、二〇〇四年、一三頁。
（20）文部科学省『中学校学習指導要領解説（平成十年十二月）―道徳編―』財務省印刷局、二〇〇一年、二三―二四頁。
（21）文部科学省『中学校学習指導要領解説（平成十年十二月）―道徳編―』二四頁。
（22）辰野千寿『かがやけ みらい』小学校道徳三年、学校図書、二〇一四年、二―三頁。
（23）森邦昭、藤井美智子、石川由美子、武田綾子、池田楠緒子、山田稔（福岡市教育センター道徳研究室）「学習意欲と

学習スキルを向上させる道徳教育実践の試み—「ピグマリオン効果」及び『教師学』の応用—」『福岡市教育センター平成十六年度研究紀要』第六九八号、二〇〇五年、一—六四頁。森邦昭、藤井美智子、石川由美子、佐々木妙、池田楠緒子（福岡市教育センター道徳研究室）「『わたしメッセージ』で児童生徒に認識をもたらす道徳授業の試み」『福岡市教育センター平成十七年度研究紀要』第七二二号、二〇〇六年、一—二〇頁。

(24) このことを実際に検証する目的で、筆者は共同研究に取り組んだ。森邦昭、藤井美智子、佐々木妙、小城達、柴田孝一「読み物資料の提示の仕方を工夫して思考力を育てる道徳授業の試み」『福岡市教育センター平成十八年度研究紀要』第七四七号、二〇〇七年、一—二一頁。

(25) 文部科学省『小学校学習指導要領』国立印刷局、二〇〇四年、九五頁。文部科学省『中学校学習指導要領』国立印刷局、二〇〇四年、一〇二頁。

第八章　道徳的ジレンマとどう向き合うか

前章で見たように、道徳的ジレンマに陥ることがないように日頃から備えておくことがもちろん重要であるが、これを避けて通れない場合は、どうしたらよいのだろうか。マイケル・サンデルは「正義」という哲学的・思想的観点から選択の原理について考察を加えているが、グリーンらの研究では「功利主義的選択」と「義務論的選択」という概念を用いて、人間が道徳的ジレンマに直面した場合、ジレンマの内容によって脳の活動状態が異なるという点に着目している。つまり、「道徳の神経哲学」では、道徳的認知に感情が関与しているのではないかという点から、人間が道徳的ジレンマを脳のどんなシステムによって解決しようとしているのかの解明がめざされている。

しかし、その場合、脳全体の状態、つまり人間の心の全状態を前提に置いて考えなければならないのではないかと思われる。人間の脳が有する大きな特徴の一つは、その脳は他者と共感することができるという点にある。それゆえに、人間は他者と関係を築き、協力し合って社会を形成してきた。たしかに、人間関係はストレスのもとにもなるが、人間関係を避けると共感脳が衰え、他人の気持ちがわからず、誰とも共感できなくなってしまうと言われている。この「共感力」は、「他者の経験を理解し共有する能力」と定義されるが、そのようなことはいつでもどこでも可能なのだろうか。実際、困難な道徳的問題についての討議が同意に至るという保証はなく、他者の道徳的・宗教的教条を学べば学ぶほど嫌いになるという可能性もある。しかし、それでもサンデルは、これ以外に進むべき道はないのではないかと考えている。こうした共感力のメカニズムについては、ディルタイにおける「抵抗経験」という概念から説明ができるのではないかと思われる。

第一節　正義論

サンデルは、「正しいことをする」とはどんなことをするのかという道徳問題を考えるための糸口として、数多くの事例的状況を設定している。その一つに、「暴走する路面電車」という設定がある。(1) 路面電車が時速六〇マイル（時速約九六キロメートル）で疾走している。運転士が前方を見ると、五人の作業員が線路上にいる。運転士は電車を止めようとするが、ブレーキがきかないため、電車を止められない。このままでは電車が五人の作業員をはねてしまい、全員が確実に死亡することは明白だという状況である。そのとき、運転士は、右側へそれる待避線があることに気づく。しかし、その待避線には、一人の作業員がいる。電車を待避線へ向ければ、一人の作業員は死亡するが、五人の作業員を助けることはできる。もしあなたが路面電車の運転士だったら、このとき、どうすべきか（事例一）。

次の設定は、これとは少し違っている。あなたは路面電車の運転士ではなく、線路を見下ろす橋の上に立っている傍観者である。線路上を電車が走ってくるが、今回は待避線がない。ここでもブレーキがきかないので、電車は前方にいる五人の作業員をはねてしまわざるをえない。そのとき、あなたはあなたの隣に、「とても太った男」がいることに気づく。その男を橋の上から突き落として電車の行く手を阻めば、その男は死亡するが、五人の作業員は助かるという状況である。もちろん、あなた自身がみずから電車の前に飛び降りることもできるが、小柄すぎて電車を止められないことがわかっているとする。このとき、あなたはその「とても太った男」を突き落とすべきか（事例二）。

事例一の場合、ほとんどの人の回答では、五人の命を救うために一人を犠牲にするのが正しい行為だと思われているようである。その理由としては、何の罪もない一人を犠牲にするのは悲劇には違いないが、五人を殺してしまうよりはましだということが考えられているようである。しかし、事例二の場合、五人の命を救うために一人を犠牲にするという事態はまったく同じであるにもかかわらず、ほとんどの人の回答では、その「とても太った男」を突き落とすのは完全な間違いで、実に恐ろしい行為だと思われているようである。もし助かる作業員の人数と犠牲となる作業員の人数が重要だとするならば、五人の命を救うために一人を犠牲にするという事例一の原理は、同一の事態なのになぜ事例二に適用されないのだろうか。

その理由は、「とても太った男」を突き落として殺すよりも、作業員一人を路面電車ではねて殺す方が、残酷さがより少ないとほとんどの人が感じるからではないかと思われている。たしかに、「素手」で男を突き落とす方が、電車を待避線に向けるために運転台の「ハンドル」を回すよりも、より残酷な仕打ちであるように感じられる。しかし、もし「素手」を用いる必要はなく、たとえば橋に設置された何らかの「ハンドル」を回すと「落とし戸」が開いて男を線路上に落とせるとしたら、どんな判断が帰結するのだろうか。そのように考えれば、どんな判断が帰結するかは、犠牲者に与えられる被害状況ではなく、「決定を下す人の意図」[2]に左右されていることが明らかになるのである。

たとえば、単純に幸福の最大化を図ろうとするジェレミー・ベンサムのような功利主義者であれば、犠牲となる人数の原理を用いて決定を下すのではないかと考えられる。しかし、ジョン・スチュアート・ミルのようなもう少し賢明な功利主義者であれば、「とても太った男」を突き落とすことは避けるべきだと判断するかもしれない(3)。なぜならば、たまたま橋の上にいただけで突き落とされることがあるとなれば、多くの人たちが橋の上に立つことを怖がるようになるといった二次的影響によって、長期的には効用が減少することが懸念されるからである。しかし、行動の「動機」を重視する哲学者のイマヌエル・カントであれば、全体の福祉のために人間を利用するのは誤りだと考えるはずである。なぜならば、ミルのような理由から突き落とすことをやめたとしても、このこと自体は他者の幸福のための「手段」として捉えられていて、人間の尊厳が尊重されていないし、人格そのものが究極目的として扱われていないからである。

カントの考え方では、ある行動が道徳的であるか否かは、その行動がもたらす結果ではなく、その行動を起こす意図によって区別される。つまり、ここで重要なのは「動機」である。しかも、その「動機」は「決まった種類の動機」でなければならない。何らかの不純な動機から行動するのではなく、「そうすることが正しいから」という理由から行動するときにのみ、道徳的な行動が成り立つ。カントは、行動に道徳的な価値を与える動機を、「義務の動機」と呼んでいる。しかし、残念なことに、カントは、義務の具体的内容や、道徳の最高原理が命じる内容を明らかにしていない。とはいえ、カントは、私利や必要性、欲望や選好、生理的要求などを満たそうとする「傾向性の動機」からは、道徳的な行動は成り立たないことを明らかにしている。カントにおいては、道徳的に行動することは、「義務の動機」から行動することであり、道徳法則のために行動することである。道徳法則を構成しているのは、定言命法である。定言命法は人格それ自体を究極目的として尊重することを要求するが、定言命法に従って行動するかぎり人間は自由な行動をすることができる。なぜならば、仮言命法に従って行動すれば人間は外部から与えられた利益や目的のために行動するしかなく、この場合は自由に行動できないからである。それに反して、自分自身が定めた法則に従って自律的に行動すれば、自然や状況から課される命令から逃れることができ、自由に行動できる。

このように、道徳的に行動するということは、たしかに、規範や規則に従って行動することだと言うこともできる。しかし、アリストテレスの考え方から見れば、そのような行動には、「美徳」[4]が有している重要な機能が必要不可欠である。[5]なぜならば、たとえ適切な規則があったとしても、その規則をいつ、どのように適用するかという実践的能力が備えられていなければ道徳的行動は成立しないからである。したがって、道徳教育においては、「ここではこの規則をこのように適用すべきである」という判断ができるようになる実践的能力の育成が行われなければならないことになる。サンデルはアリストテレスに即して美徳についての考察を進めるが、美徳は両極端の間のどこかに存する中庸にあるということに着目している。中庸（mesotes）はアリストテレスの徳論の中心概念であり、そこでは過大と過小の間の最適点を見定めることが重要である。たとえば、臆病と大胆の間に勇気の美徳を見定めることによって、質的に異なった美徳の次元に達することができる。もちろん、中庸を見定めることは容易ではない。しかし、ある適切なことを行おうとする場合、適切な人に、適切な度合いで、適切なときに、適切な動機から、適切な方法で行うことが求められる。美徳には判断が必要であり、その判断は実践的な知恵である。

「暴走する路面電車」における判断の問題は、電車を待避線へ向けるか否か（事例一）、「とても太った男」を橋の上から突き落とすか否か（事例二）という選択の問題だと捉えることもできる。サンデルは、功利主義、リバタリアニズム（自由至上主義）、カントの哲学、ジョン・ロールズの正義論、アリストテレスの目的論的思考などを検討した後で、次のように述べている。「これまで提示してきた哲学的議論と取り組み、そうした議論が社会生活においてどう展開されるか観察してきた結果、私はこう思う。選択の自由は――公平な条件の下での選択の自由でさえ――正しい社会に適した基盤ではない。そのうえ、中立的な正義の原理を見つけようとする試みは、方向を誤っているように私には思える。道徳にまつわる本質的な問いを避けて人間の権利と義務を定義するのは、つねに可能だとはかぎらない。たとえ可能であっても、望ましくないかもしれない[6]」。

それでは、サンデル自身はどうすればよいと考えているのだろうか。何が正しい行動かについて百家争鳴の状態になれば、政治や行政などの公共部門が関与するようになって、さまざまに立場を異にする論者どうしの結びつきはますます弱くなることがあるかもしれないが、サンデルはこれとは逆の発想をしている。「道徳的不一致に対する公的な関与が活発になれば、相互的尊敬の基盤は弱まるどころか、強まるはずだ。われわれは、同胞が公共生活に持ち込む道徳的・宗教的信念を避けるのではなく、もっと直接的にそれらに注意を向けるべきだ――ときには反論し、論争し、ときには耳を傾け、そこから学びながら。困難な道徳的問題についての公の討議が、いかなる状況でも同意に至るという保証はないし、他者の道徳的・宗教的教条を学べば学ぶほどそれが嫌いになるという可能性は、つねにある。しかし、やってみないことには、わからない。／道徳に関与する政治は、回避する政治よりも希望に満ちた理想であるだけではない。公正な社会の実現をより確実にする基盤でもあるのだ[7]」。

第二節　神経哲学

信原幸弘は、きわめて興味深いことに、問題状況としてはサンデルの「暴走する路面電車」とまったく同一の状況設定から、「道徳の神経哲学」（neurophilosophy of morality）という新しい領域において、道徳と感情の関係について論じている[8]。ただし、その問題状況は、ここでは「トロッコ問題[9]」と呼ばれている。ブレーキが故障したトロッコが暴走している。その先の軌道上に五人の作業員がいて、このままでは全員がひき殺されてしまう。しかし、軌道の脇に転轍機があり、それを切り替えると、トロッコを別の軌道へ向かわせることができる。ところが、その軌道上には一人の作業員がいて、今度はその作業員がひき殺されてしまう。このとき、あなたは転轍機を切り替えるべきか（事例一）。

次の設定でも、やはりブレーキが故障したトロッコが暴走していて、このままでは五人の作業員がひき殺されてしまう。しかし、トロッコと五人の作業員の間に、軌道をまたぐ歩道橋があり、その歩道橋の上に、あなたとあなたの隣に「太った男」がいる。あなたは軽量なので軌道に飛び降りてもトロッコは止まらないが、あなたが「太った男」を突き落とせばトロッコは止まって五人の作業員は助かる。しかし、その「太った男」は死亡する。このとき、あなたは「太った男を」突き落とすべきか（事例二）。

事例一では大半の人が「はい」と答え、転轍機を切り替える方を選択し、事例二では大半の人が「いいえ」と答え、「太った男」を突き落とす方を選択しないという。なぜ、そのような結果になるのだろうか。グリーンらの研究によれば、事例二においての方が事例一においてよりも「感情的な負荷」が大きいのではないかという理由が考えられている。[10] もしそうだとすれば、道徳的判断に感情がかかわっているということになるが、それでは、感情は道徳的判断にどうかかわっているのだろうか。

何が道徳的に善なのかという問題については、古代から議論がなされている。主要な立場としては、サンデルも取り上げていたように、アリストテレスの徳論、ベンサムやミルの功利主義、カントの義務論などがある。心理学では、二十世紀以降、特に子どもの道徳的発達に関する研究が行われているが、善悪を判断する理由がどれだけ理性的・普遍的であるかによって発達段階を三レベル六段階に区分するコールバーグの道徳性発達段階説がよく知られている。一九八〇年代に入ると、道徳に関する脳科学的研究も行われるようになった。一九九〇年代になると、機能的磁気共鳴画像法（fMRI）などの手法を使って、脳の活動を詳しく調べることができるようになった。この頃から、脳に損傷のない健常者を対象にした脳科学研究が行われるようになった。二〇〇〇年頃からは、fMRI を用いて、たとえばトロッコ問題のような道徳的ジレンマに直面したとき、どの脳部位が道徳的認知に対応しているかを探り出す研究が行われるようになった。道徳的認知に感情がどう関与しているかを調べた fMRI 研究としては、グリーンらの研究とモルらの研究が代表的だとされている。[11] 信原は、グリーンらの研究を基にして、道徳的ジレンマに直面したときの脳活動を fMRI で計測した結果を紹介している。グリーンらは、ジレンマの内容を次の三種類に分けている。

（A）たとえば、時間内に目的地に行くのにバスで行くか電車で行くかのように、道徳的内容をもたないジレンマ

（B）たとえば、トロッコ問題の事例一のように、道徳的内容をもつものの「非人身的」（impersonal）なジレンマ

（C）たとえば、トロッコ問題の事例二のように、道徳的内容をもっていて「人身的」（personal）なジレンマ

「人身的」と「非人身的」の区別については、次の三つの基準をすべて満たすものが「人身的」であり、そうでないものが「非人身的」だとされる。

①深刻な身体的危害を引き起こすことが十分予想される。
②その被害が特定の人に及ぶ。
③単に既存の脅威を回避しようとした結果として別の人に危害が及んでいるというのではなく、直接的にその危害が引き起こされている。

事例一では、①と②の基準は満たされるが、転轍機が切り替えられての一人の作業員の死は五人の作業員の死を回避しようとした結果に他ならないので、③の基準は満たされていないとされる。したがって、事例一は非人身的ジレンマだとされる。事例二では、隣の「太った男」を直接的に突き落として殺すので、①と②だけでなく、③の基準が満たされているとされる。したがって、事例二は人身的ジレンマだとされる。グリーンらが fMRI で脳活動

を計測した結果、中前頭回、後帯状回、角回という感情に関する脳部位の活動は、人身的ジレンマ考慮中（C）の方が非人身的ジレンマ考慮中（B）より有意に高かった。さらに、人身的ジレンマ考慮中（C）と道徳的内容をもたないジレンマ考慮中（A）を比較しても、（C）の方が（A）より有意に高かった。このことから、（B）は（C）よりも（A）に似ていて、（C）だけが感情に関する脳部位の活動が有意に高いということがわかった。

事例一の非人身的ジレンマでは、一人を犠牲にして五人を救うという選択をする人が多い。グリーンらの見解では、この選択の方がもう一方の選択に比べて幸福の総量がより大きいとみなされる。そのような理由から、この選択は「功利主義的選択」と呼ばれる。これに対して、事例二の人身的ジレンマでは、一人を犠牲にしないで五人を死なせるという選択をする人が多い。グリーンらの見解では、この選択は「人間を目的としてではなく単なる手段として扱ってはならない」という（カント的な）道徳法則に基づいているとみなされる。そのような理由から、この選択は「義務論的選択」と呼ばれる。

サンデルは「正義」という哲学的・思想的観点から選択の原理について考察を加えているが、グリーンらの研究では、「功利主義的選択」と「義務論的選択」という概念を用いるのが妥当かどうかの問題はあるにしても、人間が道徳的ジレンマに直面したとき、ジレンマの内容によって脳の活動状態が異なるということに着目している。つまり、道徳的認知に感情が関与しているのではないかという点が着目点であるが、それでは、その関与のメカニズムはどうなっているのだろうか。これに関しては、グリーンらの「認知的制御モデル」とモルらの「皮質辺縁系統合モデル」の二つが挙げられる。

認知的制御モデル（グリーンらの研究）

グリーンらは、次のように考えている。トロッコ問題の事例二の場合は、「太った男」を突き落とすことに対しては自動的に否定的感情が生じる。しかし、このことと並行して「一人を犠牲にしても五人を救う方がよい」という抽象的推論も行われる。にもかかわらず、そのような理性的推論過程によっては、感情的反応を認知的に制御しきれない。それゆえに、「太った男を突き落とさない」という選択が行われる。トロッコ問題の事例一の場合は、転轍機を切り替えることに対しては否定的感情がほとんど生じない。したがって、それを認知的に制御する必要もほとんど生じない。それゆえに、「一人を犠牲にしても五人を救う方がよい」という抽象的推論が完遂されて、「転轍機を切り替える」という選択が行われる。

つまり、グリーンらの考え方では、道徳的選択を迫られた場合、人身的ジレンマでは「功利主義的選択」が理性的には支持される。しかし、それを否定する感情も生じる。この葛藤を解消するために、感情に対して認知的制御が行われる。この制御が成功すれば、「功利主義的選択」がなされる。反対に、この制御が失敗すれば、「義務論的選択」がなされる。とはいえ、かりにこのモデルが正しいとしても、すべての人身的ジレンマにおいて、そのような「葛藤と制御」が起きるのかという問題が出てくる。グリーンらは、この問題に気づいて、人身的ジレンマを「容易なジレンマ」と「困難なジレンマ」の二つに分けることを提案している。「容易なジレンマ」では、選択するのにあまり時間を要せず、大多数の人が同じ選択を行う。「困難なジレンマ」では、選択するのにかなりの時間を要し、人々の間で選択が分かれる。「容易なジレンマ」とは、たとえば「嬰児殺しのジレンマ」である。親が自分の生活のために、生まれたばかりの赤ちゃんを殺すかどうかというジレンマに直面したとしても、葛藤はほとんど生じず、赤ちゃんを殺すことは直ちに否定されてしまう傾向にある。「困難なジレンマ」とは、たとえば「泣く赤ん坊のジレンマ」である。敵兵に見つからないようにするため、村の人たちが一緒に隠れているとき、赤ん坊が泣き出してしまった。赤ん坊の口を塞いで殺さなければ、敵兵に見つかってしまい、皆殺しになってしまうとしたら、どうしたらよいのだろうか。赤ん坊を窒息死させるかどうかの選択は、「困難なジレンマ」である。

グリーンらは、次のような予想をした。「容易なジレンマ」では、「功利主義的選択」への否定的感情が圧倒的に湧き起こる。したがって、葛藤が生じない。それゆえに、認知的制御も行われない。その結果、直ちに「義務論的選択」がなされる。これに対して、「困難なジレンマ」では、否定的感情と理性的結論の間で葛藤が生じる。したがって、認知的制御が行われなければならない。この制御が成功すれば、「功利主義的選択」がなされる。反対に、この制御が失敗すれば、「義務論的選択」がなされる。この予想を検証するために、グリーンらはfMRIで脳活動を計測した。その結果、「困難なジレンマ」考慮中の方が、「容易なジレンマ」考慮中よりも、「前頭前野背外側部の前部」と「帯状回皮質の前部」の活動がより高かった。「帯状回皮質の前部」は、葛藤が存在しているときに賦活すると考えられている部位である。「前頭前野背外側部の前部」は、認知的制御を行うと考えられている部位である。このことから、グリーンらは、「困難なジレンマ」では「功利主義的選択」に対して否定的感情が生じて葛藤と認知的制御が起こり、「容易なジレンマ」では葛藤も認知的制御も起こらず直ちに「義務論的選択」がなされるという予想が裏づけられたと考えた。

皮質辺縁系統合モデル（モルらの研究）

グリーンらのモデルでは、トロッコ問題の事例二の場合、「太った男」を突き落とさないという「義務論的選択」は、突き落とすことに対する否定的感情を理性によって認知的に制御しきれないためにやむをえない非合理的選択になっている。つまり、このモデルでは、感情が果たしている役割は、合理的な道徳的認知を妨げることだけになっている。もしそうであれば、感情はそのような否定的役割しか果たさないことになってしまう。それに反して、モルらは、グリーンらとは異なって、感情に肯定的役割を与えるようなモデルを提唱している。モルらのモデルによれば、道徳的認知においては、「理性的認知を司る皮質」と「感情を司る辺縁系」は一つの統合的システムをなしていて、この「皮質辺縁系統合システム」のなかでそれぞれの選択肢が「認知と感情の両面」から評価され、最も高く評価された選択肢が選ばれるとされる。

たとえば、「一人を犠牲にしても五人を救うかどうか」というトロッコ問題では、「一人を犠牲にする」という選択は五人を救うことにはなるが殺人の苦悩を一生背負うことになるという観点から評価され、「一人を犠牲にしない」という選択は一人を殺すことはしないが何もしないことによって五人を死なせる責任を負うことになるという観点から評価される。このように、皮質辺縁系統合モデルでは、二つのそれぞれの選択肢について、認知と感情の両面からの評価がなされ、その評価の結果、より高く評価された方が選択されるという考え方がなされる。グリーンらのモデルでは、理性と感情はそれぞれ無関係に選択肢を評価し、理性が選択した選択肢と感情が選択した選択肢が食い違う場合に、理性が感情を抑止しようとするという考え方がなされていた。これに対して、モルらのモデルでは、理性と感情が一体となって二つの選択肢を評価することによって、よりよい選択がなされようとする。モルらの考え方から見れば、グリーンらが考える「理性と感情の葛藤」は、実際に起きている葛藤ではない。実際は、理性と感情が葛藤しているのではなく、それぞれの選択肢が理性と感情の両面から評価された結果、どちらの選択肢も選択しにくいという状況で「二つの選択肢の葛藤」が起きているというのがモルらの考え方である。

このような考え方をする皮質辺縁系統合モデルでは、トロッコ問題の事例二の場合、「太った男」を突き落とすことに対して生じる否定的感情は「適切な感情」だとみなされる。そして、そのような「適切な感情」が「理性的な認知」と協働して、正しい道徳的認知を形成しようとするとされる。殺人に喜びを感じるような「不適切な感情」は正しい道徳的認知の形成にとって妨げとなるであろうが、「適切な感情」は正しい道徳的認知の形成を促進するはずだと考えられる。このことは、理性についても同様に捉えられている。理性も適切に機能すれば道徳的認知を促進するであろうが、不適切に機能すれば道徳的認知を妨げるはずだと考えられる。さらに、モルらの考えでは、感情は道徳的認知を促進するだけではなく、「動機づけ」の役割も果たす。理性の面から「多くの村人を救うために、泣く赤ん坊を窒息死させる」という選択をしたとしても、その選択の結果を支持する感情が伴わなければ、その行為を実際に遂行することは難しい。したがって、感情は道徳的判断に関与しているだけではなく、判断の結果として選択された行為を実際に遂行させるための「動機づけ」の役割も果たしていると考えられる。

純粋に理性的な考慮システム

たとえば「泣く赤ん坊のジレンマ」のような「困難なジレンマ」では、理性と感情が一体となった皮質辺縁系統合システムによって両選択肢が評価されて選択されると考えるモルらのモデルの方が、理性と感情が個別に両選択肢を評価し、理性が感情を制御した結果として選択がなされると考えるグリーンらのモデルよりも、たしかにより説得力があるように思われる。しかし、感情から独立した「純粋に理性的な考慮システム」(純粋理性的システム)も存在するかもしれないという考え方もある。[12] つまり、これは、感情に左右されることなく、純粋に理性的に考慮することによってのみ成り立っている選択システムというものも存在するかもしれないという考え方である。この考え方では、そのメカニズムはどうなっているのだろうか。

実際問題として、「泣く赤ん坊のジレンマ」において、赤ん坊の口を塞ぐべきだと判断したにもかかわらず、最終的には赤ん坊の口を塞がないことを選択することもありえる。さらに、この場合、最終的に赤ん坊の口を塞がなかったとしても、赤ん坊の口を塞ぐべきだという判断それ自体は何ら変わることはないということもありえる。このような苦渋と矛盾に満ちた選択は、たしかに皮質辺縁系統合システムにおいてなされているように思われる。しかし、赤ん坊の口を塞ぐべきだという判断それ自体は、感情抜きの純粋理性的システムによって下されていると考えることもできる。純粋理性的システムでは、赤ん坊の口を塞ぐか否かの両選択肢が、もっぱら理性によって評価されていく。たとえば、赤ん坊の口を塞げば、赤ん坊は死ぬ。しかし、多くの人が助かる。多くの人を助けるために赤ん坊を犠牲にすることは、その赤ん坊を「目的のための手段」として扱うことであるから、道徳的に問題がある。にもかかわらず、多くの人が助かることは、それ自体としてよいことである。これとは反対に、赤ん坊の口を塞がなければ、敵兵に見つかって皆殺しにされてしまう。赤ん坊も殺される。けれども、赤ん坊をみずからの手で殺さないので、「目的のための手段」として赤ん坊を扱わないですむ。そのような比較考量をひたすら理性的に遂行していくのが、純粋理性的システムである。

とはいえ、純粋理性的システムから最終的に下された判断は、実際に行動に移されるのだろうか。もしモルらが主張しているように、行動への動機づけを与えるのは感情だけだとすると、感情を排除してしまっている純粋理性的システムだけによって、判断結果を実行するのは難しくなってしまわざるをえない。さらに、ハイトのような論者は、純粋理性的システムの役割そのものを疑っている。[13] ハイトによれば、道徳的ジレンマにおいて対立しているのは、感情と認知ではなく、道徳的直観と道徳的推論だとされる。道徳的直観は、自動的かつ迅速に生じ、通常、感情を含んでいる。ここでは、結論を導き出すに至るまでの過程は意識されることなく、ただ結論が善か悪かだけが意識される。これに対して、道徳的推論は、善悪に関連している事柄を意識的に考慮して結論を導き出す過程である。モルらの皮質辺縁系統合システムはほぼハイトの道徳的直観に相当し、純粋理性的システムはほぼ道徳的推論に相当すると考えられる。ハイトは、道徳的認知に関して、「直観優先原理」を唱えている。

たとえば、われわれは子どもが虐待されている場面を見ると、通常の場合、そのことに対する否定的感情を含んだ直観的反応を自動的に起こし、「それは悪いことだ」と直ちに判断する。言葉を用いて意識的に推論することもありえるが、そのような制御された冷静な推論がなされるのは、直観的反応が起こった後である。しかも、その推論は、直観的反応が正しかったことを証明するための「事後的正当化」として行われるとも考えられる。子どもを虐待するのは悪いことだと直観的に判断した後で、たとえば「子どもに苦痛を与えるのはよくないからだ」とか、「その苦痛を子どもに与える必要はなかったからだ」とか、すでに下した直観的判断に有利に作用する理由を見つけ出そうとする場合がそれに当たる。道徳的推論が道徳的直観の事後的正当化になっている証拠をハイトは数多く提出しているが、ヨハンソンらの「選択盲の実験」もその一つである。[14] ヨハンソンらは、被験者に対して、「一対の異性の顔写真」を次々と見せて、その度ごとに「どちらが好みか」を尋ね、好みとされた方の顔写真を手渡した。そして、「なぜそちらが好みか」を尋ねた。すると、被験者は、「目が大きい」とか、「鼻筋が通っている」とか、好みの理由を答えた。ところが、実際は数回に一回トリックが使われていて、被験者が選んでいない方の顔写真が被験者に手渡されていた。にもかかわらず、被験者はそのことに気づかず、その方が好きな理由を同様にすらすらと述べた。

この実験が示すように、道徳的推論がすでになされた選択の事後的正当化になっている事例は、実際のところ枚挙に暇がないと思われる。しかし、すべての道徳的推論は事後的正当化なのだろうか。たとえば「泣く赤ん坊のジレンマ」で、「口を塞ぐべきではない」という道徳的直観が優先され、「口を塞ぐべきだ」という道徳的推論が選択されなかったとしても、やはり道徳的推論の方が正しいのではないかという思いが残ることがあるとすれば、それは一体なぜなのだろうか。この問いは、道徳的推論がつねに道徳的直観の支配下で遂行されるわけではなく、道徳的推論がそれ自体で自律的に遂行される可能性を示唆していると考えられる。もしそうであるならば、道徳的推論に相当する純粋理性的システムは、皮質辺縁系統合システムとは別の役割を果たす存在として考えられるが、それはどんな存在なのだろうか。もし存在するなら、それは脳のどの部位に存在し、どの系によって担われるのだろうか。これらの問題は、今後の脳科学の発展によって徐々に解明されるべき問題だとされている。

第三節　共感脳

以上のように、「道徳の神経哲学」におけるモデルでは、人間が道徳的ジレンマに直面したとき、問題解決が脳のどんなシステムによってなされるかの解明がめざされている。ところで、脳神経系の相互作用の関係から考えれば、そもそも人間の「心の状態」はどのように表現されることができるのだろうか。有田秀穂は、光の三原色になぞらえて、「心の三原色」(15)という言い方をしている。ドーパミン、ノルアドレナリン、セロトニンという代表的な脳内物質が「心の状態」を作り出していると考えられ、ドーパミンはポジティブな赤、ノルアドレナリンはネガティブな青、セロトニンは安定した状態を表す緑にたとえられる。光の三原色が混じり合って、いろいろな色ができる。これと同じように、三つの脳内物質が組み合わされて、いろいろな「心の状態」ができると考えられる。有田は、光の三原色の赤青緑の三色がバランスよく混じり合うと無色透明になるように、ドーパミン、ノルアドレナリン、セロトニンの三つがバランスよく保たれると「心の状態」が安定した状態になるとしている。

ドーパミンがたくさん出ると、快の神経が非常に高まっている状態になる。ドーパミン神経は、快感情の回路である。この快を感じる神経が興奮させられると、「もっと、もっと」と快を際限なく追求するようになる。したがって、ドーパミン神経は、依存症の回路でもあると考えられている。そしてまた、ドーパミン神経は、報酬回路でもある。そのときの報酬は快である。たとえば勉強やダイエットに励んで、よい成績や美しさといった結果が快感情をもたらし、それが報酬となって、その報酬回路は強化され、ますます意欲的な取組がなされるという循環が確立される。とはいえ、努力した結果が報われれば幸いであるが、努力しても報われないことも多い。そうなると、場合によっては、人間は報酬という結果だけを得るために手段を選ばなくなるという可能性もある。たとえばカンニング、裏口入学、不正取引など、報酬さえ得られればよいという方向への短絡が起こりえるのである。このような歪んだポジティブ志向では、ドーパミンだけが暴走している。努力することなく成功したい、蓄財したい、幸福になりたいといった人たちが多い社会は、ドーパミンに引きずられた「ドーパミン社会」だという言い方もなされている。

ドーパミンにはポジティブな効果があるものの、それが歪んで暴走すると、ひたすら快だけを求めたり、短絡的思考に陥って手段を選ばずに結果だけを求めたり、場合によっては依存症になったりする危険性も秘められている。したがって、このドーパミン神経をうまく制御する必要性が出てくる。この制御機能を果たしているのが、セロトニン神経である。たとえば依存症に対して、セロトニン神経を活性化するような薬（ＳＳＲＩセロトニン再吸収阻害剤）を使えば、実際に効果があることがわかってきている。それでもやはり、依存症の治療には、依存の対象からの離脱がまず必要である。たしかに、セロトニンは、ストレスが原因で暴飲暴食に走る比較的軽い摂食障害などに効果的であるが、セロトニンだけでどんな依存症もたちどころに治せるわけではない。セロトニンの効果は、依存症を起こしにくくすることにある。また、薬によってではなく、太陽の光を浴びながら速足で三十分程度歩くなど、生活のなかでセロトニン神経を活性化すれば、ドーパミン神経をうまく制御できるとされる。

ドーパミンが快に関係しているのとは反対に、不快に関係しているのがノルアドレナリンである。不快とは、ストレスとして感じられるということである。ストレスに関係する感覚刺激を受けると、ノルアドレナリン神経が反応する。たとえば、何らかの恐怖に遭遇すると、大脳の覚醒レベルを上げたり、交感神経が興奮して心臓がドキドキしたり、怒りの表情になったり、逃げる行動をとったり、刺激に対する反応が即座に生じる。その反応の中継をしている神経が、ノルアドレナリン神経である。このようなストレス反応が生じるからこそ、個体は現実にうまく対応して生き延びていくことができているとも言える。その意味で、ノルアドレナリン神経は、「脳内危機管理センター」と呼ぶことができる。このノルアドレナリンは、前頭前野のワーキングメモリー機能と関係している。ワーキングメモリーとは、人間が学習や仕事などでさまざまな作業をするときに用いている重要な機能で、要するに「テキパキと仕事をする」能力である。つまり、注意と集中の状態を作り出しているのが、ノルアドレナリン神経である。しかし、ノルアドレナリンが過剰になると、人は極度に緊張して、入力情報を正確に受け取って、それを判断し、的確に出力することができなくなってしまう。反対に、ノルアドレナリンが少なくなりすぎると、注意や緊張感がなくなり、ぼんやりとした状態になってしまう。

したがって、ノルアドレナリン神経は、本当に危機的状況でのみ反応し、些細なことに対しては簡単に警報を発しないように制御されていなければならない。たとえばパニック障害に見られるように、ノルアドレナリンが適切に機能していなければ、些細なことに対してすぐに危険信号を発して、誤作動の信号が全身に回って大変な状況になってしまう。このノルアドレナリン神経が誤作動を起こさないように制御しているのが、またしてもセロトニン神経である。ドーパミン神経が暴走して快に引きずられていると、依存症などに見られるように、特定の何かがなければ生きられない状態になったり、短絡的な結果だけを求めるようになったりする。ノルアドレナリン神経が暴走すると、ストレスに押しつぶされそうになる。どちらの暴走に対してもブレーキをかけて、心を安定した状態に戻すのが、セロトニン神経である。つまり、セロトニン神経が活性化することによって、ドーパミン神経とノルアドレナリン神経の両方が適切に機能する状態が作り出され、心が安定した状態が保持されることになる。

さて、脳内物質が作り出す「心の状態」という観点から、認知的制御モデル、皮質辺縁系統合モデル、純粋理性的システムを見れば、どんな解釈ができるのだろうか。管見ではこのような観点からの研究はなされていないようであるが、私見ではここにはそれなりの対応関係が存在しているように思われる。もちろん、以下の考察は、何らかの実験によって検証された結果ではなく、単なる仮説的予想にすぎない。

認知的制御モデルによれば、人身的ジレンマでは「功利主義的選択」が理性的には支持される。かりに功利主義が快を追求するものであるとすれば、このときの脳の全体状況はドーパミン優位になっているのではないだろうか。人身的ジレンマで「功利主義的選択」をしようとしても、それを否定する感情も生じる。このことについては、それはまさにノルアドレナリンのなせる業であるように思われる。もしそうであるなら、ここで生じる葛藤は、ドーパミンとノルアドレナリンの葛藤だと考えられる。否定的感情に対して認知的制御がなされ、制御に成功すれば「功利主義的選択」が、制御に失敗すれば「義務論的選択」が行われる。この制御をしているのは、セロトニンではないかと考えられる。

皮質辺縁系統合モデルによれば、道徳的認知では「理性的認知を司る皮質」と「感情を司る辺縁系」が統合的システムをなし、そのなかでそれぞれの選択肢が「認知と感情の両面」から評価され、最も高く評価された選択肢が選ばれる。このシステムが有効に機能することができるのは、セロトニン神経が活性化することによって、ドーパミン神経とノルアドレナリン神経の両方が適切に機能する状態が作り出され、心が安定した状態が保持されているときではないかと思われる。

純粋理性的システムにおいては、感情抜きで、もっぱら理性によって選択肢が評価されて、最終的な判断を下すことができると考えられている。しかし、純粋理性的システムの役割そのものを疑っているハイトは、道徳的ジレンマで対立しているのは「感情と認知」ではなく、「道徳的直観と道徳的推論」だと考え、道徳的直観は皮質辺縁系統合モデルに、道徳的推論は純粋理性的システムにほぼ相当するとしている。しかも、ハイトは道徳的認知に関して「直観優先原理」を唱え、道徳的推論は直観的反応が正しかったことを証明するための「事後的正当化」として行われると考えている。

たとえば「泣く赤ん坊のジレンマ」で、「口を塞ぐべきではない」という道徳的直観が優先され、「口を塞ぐべきだ」という道徳的推論が選択されなかったとしても、やはり道徳的推論の方が正しいのではないかという思いが残ることがあるということが、純粋理性的システムの存在を示唆しているとされる。しかし、それではなぜ道徳的直観は、「口を塞ぐべきではない」という選択をするのだろうか。「口を塞ぐべきだ」という道徳的直観は、ありえないのだろうか。あるいは反対に、道徳的推論はなぜ「口を塞ぐべきだ」という結論を導くのだろうか。「口を塞ぐべきではない」という道徳的推論は、ありえないのだろうか。私見では、どんな直観がなされるか、また同様に、どんな推論がなされるかは、その状況における「心の状態」と無関係ではないのではないかと思われる。

以上の考察は、道徳的ジレンマに対する脳の処理メカニズムを解明する際に、脳（全体）の状態、つまり「心の状態」を前提に組み入れて考える必要があるのではないかという私見から発している。というのも、人間はそもそも孤立しては生きていけない社会的動物であり、人間は「共感する脳」[16]をもっているからこそ、社会的動物として生きていけるようになっていると考えられるからである。しかも、セロトニン神経が活性化されると、共感性が高まるという事実が判明している。ただし、セロトニン神経が活性化されると共感脳が働くようになるのか、共感脳が働くとセロトニン神経が活性化されるのか、どちらが先かは現在のところまだ解明されていない[17]。

人間は、単なるヒトではなく、人間関係に生きる社会的動物である。人間関係はたしかにストレスのもとになるが、人間関係を避けると共感脳が衰えて、他人の気持ちがわからず、誰とも共感できなくなってしまうと言われている。すなわち、共感する力というものが、人間が社会のなかで生きていくことを可能にしていると考えられる。この「共感力」とは、「他者の経験を理解し共有する能力」[18]だとする定義がある。サンデルは、困難な道徳的問題についての討議が同意に至るという保証はなく、他者の道徳的・宗教的教条を学べば学ぶほど嫌いになるという可能性があるにしろ、それ以外には進むべき道はないのではないかと考えている。そのような考え方の前提として、人間の脳はそもそも共感脳として機能するようになっているということを指摘できるのではないかと思われる。

第四節　ディルタイ心理学

それでは、共感脳が有する共感力、つまり「他者の経験を理解し共有する能力」は、どのような仕組みにおいて成り立っているのだろうか。この問題を考えるために、ここではディルタイ心理学に着目したい。伊藤直樹は、ディルタイ心理学には二面性があると見ている。[19]一つは「人間学としての心理学」であり、もう一つは「認識論としての心理学」である。「人間学としての心理学」は、人間の心的生を対象にし、それを記述分析することによって、個々の学問の営みが前提にしている人間観を自覚化させるという機能を担っている。

これから着目したいのは、その「人間学としての心理学」ではなく、もう一つの側面の「認識論としての心理学」である。この心理学では、認識論、つまり人間はどのようなメカニズムで認識をしているのかの解明がめざされる。ディルタイ心理学は、「意識の事実」という考え方から出発する。「意識の事実」とは、私の意識のなかに入ってきたものが事実であり、事実は私の意識として存在するという考え方である。要するに、事実とは、私の意識にとっての事実であり、私の視点から捉えられた事実であるとされる。この「意識の事実」は、「認識論としての心理学」によれば、「覚知」（Innewerden）という作用を通して、「実在性」を有するものとして与えられる。ディルタイは、次のように述べている。

「覚知という言葉で私が表しているのは、私の自己観察というものをつねに改めて提供してくれる事実のことである。意識主体に対して何らかの内容を対置する（前に立てる＝表象する）のではなく、何の区別もされることなく何らかの内容が成り立つ意識が存在している。この意識においては、内容を形成しているものと、それを生じさせている作用は、決して別々のものではない。覚知するということは、覚知の内容を形成しているものから分離されていない[20]」。

ディルタイの考えでは、「意識の事実」においては、「内容」と「内容を生じさせる作用」は、一体のものとなっている。このことに気づかせるのが、「覚知」という認識の仕方である。内容そのものは知覚や感情や意志によって生じさせられるが、内容を生じさせているものが知覚であれ感情であれ意志であれ、そのそれぞれに「覚知」は伴っている。つまり、どんな仕方の認識であれ、そこでは認識内容と認識作用が一体化している。そして、ここで、「抵抗経験」というものがなされる。これは、「なるほど」と腑に落ちるためには避けて通れない経験になっていると言える。なぜならば、この「抵抗経験」において、他者や外界が立ち現れてくるからである。そのようにして、「抵抗経験」とともに、自己も自覚されてくる。そして、まさにこのときに、実在性についての信念が生じる。他者や外界や自己が単なる意識ではなく、実在として捉えられることを可能にしているのが、「抵抗経験」である。「抵抗経験」には、「抵抗感覚」と「意志過程を伴った阻止経験」の二段階がある。ここには、ヘルムホルツの無意識的推論からの影響があると考えられている。ヘルムホルツにおいては、内と外、つまり知覚内容と知覚対象は、無意識的推論によって、因果的に関係づけられていた。ところが、ディルタイはこの関係を、因果関係ではなく、「能動と受動」の関係に組み換えた。つまり、知覚内容と知覚対象は区別されうるものではなく、それは一体化しているために、「能動と受動」が「抵抗経験」として同時に生じるのである。ヘルムホルツにおける「内＝外」という関係は、このような組み換えによって、ディルタイにおいて「自＝他」という関係に変換された。そして、このことによってはじめて、「追体験」ということが可能になった。

「追体験」が可能になれば、自己が自己の目的を有しているように、他者は他者自身において他者という自己の目的を有していることが理解されるようになる。そうなると、自己にとって、他者は「他者性」(Fremdheit)を有するものとして立ち現れてくる。この「他者性」が十分に生じないかぎり、「他者の経験を理解し共有する」ということはできないと考えられる。なぜならば、他者の経験は自己のものではなく他者のものであり、そのままでは理解しようとしても単に想像するしかないけれども、他者の立場に立って他者の経験を追体験すれば、つまり「他者性」が生じれば、他者の経験を理解し共有することができると考えられるからである。

そのような「他者性」を可能にしているのは、まさに「抵抗経験」である。サンデルの主張によれば、道徳問題でわれわれが困難に陥ったとき、われわれは同胞が公共生活に持ち込む道徳的・宗教的信念を避けてはならない。ときには反論し論争し、ときには耳を傾けそこから学びながら、もっと直接的にそれらに注意を向けるべきである。もし異なった見解をもつ者たちの間の共通理解も「抵抗経験」を経ることによって形成されることができるなら、サンデルのこの主張は非現実的な主張ではなく、むしろ人間の認識過程にうまく当てはまる主張になっていると捉えることができると思われる。

本章のタイトル「道徳的ジレンマとどう向き合うか」という問題については、もちろん容易には答えられないが、それぞれの選択肢の比較考量を十分に行うことが重要であることは間違いないと思われる。ただし、たとえばトロッコ問題のように、ほぼ瞬時に判断を下さなければならない場合もある。したがって、比較考量を「十分に」行うと言っても、その程度はそのときの状況に依っていると言わざるをえない。そのように限られた条件のもとで、自分の納得がいく選択ができるかどうかは、それぞれの選択肢をどれだけ理解できるかに依っていると思われる。そのときに、どんな理解がなされるのか。それは、われわれの共感性の状態に依っているのではないかと思われる。

註

（1）マイケル・サンデル『これからの「正義」の話をしよう――いまを生き延びるための哲学』鬼澤忍訳、早川書房、二〇一〇年、三二一―三五頁参照。

（2）サンデル『これからの「正義」の話をしよう』三四頁。

（3）サンデル『これからの「正義」の話をしよう』一四五―一四七頁参照。

（4）サンデルの訳書では「美徳」という言葉が用いられているが、これはギリシア語の aretē、ラテン語の virtus、英語の virtue、ドイツ語の Tugend、フランス語の vertu であり、日本語には単に「徳」と訳される場合も多い。プラトンは魂の機能を、国家における三つの階層と類比的に、理知的部分・気概的部分・欲望的部分の三つに区分し、これらの相互関係に基づいて、勇気・節制・正義・知恵という「四元徳」を設定した。アリストテレスは徳を、知性的徳（思考にかかわる徳）と倫理的徳（人柄にかかわる徳）の二つに区分した。知性的徳には、技術や学的知識だけでなく、思慮＝実践知も含まれる。しかし、伝統的な徳目である正義・勇気・節制などは、すべて倫理的徳に含まれる。倫理的徳には、「行為と感情にかかわる、選択の基礎となる性向としての中庸性」という一般的規定が与えられる。『岩波哲学・思想事典』一九九八年、一一七二―一一七五頁参照。

（5）サンデル『これからの「正義」の話をしよう』二五七―二五八頁参照。

（6）サンデル『これからの「正義」の話をしよう』二八四頁。

（7）サンデル『これからの「正義」の話をしよう』三四四―三四五頁。

（8）信原幸弘「道徳の神経哲学」苧阪直行編『道徳の神経哲学―神経倫理からみた社会意識の形成』新曜社、二〇一二年、一―二四頁参照。

（9）この「トロッコ問題」については、信原幸弘は次の文献を基にしている。Foot, P.（1967）. The problem of abortion and the doctrine of the double effect. *Oxford Review*, 5, 5-15. おそらくサンデルもこの文献を基に問題状況を設定しているものの、表現には若干の変更が加えられたのではないかと推察される。

（10）信原幸弘「道徳の神経哲学」二―三頁参照。グリーンらの研究とは、次の文献である。Green, J. D., Sommerville, R. B., Nystrom, L. E., Darley, J. M., & Cohen. J. D.（2001）. An fMRI investigation of emotional engagement in moral judgment. *Science*, 293, 2105-2108.

（11）信原幸弘「道徳の神経哲学」六頁参照。グリーンらの研究とは、前註（10）の文献に、次の文献が加えられる。Green, J. D., Nystrom, L. E., Engell, A. D., Darley, J. M., & Cohen, J. D.（2004）. The neural bases of cognitive conflict and control in moral judgment. *Neuron*, 44. 389-400. モルらの研究とは、次の文献である。Moll, J., Zahn, R., de Oliveira-Souza, R., Kruger, F., & Grafman, J. (2005). Opinion: The neural basis of human moral cognition. *Nature Reviews Neuroscience*, 6, 799-809. Moll, J., de Oliveira-Souza, R., Moll, F. T., Ignácio, F. A., Bramati, I. E., Caparelli-Dáquer, E. M., & Eslinger, P. J. (2005). The moral affiliations of disgust: A functional MRI study. *Cognitive and Behavioral Neurology*, 18, 68-78.

（12）信原幸弘「道徳の神経哲学」一八―二一頁参照。

（13）信原幸弘「道徳の神経哲学」二一―二四頁参照。ここでは、ハイトの次の二つの文献を基にして論が進められている。Haidt, J. (2001). The emotional dog and its rational tail: A social intuitionist approach to moral judgment. *Psychological Review*, 108, 814-834. Haidt, J. (2007). The new synthesis in moral psychology. *Science*, 316. 998-1002.

（14）信原幸弘「道徳の神経哲学」二二―二三頁参照。ヨハンソンらの「選択盲の実験」とは、次の文献である。Johansson, P., Hall, L., Sikström, S., & Olsson, A. (2005). Failure to detect mismatches between intention and outcome in a simple decision task. *Science*, 310, 116-119.

（15）有田秀穂『共感する脳―他人の気持ちが読めなくなった現代人』ＰＨＰ新書、二〇〇九年、九四頁。「心の三原色」に関する考察については、九四―一二五頁参照。

（16）有田秀穂『共感する脳』一五二頁。

（17）有田秀穂『共感する脳』一三〇頁参照。

（18）有田秀穂『共感する脳』二四頁。

（19）伊藤直樹「ディルタイ心理学について―その批判と意義」日本ディルタイ協会『ディルタイ研究』第二三号、二〇一二年、三八―五五頁参照。

（20）Wilhelm Dilthey: *Gesammelte Schriften*, Bd. 19, Göttingen 1982, S. 66.

第九章　授業展開をどう構想するか

これまでの考察を踏まえて、最終章となる本章では、ヴィルヘルム・フォン・フンボルトによる大学改革を手がかりにして、授業展開をどう構想するかについて考えていきたい。フンボルトが直面した状況と今日の状況は同一ではないが、教育場面を取り巻く環境に劇的な変化が生じているという点では共通性が見られる。フンボルト理念やベルリン・モデルは、新しい大学教育のモデルを実現させるための推進装置だった。この推進装置によって、教育研究の方法が改善され、教員や学生の組織が刷新され、学習空間が再設計され、情報環境が充実させられていった。今まさに日本の大学でも、新しい学びの空間が設計されつつある。たとえば、主体的学習を支援する新しい教室としての「ラーニングスタジオ」、図書館を情報活用による学びの場に変えるための「ラーニングコモンズ」、対話による学びを誘発するための「コミュニケーションスペース」などが学習空間の新しいデザインとしてすでに出現している。とはいえ、このような新しいデザインは、何も大学教育のためだけのものではなく、主体的学習をめざすかぎりにおいて、どの教育段階でも共通に必要とされているし、現にそれぞれの教育段階においてそれぞれに革新的な取組が進められつつあるのではないかと思われる。

しかし、そもそも人間が「学ぶ」ということは、どんなことなのだろうか。フンボルトは、人間の諸力の全体的で調和的な発展、つまり道徳的、知的、芸術的な側面などを含めた人間のあらゆる力が均衡した発展が「人間性の形成」（Bildung der Menschlichkeit）だと考えていた。このBildung（形成）という言葉は、「陶冶」とも「教養」とも呼ばれることができるものであるが、Bildungというものは精神科学の活動の場になっているとの見方がなされている。それゆえに、ディルタイの精神科学ないし解釈学は教養論として捉えられることができると言われている。その根拠として、理解のプロセスというのは、個人的性格を有する体験を出発点としながらも、共通性、類縁性といった複数一人称的な知や、科学的な非人称的な知を媒介することによって、私的な体験を普遍妥当性へ高め陶冶するという機能を果たしていることが挙げられる。

第一節　フンボルト理念

一九九〇年代以降、日本の大学は困難な時代を迎えている。大学設置基準の大綱化、その結果生じた教養教育の問題、大学院重点化、国公立大学の法人化、少子化による全入化傾向、学生の学力低下傾向、若手研究者ポストの不安定化、グローバル化、留学生三〇万人計画など、数多くの難題が噴出している。このような状況のなかで、今、日本の大学は教育力や研究力、そして社会貢献力を問われている。「大学はなぜ必要か」が議論され[1]、「大学とは何か」という大学概念そのものの再定義が試みられている。[2]そんななか、日本の主に大学受験生を対象にして、ブランド力や偏差値、何が学べるかなどで受験する大学を選ぶのではなく、「教養教育で大学を選べ」と説いている本がある。この本では、国立大学の教養教育を調査するにあたり、次の三つの前提を立てている。[3]

①教育というのは、受けている間は、どんなメリットがあるかは本人にはわからない。

②大学教員は、できれば研究や専門の教育に専念したいと考えている。

③学生は、できれば自分の得意分野を多く勉強し、それ以外はできるだけ努力しないでも良い成績で単位が取れる楽勝科目を取りたいと考えている。

真偽のほどはともかく、いずれも興味深い論点だが、私見では問題は「なぜ、そうなったのか」にあると思われる。特に②に関しては、大学教員が研究をすることは今日の日本では当然の職務だと思われているが、少なくともかつてのドイツの大学ではそうではなかった。大学教員の職務は、学生を教育することだった。研究をすることは、必ずしも大学教員の職務ではなく、大学教員は研究をしなくても、職務怠慢で非難されることはなかった。しかし、一八一〇年にベルリン大学が創設された頃から、学生を教育することだけではなく、研究をすることが大学教員の職務となった。この頃から、大学教員の職務は教育と研究だとされ、大学教員の能力や資格の判定は研究成果で行われるようになった[4]。

ベルリン大学の構想を練ったのは、フンボルト兄弟だとされる。兄のヴィルヘルム・フォン・フンボルト（Wilhelm von Humboldt, 一七六七―一八三五年）は哲学者、言語学者、政治家、行政官で、弟のアレキサンダー・フォン・フンボルト（Alexander von Humboldt, 一七六九―一八五九年）は自然科学者、博物学者、探検家だった[5]。ベルリン大学は、「フンボルト理念」に基づいて創設されたと伝えられている。通常、大学史では、ベルリン大学の創設から「近代大学」が始まるとされる。それ以前の「中世大学」や「近世大学」は、十八世紀末には沈滞の極致に達していた。ベルリン大学は、従来型の大学とはまったく異なった原理で創設された。その原理が「フンボルト理念」という言葉でさまざまに語られている。たとえば、今日の日本では次のような整理がある[6]。

①大学教員は、まず研究者であり、その心身を真理の探究に捧げる。それはつねに知的・創造的過程であると同時に、その価値がつねに客観的な真偽によって裁断されるので、人間に高度の道徳性を与える。こうした意味

で、研究者であることにより教員は学生に人格的な影響を与える。

②講義において、教員は乾燥した知識の集積を教え込むのではなく、自らの研究体験から真理を探究する知的興奮を再現しながら学生に訴える。学生は、それを追体験することにより、疑似的に積極的な知的探求を行い、その成果を体得する。

③学生も一人の真理探究者として書物に向かい、そこに盛られた知識体系と格闘する。それによって思考や論理の枠組みが形成されるが、この活動は孤独でなければならないから、そこから高い道徳性が獲得される。学習過程をこのように捉えると、学生の学習は自主的でなければならず、強要されてはならない。ここから、「学問の自由」(Lehrfreiheit) の対概念としての「学習の自由」(Lernfreiheit) という概念が生まれる。

たとえばこのように整理される「フンボルト理念」が、十九世紀末から二十世紀初頭にかけて世界各地の大学に大きな影響を与えたと言われてきた。ところが、二〇〇一年にドイツの歴史学者のシルヴィア・パレチェクが、一つの説を提起した。十九世紀を通じてフンボルトの存在は知られておらず、フンボルトがどんな大学構想を描いたかは後年に至るまで誰も知らなかったことから、「フンボルト理念」と言われるものは後世の人々が創作した神話だとする説である。執筆日時もなく、未完成のまま中断されているが、一八〇九年頃にフンボルト(兄、以下同様)が執筆したと現在では推定される大学構想の草案は、その後およそ一〇〇年の間、誰にも知られることなく、倉庫のなかで眠っていた。この草案が発見されて公表されたのは、一九〇三(明治三十六)年のことだった。パレチェクの説では、次のような五点が主張されている。(7)

①「フンボルト理念」や「ベルリン・モデル」といった言説は、少なくとも十九世紀に刊行された著書や論文には一度も登場していない。こうした言説が頻繁に使われるようになったのは、一九一〇年以降である。

②したがって、帝政ドイツ期(一八七一―一九二〇年)にドイツの学問と大学を世界の頂点に引き上げたのは

「フンボルト理念」や「ベルリン・モデル」といった言説だったとする考え方は、歴史的な事実によって証拠づけられない。

③一九一〇年はベルリン大学の創立一〇〇周年記念に当たり、ベルリン大学の栄光を正統化するためにフンボルトが発見され、そのときに「フンボルト理念」が創作されて神話となった。

④当時、自然科学や技術が発展したのに対し、精神科学の地盤沈下が著しかった。「フンボルト理念」は、フンボルトという精神科学の先駆者の功績を称賛することによって、精神科学の復権を図ろうとする試みから生まれた神話である。

⑤それ以降、高等教育政策に携わる知的指導者の間で、大学擁護や学術振興政策を正統化する論拠として「フンボルト理念」が頻用されるようになった。

パレチェクが検討した結果によれば、一八一六年に起草された「ベルリン大学学則」は当時のドイツのその他の大学の学則とほとんど同じで、「研究を通じての教育」や「大学教員の職務としての教育と研究」といった条文はそこにはなかった。「フンボルト理念」や「ベルリン・モデル」といった言葉については、十九世紀に刊行された法律学の教科書や百科事典のなかに、シュライアーマッハー、フィヒテ、シュテッフェンスなどの人名は登場するもののフンボルトの名前はなく、大学改革の重要事例としてはゲッティンゲン大学やハレ大学が挙げられるもののベルリン大学はなかった。

では、いつ、誰が「フンボルト神話」を創作したのだろうか。パレチェクの結論では、一九一〇（明治四十三）年に[8]、当時二十八歳だった哲学者・教育学者のエドゥアルト・シュプランガーが神話を創作したとされる[9]。ちなみに、シュプランガーは、ディルタイの弟子である。一九〇三年に刊行された『フンボルト全集』に依拠して、ベルリン大学の私講師だったシュプランガーが一九一〇年に『ヴィルヘルム・フォン・フンボルトと教育改革』を出版し、そのなかでフンボルトの業績を高く評価した。シュプランガーのこの著作以降、ドイツでは「大学の本質」を論じた著作が出版されるようになった。たとえば、カール・ハインリヒ・ベッカー（一九一九年、一九二五年）、ルネ・ケーニヒ（一九三五年）、カール・ヤスパース（一九四六年）、ヘルムート・シェルスキー（一九六三年）などの著作において、「フンボルト理念」が正面に掲げられ、「ベルリン・モデル」がドイツの学問と大学を栄光に導いたと説かれた。しかし、ベッカーは東洋学者・文部大臣、ケーニヒとシェルスキーは社会学者、ヤスパースは哲学者・精神医学者で、いずれも高等教育政策に関係した精神科学者ではあったけれども、歴史学者ではなかった。したがって、パレチェクの見方では、「フンボルト理念」や「ベルリン・モデル」といった言説の使用者は高等教育政策の形成者であり、そこでの課題はあらゆる抵抗勢力と抗争しながら学問や大学の存在意義を主張し、学術予算や大学予算を獲得することだったとされる。現代の日本においても、たとえば二〇〇四（平成十六）年の中央教育審議会大学分科会での議論にも見られるように、「フンボルト理念」については賛否両論の意見がある。[10]

あ「フンボルト理念」は、教授会による独善的な大学支配を正統化し、大学改革に抵抗するための錦の御旗として悪用されている。（ある中教審委員の意見）

い「フンボルト理念」は、大学教員を研究者として規定し、学生教育よりも自分自身の研究を上位に置き、教育を疎かにする口実として使われている。（ある中教審委員の意見）

う大学全入のこの時代に「研究を通じての教育」という「フンボルト理念」に固執することは、かえって大学改革を阻害し、学部教育を危機に陥れることになる。「フンボルト理念」という幻想を直ちに払拭し、日本の大学の現実に即した改革が必要である。（ある中教審委員の意見）

えドイツ経由かアメリカ経由かは別として、「研究を通じての教育」という構想は、日本では大学院教育に取り入れられ、学問後継者と大学教員の養成方式として今後も継承されていく必要がある。（中教審に対して異論

を提起した団体代表の意見）

㋔「研究を通じての教育」という理想は、学問後継者の育成方式としても、大学教員の養成方式としてもさまざまな欠陥を抱えており、学部段階の教育から「フンボルト理念」を放棄するだけでなく、大学院教育でも再検討する必要がある。（ある大学院教授の意見）

㋕「フンボルト理念」などという今から二〇〇年も前の古ぼけた言説を取り上げることは、時代錯誤であり、老人世代のかつての良き時代に対するノスタルジーにすぎない。（ある若手教員の意見）

もちろん日本だけでなく、海外でも、これまでにたとえば次のような賛否両論の説が提起されてきた(11)。

㋐「フンボルト理念」のような観念的な哲学がドイツの大学の近代化や近代科学の発展の原動力となったことはなく、反対に「フンボルト理念に対する反逆」がドイツの大学と科学の近代化の原動力になった。（ベン・ダヴィッドの説）

㋑「フンボルト理念」は、十九世紀初頭に主張されたときから、すでに達成不可能な非現実的理念だった。それは、あまりにも理想主義的な学生像を前提にしており、学生はまだ教育が必要な年齢段階にあるという常識を無視していた。いずれは何らかの修正が必要であり、現に十九世紀全般にかけて理念と現実の乖離が進行した。（バートン・クラークなどの説）

㋒「フンボルト理念」は、たまたま一九一〇年代に創作された「神話」であり、当時のドイツの大学に忍び寄る内外からの危機に対抗し、ドイツの学問と大学を擁護するためのスローガンとして活用され、特に精神科学の起死回生を図るための言説として利用された。（パレチェクの説）

㋓「フンボルト理念」は、一九一〇年代のドイツの学問と大学が直面する危機的状況のなかで、特に「理念」よりも「現実」、「精神」よりも「物質」を重視する社会的思想的傾向に対抗して、あらためて「理念」や「精

神」の必要性を人々に訴える役割を果たした。（シュプランガーの説）

㋔世界各国が「大学の大衆化傾向」に襲われた。その出発点は一八七〇年代だとする説、一九二〇年代だとする説、一九五〇年代だとする説、一九七〇年代だとする説などがあるにしても、「フンボルト理念」はもはや時代遅れとなり、現実的な有効性を失った。今や、丁重な惜別の儀式を執り行い、長年の労苦に報いるのがわれわれの責任である。（フォン・ブルッフの説）

これまで見てきたように、「フンボルト理念」については賛否両論がある。賛成するにしても、不賛成ないし反対するにしても、それぞれの主張者は自分の立場の正当性を証明するために「フンボルト理念」というものを引き合いに出してきた。しかし、その「フンボルト理念」の内実は完全に明らかになっているわけではない。にもかかわらず、あるいは、そうだからこそ、「フンボルト理念」という言葉のもとでどんなことが考えられて実行に移されていったのかについてもう少し追究していく必要がある。そもそも、「フンボルト理念」には、どんな特徴があるのだろうか。スウェーデンの高等教育研究者であるニボーンは五つの特徴（次の①〜⑤）を挙げているが、潮木守一はそれに加えてさらに二つの特徴（次の⑥〜⑦）が挙げられるとしている。[12]

①研究と教育を統一する。

②さまざまな学問を統合する。

③研究を重視する。

④高度な教育を人格の陶冶につなげる。

⑤学術、科学、人間形成を政府の責任事項として強調する。

⑥大学運営に要する経費を国庫から直接に支出する「国営大学」方式が、ベルリン大学とともに登場した。

⑦教授の選考を学部教授会に任せずに、国家行政機構のもとに置いた。

こうした特徴について若干の説明を加えるなら、およそ次のようになる。[13]「フンボルト理念」以前においては、大学教員の職務は学生を教育することで、研究することは必ずしも大学教員の職務ではなかった。しかし、「フンボルト理念」以後においては、大学教員は学生を教育するだけでなく、研究もしなければならなくなった。それが「研究と教育の統一」だと言われることもある。つまり、大学教員の職務は、自分が研究した成果に基づいて学生を教育することだと捉える考え方である。しかし、この点での「フンボルト理念」の特徴は、研究するということを大学教員だけではなく学生にも課したことにある。その結果、学生を研究過程に参加させ、このことを通して学生を教育するというまったく新しい教育方式が生み出された。「研究と教育の統一」という構想は、そのような方式での「研究を通じての教育」という構想だった。そうなると、学生は大学教員の講義を聴いているだけではすまなくなる。学生自身も何らかのテーマを決めて、自分で資料を調べ、実験を行い、その結果を他の学生や大学教員に報告し、お互いに討論しながら、知識を確定していかなければならない。そのようにしながら学生は、それまで自分が知らなかった知識を自力で獲得しつつ、新しい知識の発見の仕方を学ぶ。このことが「研究を通じての教育」の目標だった。こうした教育を推進していく具体的な仕組みが、「ゼミナール」と「実験室」だった。このことについては、次節で取り上げることにしたい。

フンボルトは、一八〇九年頃に執筆されたと推定される大学構想の草案「ベルリンにおける高等教育施設の内的・外的構造」（アカデミー版全集で一〇頁あまりしかない未完の断片）において、大学の特色は、学校と違って大学では、学問が未だ完全には解決されていない問題として、つまり絶えず研究されつつある問題として扱われる点にあると考えていた。フンボルトの知識観によれば、知識とはすでに出来上がって完成したものではなく、まだ研究の余地があるものだということになる。このような考え方から、研究するということが大学教員の職務のなかに入れられ、大学教員と学生が研究を通じて教育を成り立たせていく「ベルリン・モデル」が出来上がってきたと捉えることができる。そして、ここにおいて、「研究する大学教員」のみならず、「研究する学生」という独自の構想が登場した。この構想がやがてアメリカの大学院に受け継がれていった。アメリカでは、こうした研究活動に重点を置く大学が「研究大学」（Research University）と呼ばれるようになった。

また、たしかにフンボルトは、国家は大学に介入するべきではないと考えていた。このことから、学問研究への国家の介入を批判すべき際に「フンボルト理念」が持ち出されるようになっていった。こうして、フンボルトは「大学の自治」の守護者として位置づけられていった。しかし、フンボルトは教授の選考を学部教授会に任せず、その権限を大学管理機関、つまり政府に留保した。ベルリン大学が創設された頃、ドイツの大学は沈滞しきっていた。ドイツにかぎらずイギリスなどにおいても、教授職には古くから伝わる収入源があった。教授職に就くと、仕事をしなくても、必ず決まった収入があった。そのようなことから、教授の選考基準が学識の有無ではなく、情実や縁故になりがちであり、教授職は、売買の対象にもなった。教授会が教授を選考すると、そうしたことになりかねなかったために、フンボルトは教授会がもっていた教授選考権を中央政府に吸い上げようとした。実際、創設当時のベルリン大学では、教授人事は学部教授会と無関係に実施されたのである。現在のドイツの大学法でも、教授人事の最終決定権は各州の文部省にある。教授選考権を教授会に渡さず国家の手に留保したうえで、大学の日常的な管理運営については大学側に任せて国家はあまり干渉しないというのがフンボルトの大学構想だった。

こうした大学構想は、大学の財政基盤の問題とも関連している。十八世紀末まで、ほとんどの大学では、土地や森林や荘園などを教会や王家から与えられ、そこから生じる収入で運営を行っていた。当時、大学は土地所有者だった。その土地から生み出される収益によって、大学は教職員の給与や建物の維持費などの諸経費を支払っていたのである。この方式は大学だけにかぎられたものではなかった。十八世紀頃までは、教会も所領を有し、そこからの収益で教会を維持していた。中世・近世の社会では、特定の土地や所領を与えて、特定の身分や立場を保障する方式はごく一般的だった。しかし、ベルリン大学には固有資産や不動産はまったく与えられなかった。その代わり、ベルリン大学では毎年国庫から支出される予算で大学運営が行われる方式が採用された。そのようにして、財政的独立性を有さず、毎年の国家予算に依存しなければ存続できない「国営大学」が出現した。

中世以来、独立した財産を有している大学には、その大学が独自財源で経営されているために、外部からの規制や点検が入りにくかった。大学教育の質が低下しようとも、不正が行われようとも、外部からのチェック機能や矯正機能が働きにくく、大学独自の財源が続くかぎり、教員には給与が支払われ続けた。十八世紀末の大学が沈滞しきったのは、大学に対して外部からのチェックが働かず、自己浄化もできず、大学が自己防衛的制度になってしまったからだとされた。大学が沈滞した原因は、「大学の自治」の腐敗にあるとされた。今日でも、「フンボルト理念」が引き合いに出されて「大学の自治」の重要性が語られることがあるが、こうした点から見れば、フンボルトが考えた「大学の自治」は無条件の「大学の自治」ではなかった。

ペーター・モーラフという現代の大学史研究者は、一八〇〇年当時のドイツの大学の特徴を「秩禄大学」（Pfründeuniversität）と「親族大学」（Familienuniversität）という二つのキーワードで説明している[14]。およそ十八世紀までの大学には、領主や教会などのパトロンから土地や所領や荘園などが秩禄というかたちで与えられ、そこから得られる収益で教授一族の生活が維持されていた。こうした「秩禄大学」や「親族大学」をフンボルトは克服しようとした。そこから、地縁や血縁を断ち切るために、教授になるための資格試験が導入され、研究業績に基づく教授選考が行われるようになった。「教授資格試験」（Habilitation）という制度の導入である。その結果、教授をめざす者は、教授資格請求論文を提出しなければならなくなった。さらに、大学教員としての教育能力を証明するために、公開の場で実際に講義をして見せることも課されるようになった。まず博士号を取得し、その水準を超える教授資格請求論文を作成するには、長い年月を要するようになった。博士号を取得するまでに大学入学後四～五年、その後で教授資格請求論文の完成まではそれよりももっと長い年月を要したとされる。ちなみに、現在のドイツでは平均で、学部教育を修了するのが二十八歳、博士号取得が三十四歳、教授資格取得が四十歳前後とされている。

ドイツでは十八世紀末から教授資格試験が導入されるようになったが、教授資格とは単なる資格であって、その資格を取得したら直ちに教授ポストが与えられるというものではなかった。ここから「私講師」という制度が用意された。つまり、教授資格試験の合格者に、私講師という身分で大学において自由に講義を開く権利が認められたのである。教授や助教授は国家に任用され、国家官吏の身分を有していたが、私講師は国家に任用されているわけではなく、まったくの私人だった。しかし、フンボルト型の大学では、学生は自由に大学教員の授業を選ぶことができた。必修科目や科目指定や学年指定などは、一切なかった。学生には「学習の自由」や「学生の自由」が認められ、聴講する学生の数が大学教員の力量のバロメーターとなったため、このようにして、私講師の期間は、教員としての力量が試される試用期間となったのである。しかし、私講師の生活は、聴講生が納める僅かな聴講料とさまざまなアルバイトで支えるしかなく、総じて惨めだったとされる。学問的業績を上げればいずれどこかの大学から教授招聘の声がかかるのではないかと待っていたにもかかわらず、一生涯、私講師のままで終わった者も多くいたと言われている。

十九世紀の中頃から、ドイツでは、教授を新たに採用する場合、その学部教授会が順位をつけて三人の候補者を文部省に推薦するという方式が出来上がった。その際、文部省はその順位に拘束されなかった。場合によっては、学部推薦の三人以外の者を教授に任命することもできた。たとえば、一八一七年から一八九五年にかけての法学部教授の採用人事を統計的に調査した研究によれば、学部からの推薦どおりの採用が約七割で、学部との協議なしの採用や学部からの推薦に反した採用が約三割だった[15]。とはいえ、教授選考では文部省が大きな権限を有していた。

たしかに文部省の官僚も一様ではなく、大学との対立を避け、黙って大学の推薦名簿に従って発令する官僚もいた。しかし、フリードリヒ・アルトホーフのような官僚もいた。アルトホーフは、一八八二年から一九〇七年まで、二五年にわたってプロイセン文部省においてドイツの学界全体を支配した強力な文部官僚だった。アルトホーフは、懐にピストルを忍ばせながら大蔵大臣と交渉して多額の研究予算を引き出し、ドイツの科学を世界最高の水準に引き上げた功績者と言われることもある。彼は、優れた人物を発見すると、文部省が有している教授選考権を用いて、大学の意向に反してでもその人物を教授ポストに据えた。大学人の多くはこの強引な手法に怒りの声を上げたとされるが、彼に救われた人物がその後次々とノーベル賞を受賞した。そうしたことから、アルトホーフは「ノーベル賞受賞者のゴットファーザー」とか「大学界のビスマルク」と呼ばれたそうである。

第二節　ゼミナールと実験室

大学教員も学生もともに研究をしなければならないとした「ベルリン・モデル」は、それまでの大学教育の方式を一変させた。「研究を通じての教育」という新しい教育方式は、具体的には、文科系の場合は主として「ゼミナール」において、理科系の場合は主として「実験室」において推進されていった[16]。試みに『広辞苑』で「ゼミナール」を引くと、「**【Seminar**（ドイツ）**】**①大学の教育方法の一。指導の教員の下に少数の学生が集まって研究し、発表・討論などを行うもの。演習。ゼミ。セミナー。②一般に、講習会。」と説明されている。ついでに『独和大辞典』で **„Seminar“** を引くと、この単語の語源はラテン語の **seminarium** で、その直訳のドイツ語は **Pflanzschule**（養樹園）だと書かれている。たしかに「学校」という意味のドイツ語の **Schule**、英語の **school** はギリシア語のschole（暇な時間）から由来しているが、Schuleにはそれだけで Baumschule（種苗栽培園、養樹園）という意味もある。こうしたことから、ゼミナールという言葉には、苗木をじっくりと大切に育てていこうとしているような語感が伴っている。

ベルリン大学では、創設の二年後の一八一二年に、最初のゼミナールが設けられた。その一つが「古典学ゼミナール」である。(17) 古典学とは、ギリシア語やラテン語で書かれた古典を学ぶ学問で、それは当時の知識人にとって基礎的な素養だった。しかも、古典学は、単に知識を広げるためだけではなく、人格を磨くためにも重要だと見なされていたのである。このゼミナールには定員が定められていて、そこに入ろうと思った学生は選抜試験を受けなければならなかったが、合格してゼミナール生に選ばれると、奨学金がもらえた。定員は後に一〇人に増やされたものの当時は八人で、ベルリン大学哲学部の学生は一八〇人ほどいた。このゼミナールで学生は、ギリシア語やラテン語の古典が読めるようになる訓練を受けた。さらに学生は、自分自身がラテン語で書いた論文について報告しなければならなかった。論文は事前にゼミナール構成員全員に配付され、全員があらかじめ論文を読んでおかなければならなかった。当時の規定では、論文作成の準備期間は八週間で、ゼミナールでの報告も、それについての討論もラテン語で行われることになっていた。このようにして、ラテン語の読解能力と会話能力が集中的に訓練されていったのである。

特筆されるべきは、膨大な文献に取り巻かれたゼミナール専用の部屋で学生たちの研究が行われたという点である。ゼミナールを主宰する教授たちは、政府と直接交渉して特別の部屋を確保し、文献資料を購入する予算を獲得し、これらを管理する助手の定員を手に入れていった。著名教授になるほど政府との交渉力が高まり、より充実したゼミナール室を用意することができた。万巻の資料に囲まれたゼミナール室で研究報告が行われ、途中で疑問が出てくると、その場で資料に当たることによって疑問が解決されていった。ゼミナール室において、「研究」が

「教育」になった。「研究を通じての教育」というスタイルは、このようなゼミナール方式によって開始されたのである。要するに、ゼミナールとは、学生に研究をさせながら学生を教育するために設計された特別の空間だった。

しかし、ゼミナールは、選抜されたごく少数の学生を対象にした特別な教育だった。その他の大部分の学生たちは、どんな生活をしていたのだろうか。ドイツの社会学者のシェルスキーは、十七〜十八世紀の大学生は与太者（ならず者）の集団だったと考えている。[18] 当時の大学では、喧嘩や騒擾、さまざまな学生結社のテロ行為などが横行した。当時は早ければ十六歳で大学に入学することができ、十六歳から二十二歳の学生が多かった。学生たちは青年同盟や同郷組合や貴族学生団などの組織に守られ、市民的義務や勤労の義務に縛られず、勝手気ままな生活を送っていた。大学当局の裁判権は弱く、特に学生のテロ行為に対してはまったく無力だった。学生たちは学生独自の裁判権を主張し、貴族の風習をまねて決闘を行い、居酒屋で豪飲し、サーベルを佩き、群れでわめき散らしながら我が物顔で街をのし歩いた。大学の講義には二〜三人の出席者しかいないという情景も珍しくなかった。大多数の学生は、愚にもつかぬことに打ち興じていた。

このような状況を改革しようとしたのが「ベルリン・モデル」だったとも言える。ゼミナールはやがてさまざまな専門分野に取り入れられ、講義と並ぶ大学の教育方式になっていき、大学の教育活動の三〜四割を占めるようになった。こうして少人数教育が普及していったが、理科系ではたとえばギーセン大学のユストゥス・フォン・リービヒ教授の化学実験室が有名になった。リービヒ教授は、ほとんど講義をしなかった。学生に基礎的な実験手法を教えると、後は学生を実験室に送り込み、学生に実験を行わせた。実験室のなかでは、教授とか学生とかの区別はなかった。リービヒ教授自身が新しい発見をめざして実験に没頭していた。その姿を見て学生たちも実験に没頭した。このようにして、リービヒ教授の化学実験室からは次々と新発見が生み出されていった。

たしかに、初めのうちは、ゼミナールや実験室は「研究を通じての教育」を行う場だった。しかし、その後次第に各学問分野の専門化が進むにつれて、教育の場から研究の場への変化が生じた。そのようにしてやがて、一人の教授が多数の弟子たちを抱える「研究工房」が現れてきた。教授は研究室の予算獲得のために政府と直接交渉し、政府は多額の予算を投入して著名教授の確保をめざした。たとえば、化学者のエミール・フィッシャーがアルトホーフによってエアランゲン大学から引き抜かれてベルリン大学に招聘された際、プロイセン政府がフィッシャー教授に提供した化学研究室には一五八万マルク（現在の価格で約一三億円）の経費が充てられた。その規模は、敷地一四、〇〇〇㎡、建物三、〇六〇㎡、五〇〇人のための座席つき講義室、一一〇人収容の講義室、三四人収容の講義室、一四四人収容の化学分析室、九六人収容の有機化学分析室、五〇人分の個人実験室、フィッシャー一家のための官舎だった。後にフィッシャーはノーベル化学賞を受賞したが、それはこうした研究環境の賜物だったとも言われている。それはまさに「フィッシャー帝国」であり、ドイツ内外からの訪問者は、その充実ぶりに驚嘆した。

十九世紀末から二十世紀初頭にかけて、ドイツはさまざまな学問分野で世界のトップに躍進した。一九〇一年にノーベル賞が創設されると、ドイツの大学の研究工房で行われた研究が評価されて受賞の対象となった[19]。一九〇一年から一九三〇年までのノーベル賞自然科学三賞の国別の受賞者数を見ればわかるように、ドイツは強かった。この間、ノーベル賞の約三分の一はドイツ人が手にした。特に一九一八年から一九二一年の間、ドイツは最大の成果を上げた。マックス・プランク、フリッツ・ハーバー、ヨハネス・シュタルク、アルベルト・アインシュタインなどが受賞し、ドイツによる独占が印象づけられた。しかも、この時期は、ドイツが第一次世界大戦に敗北し、極度に混乱していた時期だった。しかし、それ以後、ドイツの地位は急速に下降していった。第二次世界大戦後は、アメリカ独占とも言える時代になった。なぜ、そうなったのだろうか。一つには、ナチス・ドイツのユダヤ人絶滅計画がある。このために、数多くのユダヤ人学者がドイツを脱出し、アメリカへ亡命した。もう一つには、アメリカにおける「大学院」の創設がある。十九世紀のドイツで成立した「研究を通じて教育する」という方式が、二十世紀前後になってアメリカで導入され、ドイツにもイギリスにもフランスにもない「大学院」という制度が作り出された。この大学院というドイツ・モデルの制度を用いて、アメリカは学問を発達させ、世界の知的センターになっていったのである。

第三節　学びの空間の設計

十九世紀のアメリカの大学では、学生の学問的な関心を満足させるような教育はほとんど行われていなかった。それゆえに、学問的な関心を抱いた学生は、当時はヨーロッパに留学するしかなく、とりわけ、ドイツへの留学が多かった[20]。そのような状況において、ドイツに渡ったアメリカ人留学生が発見したのは、アメリカとはまったく違った大学だった。ドイツの大学では、教員と学生が研究に没頭しており、その姿を見たアメリカ人留学生も研究の虜になった。ドイツの大学は、すでに研究の場になっていた。研究の場をアメリカの従来の学部教育のなかに新たに持ち込むことは不可能だったため、それを実現させるには「学部の上にくる大学院」を作り出すしか方法がなかった。

こうして、一八七六年にジョンズ・ホプキンス大学が創設され、学部コースと並んで、大学院コースというものが初めて登場した。この大学の初代教授のうちの多くの者がドイツ留学の経験者だった。彼らはアメリカで退屈な学部教育を受け、ドイツで「大学とは研究するところだ」という強烈な体験をし、教育よりも研究を重視するようになっていた。発足当時のジョンズ・ホプキンス大学では、時間割ははっきり決まっておらず、教員は自分の都合のいいときに授業を行い、大学院学生の出席簿をつけることも嫌がった。物理学のヘンリー・オーガスタス・ローランド教授は、自分のクラスの学生数さえ知らなかった。その代わり、ドイツ帰りの教授たちは、大学院学生に猛烈な研究を課した。たとえば歴史学ゼミナールでは、大学院学生に何千ページもの歴史資料を読ませ、そこからどんな結論が導き出されるのかを報告させようとした。ハイデルベルク大学のブルンチュリー教授のゼミナールで鍛えられたハーバート・バクスター・アダムズ教授は、アメリカの植民地時代の古文書や統計、議会資料や大統領文書など、さまざまな歴史資料を収集し、ほどなくジョンズ・ホプキンス大学の歴史学ゼミナールは、ドイツの大学の歴史学ゼミナールに匹敵する規模に達した。

一九〇〇年には、アメリカ大学協会（The Association of American Universities: AAU）という組織が結成された。当時のアメリカでは大学院教育に統一性や共通性がまだなかったため、ハーバード、コロンビア、ジョンズ・ホプキンス、シカゴ、カリフォルニアの五大学長の連名で、ＡＡＵ設立会議への招待状が、カトリック、クラーク、コーネル、ミシガン、ペンシルバニア、プリンストン、スタンフォード、ウィスコンシン、イエールの九大学へ送られた。この一四大学がＡＡＵ発足当初のメンバーとなった。こうして、①大学院への入学資格の統一、②海外でのアメリカの博士号の通用性の向上、③水準の低い他の大学院の質の向上への取組が進められ、アメリカの大学院制度が発展していった。とはいえ、アメリカの学部教育の方は、伝統的に取られてきた「学生に教え込む」という手法からなかなか離れられなかった。たとえば「主体的学習」（Active Learning）や「学習への参加」（Engagement in Learning）といった概念が学部教育の改善のための中心的概念として頻繁に取り上げられるようになったのは、一九八〇年代からだと言われる。[21] こうした概念が中心的概念になったのには、当然それなりの理由がある。たとえば成績評価などの外形的な強制手段だけでは、教育上のより高いインパクトは必ずしももたらされないからである。あらためて言うまでもなく、学生が学習に興味を持って主体的に学習しなければ、教育の成果は期待できない。したがって、教員は学生の学習への興味と参加を引き出していかなければならない。

そのための最終手段は、教員と学生の間に双方向的コミュニケーションを確立することだと考えられる。ソクラテスやプラトンの時代から、優れた教育は対話から成り立っていた。たとえばイギリスのカレッジ（学寮）における教育は、そのような対話型教育を復活させたものとも言える。講義形式の教育が主流になったのは、学生数の増加に経済的に効率よく対処するための非常手段だったはずである。とはいえ、アメリカのビジネス・スクールやロー・スクールなどでは、受講者数が五〇～一〇〇人くらいの中規模の授業においても、教員と学生の間できわめて緊密な対話が行われている。それどころか、「白熱教室」で知られるハーバード大学のサンデル教授の政治哲学の授業では、およそ一、〇〇〇人の学生を相手に文字どおり白熱した対話式の授業が展開されている。[22]

しかし、このような双方向的コミュニケーションに基づく効果的な授業を実施するためには、受講者数の多寡にかかわらず、大学教員には高い授業技術が要求される。そうした授業技術の開発と蓄積が重要な課題になっているが、課題はそれだけではない。特に自然科学系の分野では、近年は学術的知識が爆発的に拡大しているために、基礎的な学習において習得されるべき知識と最先端で研究されている知識との間の乖離が激しくなった。「フンボルト理念」に基づいて研究と教育を統一させることがめざされていた時代とは、根本的に状況が変化してしまっている。そのような状況においては、大学教員が研究をして見せるだけでは学生教育は成り立たなくなってきている。そこで、現代の学問・研究の全体的状況やそれに対する大学教育の内容・方法を俯瞰的に学生に伝えていく必要がある。この課題が現代の教養教育の重要課題の一つに加えられる必要がある。

また、「フンボルト理念」や「ベルリン・モデル」から生じた大学教育の方式では、結果的には教育よりも研究が重視されるようになり、学習の具体的な到達目標が不明確になってしまった。たとえば、従来のドイツの大学では、学生が「単位」を修得するという考え方は採用されてこなかった。というのも、学生が自らの計画に従って学習するという「自由な学習」が重視されたからである。およそ四～五年の標準的学習期間（Regelstudienzeit）は定められているものの、一二四単位を修得したから「卒業」といった概念はドイツには存在しないとされてきた。学生は自由に学習し、大学を変わることも自由である。問題なのは、修学した学期数と、最終的には、いずれも国家試験である医師や教師の試験、ディプローム試験、マギスター試験などに合格するかどうかだとされてきた。つまり、ドイツの大学では、いずれかの国家試験に合格して大学を「退学」することが「卒業」に相当するとされてきた[23]。しかし、現在、このような従来の大学システムは、「ボローニャ・プロセス」に基づく大学改革が進行して一変してきている[24]。

本章の冒頭で言及したように、日本においても、教育というのは、受けている間は、どんなメリットがあるかは本人にはわかりにくく、学生は、できれば自分の得意分野を多く勉強し、それ以外はできるだけ努力しないでも良い成績で単位が取れる「楽勝科目」を取りたいと考えているにしても、あるいは、そうだとしたらそれゆえに、今日ではますます、学生が自らの将来との関係で目の前の学習の具体的な目標や意義を理解できるようにすることが、大学教育の重要な課題になってきている。この課題を達成するためには、「俯瞰的授業」だけではなく、大学での学習と卒業後の生活の関連について一定の見通しが得られるような企業での就業体験を行う「インターン学習」や、そもそも自分自身の生き方自体やそれに基づく職業生活について考えを深める「キャリア教育」などの導入が必至である。

さらに、個々の授業でも、学生にあらかじめ授業の意義を明示しておく必要がある。シラバスは、授業の予定を知らせるだけのものではなく、学習の到達目標を明確にするためのものである。言うまでもなく、学習の到達目標は、学問の俯瞰に基づき、学生のキャリア形成に資するかたちで設定されなければならない。学習の到達目標が設定されると、学生の到達度を確認する作業も必要になる。そのためには、たとえば「学習ポートフォリオ」の活用などが考えられる。こうした記録は、教員が学生の指導を行う際にも役立つが、本来的には学生が自分自身の学習の意義を自分自身で自覚するための道具である。

その他の工夫としては、カリキュラムの改革では特に初年次教育における「テーマ型授業」（特定の学問分野の授業ではなく、人間や社会や自然のアクチュアルな問題についてさまざまな学問分野の教員が分担して行う授業）の充実、授業形態の改革では「参加型授業」や「グループ学習」の推進などが考えられる。あるいは、今日のグローバル社会の状況からは、外国への短期の語学研修のみならず、ある程度の期間の正規留学も避け難いテーマになってきている。いずれにしても、学生が学問に興味を抱き、学習に主体的に参加するようになり、結果として学生が自由に学習して、研究能力を身に付けていくことができるような大学教育を実現させなければならない。そうすることによって、「卒業論文」や「卒業研究」や「卒業実験」などが「フンボルト理念」や「ベルリン・モデル」に即したかたちで行えるようになると期待される。

日本の大学は、今、大きな岐路に立ち、教育組織としては危機的状況に直面していると言われる。課題解決ができる優れた能力を有する人材の養成が社会から求められているが、学生の学習意欲は総じて低く、教員は研究以外に労力を割こうとしないとされる。およそ二〇〇年前、ヨーロッパの中世型の大学も深刻な問題を抱え、危機的状況に直面していた。学問が多様化したために教育内容が専門領域に対応できず、社会から求められる人材養成に対応できなかった。印刷技術の普及などにより教育メディアも進化したが、それに対応した教育方法を生み出せず、授業の空洞化を招いた。このような危機的状況のなかで近代型の大学を構想したのがフンボルトだとされる。フンボルトが直面した状況と今日の状況は同一でないにしても、インターネットの普及による情報革命などをはじめとして、大学を取り巻く環境に劇的な変化が生じているという点では共通しているようにも思われる。「フンボルト理念」や「ベルリン・モデル」は、総じて言えば、新しい大学教育のモデルを実現させるための推進装置だった。この推進装置によって、教育研究の方法が改善され、教員や学生の組織が刷新され、学習空間が再設計され、情報環境が充実させられていった。

今まさに日本の大学でも、新しい学びの空間が設計されつつある。大学に新しい学びの空間が作り出されれば新しい大学教育が実現されるという単純な関係ではないにしても、新しい学びの空間設計を積極的に推し進めていくことによって、新しい大学教育への改革を少しでも後押しすることができるのではないだろうか。たとえば、主体的学習を支援する新しい教室としての「ラーニングスタジオ」、図書館を情報活用による学びの場に変えるための「ラーニングコモンズ」、対話による学びを誘発するための「コミュニケーションスペース」などが学習空間の新しいデザインとしてすでに出現している[25]。

大学の起源には謎が多く、いつから、どこで、誰が始めたのかはよくわかっていないが、十二世紀頃にパリとボローニャで「教師と学生の組合」という言葉で、大学に関する最初にして最良の定義が与えられたとされる[26]。ということは、あらためて言うまでもないが、大学では教員と学生がいかに協同するかが重要である。「フンボルト理念」や「ベルリン・モデル」のもとでも、教員と学生の新しいかたちでの協同のあり方が追求されていった。今日の日本の大学でも、その精神を継承しつつ、大きく言えば世界のために、小さく言えば学生のために、教員と職員と学生が新しいかたちで協同して、ソフト・ハードの両面にわたって新しい学びの空間を設計していかなければならないと思われる[27]。

しかし、ここでもう一度、そもそも人間が「学ぶ」ということはどんなことなのかについて問わなければならないと思われる。フンボルトは、人間の諸力の全体的で調和的な発展、つまり道徳的、知的、芸術的な側面などを含めた人間のあらゆる力が均衡した発展が人間性の形成だと考えていた[28]。この「形成」（Bildung）は、「陶冶」とも「教養」とも呼ばれることができるが、そもそもこの「教養というものは、精神科学の活動の場[29]」になっていると考えられるのである。この意味では、ディルタイの精神科学は教養論として捉えられることもできる。ここにおいては、理解のプロセスが決定的な論点となる。「理解のプロセスは、個人的性格を有する体験を出発点としながらも、共通性、類縁性といった複数一人称的な知や、科学的な非人称的知を媒介にする。そのようにして、私的な体験を普遍妥当性へと高め、陶冶するものなのである」[30]。陶冶や教養のこのような捉え方においては、本書のとりわけ第四章において考察したように、ディルタイの「抵抗経験」「生の範疇」「生の自己分節化」といった概念によってはじめて正体が明らかになるような「学習」が知を媒介していると考えられる。

現在の日本では、中央教育審議会大学分科会大学教育部会が平成二十四（二〇一二）年三月二十六日に発表した「予測困難な時代において生涯学び続け、主体的に考える力を育成する大学へ」（審議まとめ）の影響もあって、各大学において「『学び』の質を保証するアクティブラーニング」などへの取組がなされている[31]。審議まとめには、次のようなことが書かれている[32]。

予測困難な時代にあって生涯学び続け、主体的に考える力を持った人材は、受動的な学修経験では育成できない。求められる質の高い学士課程教育とは、教員と学生とが意思疎通を図りつつ、学生同士が切磋琢磨し、相互に刺激を与えながら知的に成長する課題解決型の能動的学修（アクティブ・ラーニング）によって、学生の思考力や表現力を引き出し、その知性を鍛える双方向の講義、演習、実験、実習や実技等の授業を中心とした教育である。その際、実際の教育の在り方は各大学の機能に応じて異なるとしても、このような質の高い授業のためには、授業のための事前の準備（資料の下調べや読書、思考、学生同士の議論など）、授業の受講（教員の直接指導、その中での教員と学生、学生同士の対話や意思疎通など）、事後の展開（授業内容の確認や理解の深化のための探究、さらなる討論や対話など）やインターンシップやサービス・ラーニング等の体験活動など、事前の準備、授業の受講、事後の展開を通した主体的な学びに要する総学修時間の確保が重要である。教員が行う授業は、このような事前の準備、授業の受講、事後の展開といった学修の過程全体を成り立たせる核であり、学生の興味を引き出し、事前の準備や事後の展開などが適切・有効に行われるように工夫することが求められる。

この審議まとめにおいても授業実施に向けてのさまざまな工夫が提案されているが、要するに「学生の興味を引き出し」て、学生に「主体的に考える力」を身に付けさせるためにはどうしたらよいかということが課題になっていると思われる。しかし、この課題は、何も大学生だけがその対象ではないはずである。発達段階に応じた固有の配慮をしなければならない場合があるとしても、この審議まとめの考え方はあらゆる教育段階に基本的に妥当するのではないだろうか。そして、そこでもやはり、「抵抗経験」を軸にして「生の範疇」を通り抜けていくような仕方で「生の自己分節化」が生じるような学習を成り立たせることが求められているのではないだろうか。そうだとしたら、本書から得られた知見は、現在の日本の教育改善問題に対してもきわめてアクチュアルな意義を有していると言えるのではないだろうか。人間の認識発生に関するディルタイの原理的考察が知識習得や授業展開などの教育実践の基本原理に高められることが必要であるし、またそれは可能だと考えられるだけに、今後さらに「あらゆる真の哲学の華と目標は、最も広い意味での教育学、人間の陶冶論である」[33]「現代の批判的な立場での哲学者の最後の言葉は、教育学である。というのも、あらゆる思索は行為のためだからである」[34]と言ったディルタイの願いを叶えるための実際的な創意工夫が求められると思われる。

註

（1）学術研究フォーラム編『大学はなぜ必要か』ＮＴＴ出版、二〇〇八年参照。
（2）吉見俊哉『大学とは何か』岩波新書、二〇一一年参照。
（3）友野伸一郎『対決！　大学の教育力』朝日新聞出版、二〇一〇年、五〇頁参照。

（4）潮木守一『世界の大学危機』中公新書、二〇〇四年、五五頁参照。
（5）ヴィルヘルム・フォン・フンボルトの波瀾に富んだ生涯については、亀山健吉『フンボルト』中公新書、一九七八年参照。
（6）金子元久『大学の教育力』ちくま新書、二〇〇七年、六三―六四頁参照。
（7）潮木守一『フンボルト理念の終焉？』東信堂、二〇〇八年、一九四頁参照。パレチェクの説は、次の論文において主張されている。Sylvia Paletschek: Verbreitete sich 'ein Humboldt'sches Modell' an den deutschen Universitäten im 19. Jahrhundert? in: *Humboldt International. Der Export des deutschen Universitätsmodells im 19. und 20. Jahrhundert*, hrsg. von Rainer Christoph Schwinges, Basel 2001, S. 75-104. パレチェクの主張については、次の論文でも言及されている。斉藤渉「フンボルトにおける大学と教養」西山雄二編『哲学と大学』未来社、二〇〇九年、五〇―七七頁。
（8）日本で二番目の帝国大学として京都帝国大学が一八九七（明治三十）年に開設され、一八九九（明治三十二）年に法科大学が設置された。京大法科の初代教授陣一二人のうち一〇人が東京帝国大学の出身で、一二人全員がドイツ留学経験者だった。ベルリン大学に留学した教授も多く、「ベルリン党」と称されたグループもあった。東京帝国大学で教育を受け（当時の東大法科では、「筆記学問」「帳合式試験」「師説への盲従」が特徴とされた）、その後ベルリン大学に留学した教授たちは、両方の教育方式の格差に驚き、それが京大法科の教育実験の原動力になったとされる。ところが、初代教授陣の誰一人として「フンボルト理念」という言葉を使っていない。一九一〇（明治四十三）年以前の日本においても「フンボルト理念」という言葉は存在しなかったようである。フンボルトの名前が日本で最初に登場したのは、一九一三（大正二）年九月二十二日の『万朝報』の「言説」（社説）においてではないかとされている。潮木守一『フンボルト理念の終焉？』一九九頁参照。
（9）シュプランガーの『ヴィルヘルム・フォン・フンボルトと教育改革』（Eduard Spranger : *Wilhelm von Humboldt und die Reform des Bildungswesens*, Berlin 1910）が「フンボルト神話」を創作したという点については、別の見解もある。フンボルトの大学構想の草案「ベルリンにおける高等教育施設の内的・外的構造」（Wilhelm von Humboldt: Über die innere und äussere Organisation der höheren wissenschaftlichen Anstalten in Berlin, in: *Werke in fünf Bänden*, hrsg. von Andreas Flitner und Klaus Giel, Darmstadt 1960-1981, Bd. IV, S. 255-266）は、シュプランガーよりも以前に、フリートリヒ・パウルゼン、マックス・レンツ、アドルフ・ハーナックなどによって引用されている。このうち、ドイツ皇帝の学術顧問でベルリン

大学神学部教授のハーナックが一九〇九年十一月二十一日付けの皇帝宛ての「建議案」において「プロイセンでの学術と高等教育の組織は、ヴィルヘルム・フォン・フンボルトの思想と原理に基づいている」と書いているところから、ハーナックが「フンボルト神話」の創作者だった可能性が高いとされる。潮木守一『フンボルト理念の終焉?』二〇〇―二〇一頁参照。

(10) 潮木守一『フンボルト理念の終焉?』二三三―二三四頁参照。
(11) 潮木守一『フンボルト理念の終焉?』二三四―二三五頁参照。
(12) 潮木守一『世界の大学危機』五四頁参照。
(13) 潮木守一『世界の大学危機』五四―六〇頁参照。
(14) 潮木守一『フンボルト理念の終焉?』六五―一〇一頁参照。
(15) 潮木守一『フンボルト理念の終焉?』八五頁参照。統計の出典は、次の書物である。Charles E. McCllelland: *States, Society, and University in Germany 1700-1914*, Cambridge University Press 1980.
(16) 潮木守一『世界の大学危機』六〇―六六頁参照。
(17) 一八一二年にベルリン大学に設けられたゼミナールは、古典学ゼミナールと神学ゼミナールだったとされている。潮木守一『フンボルト理念の終焉?』二二頁参照。
(18) 潮木守一『世界の大学危機』七一―七二頁参照。
(19) 潮木守一『世界の大学危機』六九―七一頁参照。
(20) 潮木守一『世界の大学危機』一五一―一五四頁参照。たとえば、イギリスでは十九世紀半ばまで、大学はオックスフォードとケンブリッジだけしかなかった。しかも、この二つの大学は、ごく限られた人にしか門戸を開いていなかった。全寮制で少人数教育というコスト高の教育を行っているかぎり、広く門戸を開くには限界があったのである。また、経済的障壁や文化的障壁のうえに、宗教的障壁もあった。当時までは、オックスブリッジにはイギリス国教徒でなければ入学ができなかった。同書二二一―二二二頁参照。
(21) 金子元久『大学の教育力』一六九―一七三頁参照。
(22) マイケル・サンデル『これからの「正義」の話をしよう』鬼澤忍訳、早川書房、二〇一〇年参照。
(23) 木戸裕「ヨーロッパの高等教育改革―ボローニャ・プロセスを中心にして―」国立国会図書館及び立法考査局『レ

ファレンス』二〇〇五・十一、七四―九八頁。八四頁参照。

(24) 現在、ドイツの大学は変革期にある。ヨーロッパの国際競争力を高めるために、一九九九年に二九の国がイタリアのボローニャに集まり、二〇一〇年までに統一された大学圏を作ることで合意した。学修課程と学位構造を共通化して、互換性をもたせることが目指されている。これにより学生の移動性を高め、外国で取得した学位の認定を容易にし、優秀な学生を獲得するための大学間の競争を促すことが期待されている。ボローニャ・プロセスの中心的要素は、学修プロセスを **Bachelor**（学士）課程と **Master**（修士）課程の二段階にして、ヨーロッパ全体で同一基準の学位を授与する点である。**Bachelor** 課程では専門分野の基礎を学び、**Master** 課程では知識をさらに深めたり、複数の専門分野にわたる知識を獲得したりする。現在、このプロセスには四六の国が取り組んでいる。**Diplom** や **Magister** といったドイツの従来の学位は、**Bachelor** と **Master** に置き換わる予定であり、この学位授与システムの転換は、二〇一六年現在、ほぼ完了したと言われている。新しい学位構造により、大学での修学が労働市場の要求により適合できるようになる。研究職や大学教員などを目指さない学生は、三年または四年の **Bachelor** 課程を修了して就職することもできる。新課程における学修単位は、モジュールと呼ばれる。一つのモジュールは、テーマを同じくする講義、ゼミナール、演習から構成され、最大で二学期になる。基礎課程と専門課程という従来の分け方はなくなる。一つのモジュールを修了すると、欧州履修単位相互認定システム（**ECTS: European Credit Transfer System**）に基づいて成績評定が行われる。大学の学修課程を修了すると、学位授与書と **Diploma Supplement** が発行される。**Diploma Supplement** には、取得学位と履修科目の成績が、統一された書式で記載されている。そのために、マスターコースやドクターコースに進んだり、就職したりする場合に、取得学位の評価が容易になる。以上については、ドイツ学術交流会（**DAAD**）東京事務所ホームページを参考にした。**http://tokyo.daad.de/japanese/jp_sid_bologna_prozess.htm**（二〇一一年十月十日閲覧）

(25) 山内祐平編著『学びの空間が大学を変える』ボイックス、二〇一〇年参照。

(26) チャールズ・ホーマー・ハスキンズ『大学の起源』青木靖三、三浦常司訳、八坂書房、二〇〇九年、一九―二三頁参照。

(27) 金子元久『大学の教育力』一二頁では、次のような記述がなされている。「大学教育が何をなすべきなのかについて、社会と大学の双方が明確なイメージを形成し、そうしたイメージを具体的に実現することが、いま求められている。実は大学教育の質的変革は、アメリカやヨーロッパなどでもいま切実な課題になっている。近代大学の理念、組織、慣行のあり方自体が、急速な大衆化、ユニバーサル化によって、大胆な再編を迫られているのである」。

（28）藤田正勝「陶冶・教養［独］Bildung」『岩波哲学・思想事典』一九九八年、一一六九頁参照。

（29）伊藤直樹「教養論としての精神科学—ディルタイを手がかりに—」寄川条路『新しい時代を開く—教養と社会—』角川学芸出版、二〇一一年、九九—一二六頁。一〇二頁。

（30）伊藤直樹「教養論としての精神科学—ディルタイを手がかりに—」一二二頁。

（31）河合塾編著『「学び」の質を保証するアクティブラーニング—三年間の全国大学調査から』東信堂、二〇一四年参照。

（32）中央教育審議会大学分科会大学教育部会「予測困難な時代において生涯学び続け、主体的に考える力を育成する大学へ」（審議まとめ）二〇一二年三月二十六日、四頁。

（33）Wilhelm Dilthey: *Gesammelte Schriften*, Bd. 9, S. 7.

（34）Wilhelm Dilthey: a. a. O., S. 203f.

おわりに

教育という言葉は文字としては教え育てると書くが、より具体的には教授者がある目的のために知識や技能を教授して、これを学習者に身に付けさせることだと考えられる。この教授＝学習過程を教授者側から見るか、それとも学習者側から見るかによって、学校教育における知識習得や授業展開に関する見方は異なってくる。ここには、教育学説史的に言えばヘルバルト主義教育学[1]と改革教育学ないし新教育[2]、学力論争的に言えば系統主義と経験主義、教育方法的に言えば教師中心主義と子ども中心主義といったような対立図式が存在している。このような対立をめぐる論争は洋の東西を問わず古い時代から見られるが、すでに日本の戦前期においても学力論争が行われ、戦後には少なくとも四回の論争が数え挙げられている。

こうした問題については、教育哲学の分野においても、学力とは何かとか、教えることと学ぶことはどう違うかといったテーマで折に触れて研究課題として取り組まれてきた。そのなかでも、たとえば宇佐美寛、田中毎実、中田基昭などが教育哲学による授業研究を行っていると捉えられている[3]。とはいえ、こうした研究における問題設定では、どう教えるべきか、どう学ぶべきか、あるいは教授者と学習者の人間関係はどうあるべきかといった視点のいずれかに中心点が置かれていると思われる。それに対して本書では、教授者や学習者といった区別に拘泥しないで、そもそも「人間の生」とはどのようなものかを解明するところが中心点になるべきではないかと考えた。そして、ディルタイの精神科学の考え方に着目した。なぜならば、こうした問題に関して、それがきわめて本質的な議論をしているからである。

ディルタイは精神科学において、知情意の全体における人間の生を解明しようとしただけではなく、実際に歴史に現れた形而上学や世界観、さらには自然科学も含んだ諸科学の展開を人間の総合的な知性として捉え、「歴史的理性批判」を遂行していった。本書では、ディルタイの思想全体をどう捉えるかという問題から考察を開始し、序章「ディルタイと精神科学的教育学の理念」で、精神科学を基礎づける計画の中心点が認識論的論理学という考え方にあることを明らかにした。つまり、ディルタイの思想の中心点には、人間が認識したり知ったりする仕組みを解明する理論が据えられているのである。しかも、精神科学の理念は、人間が自己自身で決断しなければならない領域の知識に精神科学がかかわるという点に存する。それゆえに、「解釈学的概念」という概念が重要となる。解釈学的概念とは、事柄の本質を的確に把握する言語的表現をはじめて可能にする概念であり、この概念のお蔭で生の理解の解釈行為が可能になっている。それとともに、この概念が人間の創造性のもとになっている。こうした基盤に立って、第一章「精神科学から見た知識概念」では、精神科学というものが、人間が人間を人間にする行動様式を基礎づけるだけでなく、この行動を意識化させたり反省させたりすることを明らかにした。この点から知識習得とはどんなことかについて言えば、知識を習得するということ自体が、そもそも一人の人間が生きていくということと同一の事象になっていることが判明する。

とはいえ、意識的ないし意図的に知識を習得するためには、学習を行うことが必要である。第二章「精神科学から見た知識習得」では、ハイデガー的な考え方から、単なる「学習の機能上の問題」ではなく、「学習を成立させている動的な本質」や「学習そのものの内在的な動因」がどうなっているかについて考察した。ここから、知識習得のためには、時代や社会からの必要ということと、実存からの必要ということが二大条件になっていると考えられる。では、知識習得のメカニズムを脳科学の立場から見れば、どう見えるのだろうか。第三章「自然科学から見た知識習得」では、記憶力を増強させるには、結局のところは「やる気」に尽きると言われていることの根拠を明らかにした。その「やる気」がどこから来て、どのように作用しているかという観点から、第四章「精神科学から見た学習するということ」で、ディルタイの「生の範疇」という考え方について考察した。人間がこの基本的にして＝決定的なものと、非本質的なものと、どうでもよいものとの区別をするのは、人間が生の範疇（実在的範疇）を通り抜けていく仕方で「生の分節化」を行っているからである。こうした考え方から、「生の連関全体における生の分節化としての学習」という見方が導き出される。そして、この見方から、学習のあり方について考えることが最も本質的に重要ではないかと思われる。

第五章「認識の本質と授業展開」では、ディルタイの実在的範疇、特に本質性に着目して、認識の本質を言葉でどう言い当てるかについて考察した。この問題は、教師が児童生徒にどんな言葉をかけるか、どんな認識をもたせようとするか、またこれをどうつかみ取ってくるかという問題でもある。第六章「事実認識と授業展開」では、人間が意志をもって行動することができるのは、その人間のなかにその人間をその行動に駆り立てる認識が成り立っているからだという観点からの授業展開のあり方について考察した。この授業展開の考え方は、ボルノウの言う「訴えかける教育学の必要性」を示しているのではないかと考えられる。第七章「読み物資料を用いた道徳授業」では、「ジレンマ資料」と呼ばれるタイプの資料を題材にして、道徳的思考のあり方について考察した。この思考を進めていく過程においては、ディルタイの言う実在的範疇を用いる必要があることを明らかにした。第八章「道徳的ジレンマとどう向き合うか」では、正義論における議論と対照させながら、「道徳の神経哲学」における脳のジレンマ解決システムについて考察した。そして、この場合は、脳全体の状態、つまり人間の心の全状態を前提に置く必要があるという観点からさらに考察を進め、「共感力」の重要性を明らかにした。また、そのメカニズムは、ディルタイにおける「抵抗概念」という概念から説明ができるのではないかということを明らかにした。

最終章となる第九章「授業展開をどう構想するか」では、フンボルトによる大学改革を手がかりにして、学習者の興味を引き出して、主体的に考える力を身に付けさせるための工夫について考察した。この課題は、主体的学習をめざすかぎりにおいて、どの教育段階でも共通して必要とされていると思われる。過去の実践例、現在の実践例においても、あるいは将来の方向性においても、その考え方の基本は、ディルタイの言う「抵抗経験」を軸にして「生の範疇」を通り抜けていくような仕方で「生の自己分節化」が生じるような学習を成り立たせることを求めることに焦点づけられているように思われる。それゆえに、知識習得と授業展開に関する諸問題をディルタイの精神科学の立場から見ることには、きわめてアクチュアルな意義があるのではないかと思われる。

教育は、学習者をタブラ・ラサ（白紙）と見立て、そこに認識作用を植え付けることによって成立するわけではない。教育哲学的な意味での「学習論」ないし「授業研究」では、学習者の覚知のメカニズムをあるがままに解明することが最も重要である。そのメカニズムに沿って学習が進めば、「表面的な学習」は「深い学習」（優れた転移可能性をもつ学習）となり、「表面的な教授」は「深い教授」となることが期待される。ところが、「深い学習」は「主体的な学習」でもあるがゆえに、「深い教授」は「教えられることから解放する教授」でもなければならないことになる。[4] これはまさに教育における逆説であるが、その解明は今後の課題である。

ところで、現在の日本では、中央教育審議会大学分科会大学教育部会が二〇一四年三月二十六日に発表した審議まとめ「予測困難な時代において生涯学び続け、主体的に考える力を育成する大学へ」の影響もあって、各大学において「『学び』の質を保証するアクティブラーニング」などへの取組が進められている。[5] 効果的なプログラム開

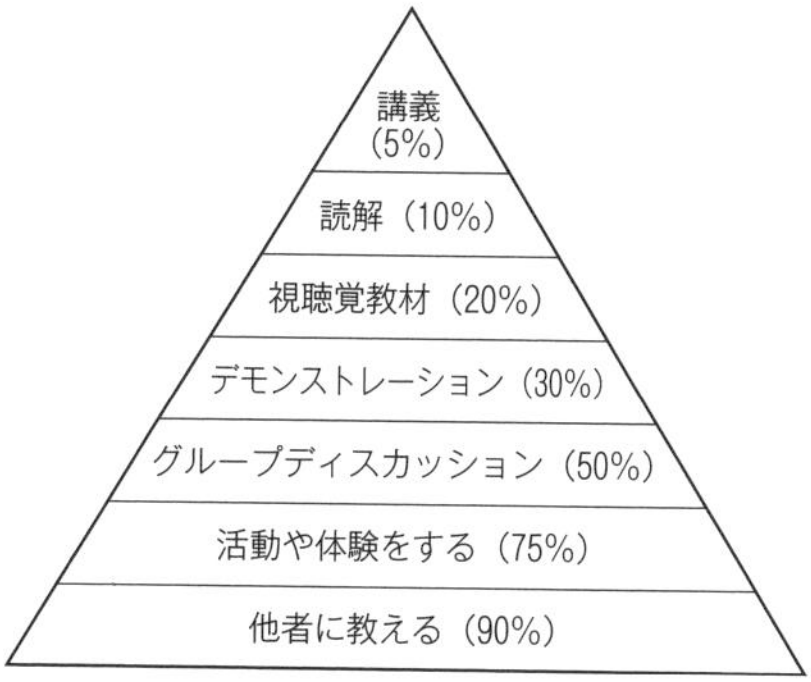

知識の定着率を表すラーニングピラミッド

溝上慎一：註（11）から作成

発がさまざまに試みられているものの、教育成果に結びつかない取組も多いことがすでに明らかになってきている。その原因として、「教授者中心の教育」から「学習者中心の教育」への転換がうまく図られていない点が指摘されている。つまり、今日の大学教育改革においては教授学習パラダイムを転換することが要になっているにもかかわらず[6]、教育は相変わらず「指導者の論理」によって行われがちで、必ずしも「学習者の心理」に即して行われていないのである[7]。教育成果をもたらすことができない事態に対して述べられた「ダメな人間なんていないんです。ただ、ダメな指導者がいるだけなんです[8]」というフレーズは、言い得て妙である。そうなると、教育者が絶えず努力すべき点は、「もし、私たちが教える方法で子どもたちが学ぶことができないなら、私たちは、彼らが学ぶことのできる教え方を学ばねばならない[9]」という点に求められるのではないかと思われる。

今日、日本の大学においてアクティブラーニングが必要とされるようになった理由として、次の五点が指摘されている[10]。①テクノロジーの急速な発展により社会の変化が激しくなったことに伴って、社会が求める能力が変化したこと、②大学においてユニバーサルアクセス段階が到来し、従来ならば大学へ進学しなかった層が大量に大学教育を受けるようになったこと、③自分の解釈や理解を言語化し相手に伝えるという学びの社会化＝ソーシャルな学びが、より高度なコミュニケーション能力の形成の点でも効果的であると見なされるようになったこと、④新たに得た知識を既有の知識と関連づけ、一生剝がれ落ちない知識と理解を得る深い学びが要請されるようになったこと、⑤ラーニングピラミッドという模式図で示されるように、他者に教えるという行為が知識の定着をもたらすと実感されていることの五点である。

ちなみに、知識の定着率を表すラーニングピラミッドとは、前頁の図に示すように、講義だけで知識が定着するのは五％程度だが、読解を入れると一〇％、視聴覚教材を取り入れると二〇％、デモンストレーションをすると三〇％、グループディスカッションをすると五〇％、活動や体験をすると七五％、他者に教えると九〇％というように、一人で学習するよりもグループで学習した方が、しかもグループのなかでもより認知的負荷が高い活動を行った方が、記憶の定着率が高まると主張する模式図のことである。[11] この模式図の引用に際しては、出典がアメリカのNTL Institute（National Training Laboratories Institute）とされ、一見実証的な調査結果であるように思われるが、実はこれが根拠のない模式図であることはすでに知られている。しかし、学術的観点と実践的観点を区別して、この図を次のように受け取っている論者もいる。「たとえ学術的に問題のある図であるとしても、この図でアクティブラーニングの実践が前に進むのであれば、大いに価値はある」[12]。

この「アクティブラーニング」（active learning）という言葉は、二〇〇〇年代に入ってから主として高等教育においてカタカナ表記で使用されるようになった。それ以前においては、英語からの訳語として「能動的学習」「積極的学習」「主体的学習」などの言葉が当てられていた。こうした言葉は、主として初等中等教育においてであったが、高等教育においても一九七〇〜八〇年代から徐々に、一九九〇年代以降は本格的に幅広く使用されている。アクティブラーニングに関する研究も活発に行われている。二〇一五年の八月から九月にかけて開催された少なくとも三つの学会（日本教育心理学会、日本リメディアル教育学会、初年次教育学会）において「主体的な学び」がテーマとして掲げられ、学校種を越えてアクティブラーニングを取り入れた授業づくりの研究が進められている。とはいえ、多くの研究者がアクティブラーニングという言葉を厳密に定義せずに使用してきたという経緯もあって、そもそも、あらゆる分野の専門家や実践家が納得できるようにアクティブラーニングを定義することは不可能に近いと言われている。しかし、それにもかかわらず、溝上慎一はこのことを前提にして、次のような定義を提示している。アクティブラーニングとは、「一方向的な知識伝達型講義を聴くという（受動的）学習を乗り越える意味での、あらゆる能動的な学習のこと。能動的な学習には、書く・話す・発表するなどの活動への関与と、そこで生じる認知プロセスの外化を伴う(13)」。

チャールズ・ボンウェルとジェームズ・エイソンは(14)、アクティブラーニングの定義を早い時期に試みたことで知られるが、「能動的」（active）ということの特徴を描き出すことの難しさについて言及している。さらに、ボンウェルらによれば、伝統的な保守派教員からアクティブラーニングに投げかけられる批判的コメントの代表として、次の二つが挙げられる。

（A）そもそも、受動的な学習というものが存在するのか。

（B）しっかり講義を聴くことも、能動的な学習と言えるのではないか。

（A）のコメントは、核心を衝いていて鋭い。学習という活動をしている以上は、当然何らかの能動的活動をしていることになるという考え方はもっともである。受動というのは他からの働きかけを受けることであるから、受動的学習とはみずから進んで取り組む学習ではなく、他者から促されてようやく取り組む学習がイメージされる。しかし、みずからであれ、いやいやであれ、他からの働きかけを受け入れた結果、実際に学習に取り組んでいれば、それはたしかに本人が行う能動であり受動ではない。けれども、着眼点はそこではない。溝上の定義では、一方向的な知識伝達型講義を聴くことが受動的学習であると操作的に基準が設けられている。したがって、その基準に照らして何らかの能動的活動が取り入れられているかどうかがポイントである。取り入れられていれば、それはアクティブラーニングだと呼べる。

何らかの能動的活動とは、定義の後半部分で、「書く・話す・発表するなどの活動への関与と、そこで生じる認知プロセスの外化」のことだと明示されている。こうした具体的活動の例示によって、活動レベルにおける「教授パラダイムから学習パラダイムへの転換」が含意されている。実際に書いたり話したり発表したりする活動が学習のなかに取り入れられ、それに学習者が関与させられれば、学習者は単に聴くだけの講義のときにはほとんど用いていなかった多様な認知機能を稼働させ、その認知プロセスを外化させなければならなくなる。以上のことから、「アクティブラーニングを行っている」と言えるための条件は、次の二つである。

①一方的な知識伝達型講義を聴くという受動的学習を乗り越えて、書く・話す・発表するなどの活動に関与していること

②その活動に関連している認知プロセスを外化していること

この二つの条件を満たしていれば、どのような学習でもアクティブラーニングと呼ぶことができる。この考え方に従えば、（B）の批判的コメントに対する回答は単純明快である。講義をしっかり聴こうと、あるいは漫然と聴こうと、聴く活動しか行っていない学習は教授パラダイムにおける学習であり、学習パラダイムにおける能動的活動になっていないため、それは受動的学習だとしか見なされない。能動的に、積極的に、主体的に、つまりアクティブに講義を聴くということは、たしかに実際にあるし、またそうあるべきである。しかし、アクティブラーニングの定義においては、アクティブなラーニングのことをアクティブラーニングと呼ぶのではなく、活動への関与と認知プロセスの外化を伴った学習のことをアクティブラーニングと呼ぶという約束になっている。なお、**active learning** をカタカナで「アクティブ・ラーニング」ではなく、ひとまとまりの連語として「アクティブラーニン

にくくなるのではないかと期待できる。

グ」と表記した方がよいとする考え方があるが、その方が「アクティブなラーニング」といったニュアンスも生じにくくなるのではないかと期待できる。

アクティブラーニングを取り入れた授業は、「アクティブラーニング型授業」（active-learning-based instruction）と呼ばれる。これには、たくさんの技法がある。アクティブラーニング型授業の一つである「協同学習」（cooperative learning）だけでも、二〇〇以上の技法があると言われている。そのうちの三〇の技法が、エリザベス・F・バークレイらによって紹介されている。[15] ここでは、全体が大きく五つのカテゴリーに分けられ、技法一～六が「話し合いの技法」、技法七～一二が「教え合いの技法」、技法一三～一八が「問題解決の技法」、技法一九～二三が「図解の技法」、技法二四～三〇が「文章作成の技法」となっている。

このなかには含まれていないが、他にもLTD（Learning through Discussion）話し合い学習法やPBL（Problem-Based Learning）問題解決学習などがある。ＬＴＤは、テキストの学習課題、語彙、主張などを予習で理解させ、授業ではミーティングを行い、学習課題の理解を学習者がお互いに確認したり議論したりして、他の知識や自己との関連づけを図ることによって、さらに理解を深めていく学習法である。ＰＢＬは、問題の提示から授業が始まり、問題を解決するために必要な知識を調べたり、学ぶべき内容を見定めたりしながら学習を進めていく方法である。

アクティブラーニングという言葉は、前述したように日本の高等教育では二〇〇〇年代以降に急速に使用されるようになったが、二〇一二年八月十八日の中央教育審議会答申「新たな未来を築くための大学教育の質的転換に向けて――生涯学び続け、主体的に考える力を育成する大学へ」（以下、「質的転換答申」と略記）以降、この言葉は「政策用語」になっている。質的転換答申の「用語集」では、アクティブラーニングに対して、次のような解説が加えられている。[16]

教員による一方向的な講義形式の教育とは異なり、学修者の能動的な学修への参加を取り入れた教授・学習法の総称。学修者が能動的に学修することによって、認知的、倫理的、社会的能力、教養、知識、経験を含めた汎用的能力の育成を図る。発見学習、問題解決学習、体験学習、調査学習等が含まれるが、教室内でのグループ・ディスカッション、ディベート、グループ・ワーク等も有効なアクティブ・ラーニングの方法である。

この解説と前述の溝上の定義を比較すると、教授パラダイムから学習パラダイムへの転換が図られている点は共通している。しかし、転換後の活動への関与をどう捉えるかが異なっている。溝上は、活動へ関与するということは同時に認知プロセスを外化させることにつながると考えている。これに対して、質的転換答申の用語集では、活動の結果としてもたらされる成果（outcomes）が汎用的能力の育成につながると考えている。この違いはプロセスに着目するか、出口に着目するかの違いであるが、いずれにしてもアクティブラーニングにおいては、「活動あって成果なし」という事態がそもそも起こらないことを前提としたパラダイム転換が図られている。

では、ここで、「活動あって成果なし」という事態を招きかねない一つの事例に言及してみたい。教育哲学者の宇佐美寛は、『対話の害』[17]という書物において、マイケル・サンデルの「ハーバード白熱教室」や、河野哲也らが二〇一二年の教育哲学会第五十五回大会（於早稲田大学）のラウンドテーブルで発表した「子どもと哲学対話を：初等中等教育における対話型哲学教育の実践とその意義」を批判している。宇佐美は、対話を教育方法として用いることに反対する。その理由は、哲学的思考にとって対話は妨害にしかならないという点に求められる。では、宇佐美はなぜそのように考えるのだろうか。思考は自分自身が行うものであり、他者と対話する必要はないというのがその理由である。

しかし、対話（ギリシア語で dialogos、ドイツ語で Dialog、フランス語で dialogue）は、西洋哲学の発展に大きく寄与したのではなかったのだろうか。一般には、「ソクラテス、プラトン、アリストテレスを通じて練り上げられた対話とは、文字通り異なる（ディア）論理（ロゴス）が開かれた場でぶつかりあい、対決を通じてより高められた認識に到達しようとする運動[18]」であったと捉えられている。とはいえ、こうした対話の特性が教育方法としては場合によって阻害要因になる可能性がありえるのである。実り豊かな対話が実現するためには、さまざまな前提条件が満たされなければならない。さもなければ、白熱した議論を交わしたが、何の学びも得られなかったという結果になりかねない。その点で、宇佐美の主張のうち、アクティブラーニングの考え方にとって特に重要な示唆を与えている論点として、次の五点は避けて通れないと思われる。

①ソクラテスの「対話」のような「対話の結果」と教育場面における教育方法としての対話を同一視してはならない。教育場面では、「対話の過程」が重要である。

②対話というのは特殊な方法であり、哲学的思考の小さな一部分である。対話では話し続け聞き続けているので、わからないことがあっても調べに行くことができない。

③思考は自分自身が行うべきである。なぜ他者との対話が必要なのか。

④文章を書くことが哲学的思考を鍛える。対話では思考は鍛えられない。

⑤テーマについて思考を深めるには、メタ対話が必要である。メタ対話とは、対話自体を分析・検討する思考のことである。

要するに、「活動あって成果なし」という事態に陥らないようにするには、単に対話をすればよいというのではなく、「読んで書いて」ということが前提されていなければならないということになると思われる。それでは、そのような教育方法はありえるのだろうか。教育社会学者の苅谷剛彦は、二〇〇八年の秋にオックスフォード大学に勤め始めてからの「大学異文化体験録」を『イギリスの大学・ニッポンの大学――カレッジ、チュートリアル、エリート教育』[19]という書物にまとめている。それによれば、オックスフォード大学の教育の特徴は、カレッジとチュートリアルにある。

世界ではもちろん、イギリスでもカレッジ制という仕組みを残存させている大学は少なくなったが、オックスフォード大学はその一つである。カレッジ制大学（Collegiate University）の仕組みを理解するためには、「カレッジ」と「大学」の二重構造による教育のあり方を理解しなければならない。二〇一二年の数字であるが、オックスフォード大学には三八のカレッジが存在し、そのうちの二つは「ホール」と呼ばれている（レイディ・マーガレット・ホールとセント・エドムンド・ホール）。それぞれのカレッジは、財政面でも運営面でも独立しており、フェローによって自律的に運営されている。

これに対して、大学（ユニバーシティ）は、教育研究の面で国から助成を受ける国立大学のような公的機関であり、国王から勅許された学位授与権を有している。大学はそれぞれの専門分野の学科（デパートメント）から成り、大学教員のほとんどがいずれかの学科の教授や講師になっているのであるが、特筆すべきは、その大学教員のほとんどがいずれかのカレッジのフェローにもなっている点である。

学部の学生は、学士の学位を取得するために、学科が提供するプログラムに所属すると同時に、カレッジにおいてチュートリアルという個別指導を受ける。学位取得のための試験実施や成績認定は、学科（大学）が行う。チュートリアルでは、単に毎週エッセイを書いて提出すればよいというのではなく、最終試験が終わるまで、読んで書いて議論するということを続けていかなければならない。学科が試験実施から卒業認定までの学務面の責任を負っているのに対して、カレッジ（学寮）は共に住み食べるという共同生活を通じて幅広い教育の場を提供している。学科がフォーマルな機能を重視した組織であるのに対し、カレッジはインフォーマルな面を含む、包括的な関係を重視した共同体である。カレッジでは、さまざまな専門分野の教員がフェローになっていることから、専門性の垣根を越えた学問共同体を成立させることがめざされている。

チュートリアルとは学部レベルで行われる個別指導による教育のことであるが、オックスフォード大学のすべての学部学生はカレッジに所属しつつ自分の専攻に応じてチュートリアルを受ける。個別指導を行うのはカレッジに所属する教員で、その教員は「ドン」(don)と呼ばれる。ドンとは、オックスフォード大学でテニュア(終身雇用資格)を有し、カレッジのフェローでもある教員のことである。チュートリアルは、たいてい週に一回、一時間行われる。学生一~三人に、教員一人がつく。毎週、課題文献のリストが渡され、学生はそれを読んでA4で十枚くらいのエッセイを書く。チュートリアルでは、そのエッセイをもとに学生と教員の間で議論が交わされる。オックスフォードやケンブリッジでは、まさにそのような方式での学習を通じてのみ批判的思考が育つと考えられているのである。

このようなチュートリアルが可能になっているのは、もちろんカレッジとチュートリアルがセットになっているからであるが、一人の教員が個別指導を行う学生数を少なく抑えるのに十分な数の教員を雇うだけの財源が確保されているからでもある。それぞれのカレッジは財政的に独立していて、二千万~三億ポンド(二五~三七五億円)くらいの寄付金による基金を有している。イギリス人やEU内の学生は、大学に年間三、二二五ポンド(四〇三、一二五円)の授業料を払う。それ以外の学生の授業料は、一万ポンド(一二五万円)を超える。カレッジには、食費や住宅費を除いて、五千~六千ポンド(六二五、〇〇〇~七五〇、〇〇〇円)を払う。こうした納付金が高いか安いかはともかく、独立した法人であるカレッジが財力と設備施設を有していることによって、きめ細やかなチュートリアルが可能になっているのである。

大学運営の観点から言えば、カレッジと大学という二重構造は複雑で効率が悪く、コストもかかる制度に他ならない。しかし、それにもかかわらず、オックスフォードやケンブリッジではカレッジ制が守られている。その理由について、苅谷は次のように述べている。「カレッジ制をとり続けているのには、過去の慣例にとどまらず、また財政的な負担の大きさによらず、現代においてもそこに教育的な価値を見いだしているからなのだろう。そしてその価値の源泉は、カレッジが学問の共同体であるところにある[20]」。

現存する大学としては世界で三番目に古く、英語圏では最古であるオックスフォード大学では、チュートリアル（読み・書き・議論）を中心にカレッジにおいて学問と人間形成の教育を行っている。この教育は、「活動あって成果なし」の事態に陥らないかたちでのアクティブラーニングを学生にただひたすら愚直に実行させている一つの（理想的）形態だと言えるのではないだろうか。しかも、対話を教育方法として用いることを批判している宇佐美の論点を奇しくも満足させる形態の一つがチュートリアルではないかと思われる。

それでは、読み・書き・議論を中心とした教育は、チュートリアル方式でなければ行うことができないのだろうか。多額のコストをかけずとも、チュートリアル方式に匹敵する成果を上げることのできる学習法は存在しないのだろうか。こうした課題を統合的に解決した学習法として、「ＬＴＤ話し合い学習法」の過程プランが挙げられるのではないかと思われる。

ＬＴＤ話し合い学習法は、アメリカのアイダホ大学の社会心理学者であったウィリアム・Ｆ・ヒル（William F. Hill）が一九六二年に開発したアクティブラーニング型授業の戦略の一つであり、小グループによる話し合いを中心に学習を進める協同学習の一つである。日本では、安永悟が一九九〇年代半ばから紹介と普及に努め、『討論で学習を深めるには――ＬＴＤ話し合い学習法[21]』や『実践・ＬＴＤ話し合い学習法[22]』などの専門書やガイドブックを刊行している。ここでは、安永の『実践・ＬＴＤ話し合い学習法』（二〇〇六年）と溝上の『アクティブラーニングと教授学習パラダイムの転換』（二〇一四年）をもとにして、ＬＴＤ話し合い学習法（以下、「ＬＴＤ」と略記）の概要をまとめてみたい。

LTD過程プラン（ミーティング用）

段階	ステップ	討論内容	配分時間（60分）
準備	1 導入	雰囲気づくり	3分
理解	2 語彙の理解	言葉の定義と説明	3分
	3 主張の理解	全体的な主張の討論	6分
	4 話題の理解	話題の選定と討論	12分
関連づけ	5 知識の統合	既有知識との関連づけ	15分
	6 知識の適用	自己との関連づけ	12分
評価	7 課題の評価	学習課題の評価	3分
	8 活動の評価	ミーティングの評価	6分

安永（2006）・溝上（2014）をもとに作成

（1）ＬＴＤの対象者は、話し合いに必要な言語能力や対人関係能力など、最低限の能力があれば誰でもよい。ただし、ＬＴＤは大学生を対象に考案されたので、大学などの高等教育機関で学ぶ学習法であるが、社会人はもちろん、発達段階を考慮して指導法を工夫すれば小学生から高校生までも利用できる。

（2）ＬＴＤでは、学習課題に文字テキストを用いる。本の一章、論文、評論、エッセイ、新聞記事など、文字テキストであれば領域を問わず何でも使用できる。学習者の興味関心、言語能力、学習目的などに応じて、適切な課題を準備できる。

（3）ＬＴＤは、学習者が一人で学ぶ「予習」と、仲間と話し合いながら学ぶ「ミーティング」により構成される。予習は、ＬＴＤにとってきわめて重要な学習活動である。予習なしのミーティングによっては、ＬＴＤに期待される効果は得られない。そもそも、予習なしのミーティングをＬＴＤとは呼ばない。協同学習の用語で言えば、予習は個人思考に、ミーティングは集団思考に相当する。集団思考と同等以上に個人思考を重視する考え方は、グループで実施される協同学習全般に当てはまる。

（4）ＬＴＤ過程プランは、グループ・ダイナミクスや心理学の知見に基づいて編み出された学習過程である。このプランには、

LTD過程プラン（予習用）

段階	ステップ	予習内容（ノート作成）	
理解	1 課題を読む	全体像の把握	低次の学習（収束的学習）
	2 語彙の理解	言葉調べ	
	3 主張の理解	主張のまとめ	
	4 話題の理解	話題のまとめ	
関連づけ	5 知識の統合	既有知識との関連づけ	高次の学習（拡散的学習）
	6 知識の適用	自己との関連づけ	
評価	7 課題の評価	学習課題の評価	
準備	8 リハーサル	ミーティングの準備	

安永（2006）・溝上（2014）をもとに作成

「ミーティング用」と「予習用」の二種類がある。前頁の表は、ミーティング用のプランである。

ステップごとに、目的とその目的を達成するための具体的方法が定められている。ミーティングには時間制限があり、一回のミーティングは六〇分で終わるように設計されている[23]。ステップ1では、導入として雰囲気づくりを行う。ここでは、仲間の心身の状態を把握させる。ステップ2では、テキストで使用されている言葉や概念定義のうち、よくわからないものや重要なものの意味を教え合わせて理解を深めさせる。ステップ3では著者の主張を、ステップ4ではその主張の根拠を読み取らせ、それを自分の言葉に言い換えさせてまとめさせる。ステップ5では、学習内容を既有知識と関連づけさせる。ステップ6では、学習内容をさらに自分自身のこと（過去・現在・未来の自分自身や対人関係、所属集団など）と関連づけさせる。ステップ7では、テキストを批判的かつ建設的に評価させる。ステップ8では、ミーティング自体を振り返って評価させ、今後の改善点を出し合わせて授業を終える。

（5）ミーティングが実り豊かなものになるかどうかは、学習者の予習にかかっている。上の表は予習用のプランであるが、基本的にミーティング用のプランと同じである。ステップ1と8が異なっているが、これは個人作業かグループ作業かの違いで、本質的な違いではない。

ミーティング用と予習用のプランの違いで着目すべきは、ミーティング用には時間制限があるが、予習用には時間制限はないという点である。予習をすればするほどミーティングで得られる成果が大きくなるため、学習者は自発的な努力で予習ノートの作成に勤しむようになることがすでに報告されている。

（6）ＬＴＤ過程プランを支えている原理の一つは、ベンジャミン・ブルームらの教育理論である。[24] つまり、このプランはブルームのタキソノミー（分類学）に基づいて編み出されているのである。ブルームが「低次の学習」と「高次の学習」の区別を設けていることから、ステップ1〜4が低次の学習（記憶中心の収束的学習）に、ステップ5〜8が高次の学習（思考中心の拡散的学習）に対応するように配慮されている。

（7）学習課題の理解を深めることが、ＬＴＤに期待されている基本的な効果である。それ以外の効果として、現代社会で必要とされる分析的・論理的・批判的思考スキル、コミュニケーション能力、言語技術、対人関係能力などの向上がある。仲間と教え合いながら学ぶという新しい学習スタイルを身に付けることによって、学習に対する動機づけが高まり、主体的に学習する能力も向上する。さらに、協同学習は仲間どうしの信頼関係に基づいた学び合いであることから、民主主義に対する認識も深まる。

（8）ＬＴＤにより、学習者の態度が大きく変化する。学習意欲が高まり、予習時間が長くなる。遅刻や欠席も極端に少なくなる。ＬＴＤを用いた仲間との話し合い学習が、かけがえのない学びの場となる。

（9）教授者が有する学習者観や教育観が変化する。学習者が主体的に参加するミーティングの場面を教授者が体験すると、学習者がもっている素晴らしい（潜在的）能力に教授者は気づかされる。適切な学習環境を整えれば、学習者はいくらでも積極的に学ぶようになるということを理解させられる。教授者がＬＴＤ学習法に習熟してくると、講義中心の授業でも、授業の構成と方法が変化してくる。その他にも、研究会等での議論や論文の作成・査読・指導などにもLTDが効果的であることがわかるようになる。

LTDの概要を以上の九点にまとめたが、教授者としては技法に習熟するまではかなりの苦労を余儀なくされると予想されるものの、教授者がLTDにより学習者の学習をうまく促進させることができれば、学習者にもたらされる成果は計り知れないほど大きいと期待される。なにしろ、学習者がみずから主体的に学習（予習）するようになるわけであるから、それは当然と言えば当然である。LTDではこのようにしてアクティブラーニングが遂行され、教授パラダイムから学習パラダイムへの転換が図られている。その「アクティブラーニングを行っている」と言えるための条件は、すでに言及したとおり、次の二つであった。

①一方的な知識伝達型講義を聴くという受動的学習を乗り越えて、書く・話す・発表するなどの活動に関与していること

②その活動に関連している認知プロセスを外化していること

書く・話す・発表するなどの活動は、一人ではできず、相手を必要とする。そのようなことから、この条件を満たそうとすれば一人で学習するわけにもいかず、相手と一緒に学習しなければならなくなる。その相手とは、どんな人か。競争相手か、協同相手か。これまでの教授パラダイムでの相手は「競争のための相手」で、これからの学習パラダイムでの相手は「協同のための相手」になるのではないかと思われる。

競争とは、メンバーのなかの誰か一人が目標に到達したら他のメンバーはその目標に到達できない事態である。これに対して、協同とは、メンバー全員が同時に到達できるような目標が設定されている事態である。したがって、「学習集団のメンバー一人ひとりの成長が互いの喜びであるという目標のもとで学習する場合が協同であり、学習集団の中で誰が一番かを目標にして競い争う場合が競争[25]」だということになる。この競争から協同への転換、

つまり競争学習（Competitive Learning）から協同学習（Cooperative Learning）への転換は、単なる博愛主義によってもたらされたのではなく、教授パラダイムから学習パラダイムへの転換に伴って必然的にもたらされたと考えられる。なぜならば、競争は教授パラダイムのもとでは可能であるが、学習パラダイムのもとではかなりの矛盾を呈するからである。

最後に、もう一点について言及しておきたい。言葉遊びをしているようであるが、書く・話す・発表するなどの活動に関与していること――実は、このことがもうすでに認知プロセスを外化していることになっているのではないだろうか。この定義を考案した溝上自身も、このことは十分に承知している。「活動させていればそれで良しというような、認知機能が知識と絡み合ってどのように働いているかまで目が向かないアクティブラーニングの実践が、少なからずある」ことから、溝上は「定義では二重表現を採って、活動への関与と、活動に関連する認知プロセスの外化、その十分な協奏を強調している[26]」のである。

では、書く・話す・発表するなどの活動、すなわち認知プロセスの外化とは、もっとわかりやすく言えば、どんなことなのだろうか。それは、ディルタイの言葉で言えば、「表現」（Ausdruck）ということではないかと考えられる。ディルタイは、一九一〇年の『精神科学における歴史的世界の構成』において、次のように述べている。「至るところにおいて、体験と表現と理解の連関によって、人類というものが固有の仕方で精神科学の対象としてわれわれに立ち現れてくるようになる[27]」。つまり、われわれ人間は何かを理解するためには、その前提となる体験を有していなければならないが、その体験そのものを直接的に理解することができないがゆえに、体験が表現された客観態をテキストにして、それを理解するしか他に方法がないのである。

ディルタイの「体験＝表現＝理解」という解釈学的循環は、絶えずよりよい理解を求めていくための基本構造になっている。要するに、人間は体験したものを表現し、その表現を理解し、その理解に基づいて再び体験するという螺旋を描きながら理解を深めていくのである。この点から言えば、現在注目を浴びている「ディープ・アクティブラーニング」において、「内化と外化をどう組み合わせるか[28]」という二項対立的発想がなされていることについて若干の補足が必要なのではないかと思われる。

ディープ・アクティブラーニングの議論では、内化とは必要な知識を習得することで、外化とはその知識を実際に適用してコンフリクトの解決を試みることだとされている。知識習得を内化、知識適用を外化と命名するのにはたしかにわかりやすい面もあるが、その知識習得の場面において「認知プロセスの外化」が求められるわけであるから、内化には外化が必要であるということになり、全体としてはかえってわかりにくくなるのではないだろうかと危惧される。

ディルタイの考え方に従えば、知識習得とは体験を表現して、その表現されたものを理解するということであるから、「体験＝表現＝理解」は鼎《かなえ》であって、この解釈学的循環のなかで理解が広まったり深まったりすると考えられる。知識を習得したり理解を深化させたりするということはそのようなメカニズムでしか起こりえないとすれば、アクティブラーニングの定義も「体験＝表現＝理解」の認識論と整合しなければならない。もちろん、「認知プロセスの外化」という言い回しが、解釈学的認識論とアクティブラーニングの認知理論の親和性を暗示していると言えるのではないかと思われる。

そのような意味において、アクティブラーニングは現代において、「表現が有する創造性」を新しい装いで追究しているのではないかと考えられる。もしそうであれば、ディルタイ的な「体験＝表現＝理解」の思想から、協同学習をはじめとするさまざまなアクティブラーニングの原理を根拠づける努力が今後ますます求められるのではないだろうか。いずれにしても、アクティブラーニングの理論と実践は今日において突如として現れたのではなく、理論的にも実践的にも古い時代から模索され続けているのは間違いない。これからの教育実践をより実り豊かなものにしていくためにはディルタイの考え方に基づいたらよいのではないかということから始めた本書の旅は、奇しくも同時にアクティブラーニングの一つの源流を訪ねる旅でもあったのではないかと思われる。

註

（1）竹中暉雄『ヘルバルト主義教育学—その政治的役割—』勁草書房、一九八七年参照。
（2）梅根悟『梅根悟教育著作選集二　新教育への道』明治図書、一九七七年参照。デューイ『教育における興味と努力』杉浦宏訳、明治図書、一九七七年参照。杉浦宏『ジョン・デューイ研究』清水弘文堂、一九七〇年参照。
（3）奥野佐矢子「新自由主義時代における教育哲学の理論＝実践問題」『教育哲学研究』第一〇九号、教育哲学会、二〇一四年、二七—三三頁参照。
（4）早川操「『深い学習』とは—大学教育は『転移可能性』を教えられるのか—」『教育哲学研究』第一〇九号、教育哲学会、二〇一四年、九三—九八頁参照。
（5）河合塾（編）『「学び」の質を保証するアクティブラーニング—三年間の全国大学調査から』東信堂、二〇一四年参照。
（6）溝上慎一『アクティブラーニングと教授学習パラダイムの転換』東信堂、二〇一四年参照。
（7）杉江修治『協同学習入門—基本の理解と五一の工夫』ナカニシヤ出版、二〇一一年参照。
（8）坪田信貴『学年ビリのギャルが一年で偏差値を四〇上げて慶應大学に現役合格した話』角川文庫、二〇一五年、一九頁。
（9）コンスタンス・マクグラス『インクルーシブ教育の実践—すべての子どものニーズにこたえる学級づくり』川合紀宗訳、学苑社、二〇一〇年、一六頁。
（10）アクティブラーニング実践プロジェクト「アクティブラーニングをめぐって起きたこと、起こっていること」小林昭文、鈴木達哉、鈴木映司、アクティブラーニング実践プロジェクト（編）『現場ですぐに使えるアクティブラーニング実践』産業能率大学出版部、二〇一五年、一—二三頁参照。

(11) 溝上慎一『アクティブラーニングと教授学習パラダイムの転換』一四八頁参照。
(12) 溝上慎一『アクティブラーニングと教授学習パラダイムの転換』一五三頁。
(13) 溝上慎一『アクティブラーニングと教授学習パラダイムの転換』七頁。
(14) Bonwell, C. C., & Eison, J. A.: *Active learning: Creating excitement in the classroom.* ASHE-ERIC Higher Education Report No. 1. 1991.
(15) Barkley, E. F., Cross, K. P., & Major, C. H.（2005）. *Collaborative learning techniques: A handbook for college faculty.* San Francisco: Jossey-Bass.
(16) 中央教育審議会「新たな未来を築くための大学教育の質的転換に向けて―生涯学び続け、主体的に考える力を育成する大学へ」（答申）二〇一二年八月二十八日、「用語集」三七頁。
(17) 宇佐美寛・池田久美子『対話の害』さくら社、二〇一五年。
(18) 斎藤慶典「対話」『岩波哲学・思想事典』岩波書店、一九九八年、一〇二五―一〇二六頁。一〇二五頁。
(19) 苅谷剛彦『イギリスの大学・ニッポンの大学―カレッジ、チュートリアル、エリート教育』中央公論新社、二〇一二年。
(20) 苅谷剛彦『イギリスの大学・ニッポンの大学―カレッジ、チュートリアル、エリート教育』四五頁。
(21) レイボウ他『討論で学習を深めるには―ＬＴＤ話し合い学習法』丸野俊一・安永悟訳、ナカニシヤ出版、一九九六年。（Rabow, J., Charness, M. A., Kipperman, J., & Radcliffe-Vasile, S.: *William F. Hill's Learning through Discussion.* Thousand Oaks, CA: Sage 1994）
(22) 安永悟『実践・ＬＴＤ話し合い学習法』ナカニシヤ出版、二〇〇六年。
(23) 六〇分のプランの他に、四〇～四五分の短縮型も提案されている。安永悟・須藤文『ＬＴＤ話し合い学習法』ナカニシヤ出版、二〇一四年。
(24) Bloom, B., Englehart, M., Furst, E., Hill, W., & Krathwohl, D.（1956）. *Taxonomy of educational objectives: The classification of educational goals. Handbook I: Cognitive domain.* New York: Longmans, Green.
(25) 杉江修治『協同学習入門―基本の理解と五一の工夫』一九頁。
(26) 溝上慎一『アクティブラーニングと教授学習パラダイムの転換』一〇頁。

（27）Dilthey, Wilhelm.（1910）. Der Aufbau der geschichtlichen Welt in den Geisteswissenschaften, in: ders.: *Gesammelte Schriften*, Bd. 7, Stuttgart 1979, S. 77-188, S. 87.
（28）松下佳代「ディープ・アクティブラーニングへの誘い」松下佳代・京都大学高等教育研究開発推進センター（編）『ディープ・アクティブラーニング――大学授業を深化させるために』勁草書房、二〇一五年、一―二七頁。九頁。

謝辞　本書は、二〇一五年三月二十五日に九州大学より博士（教育学）の学位を授与された論文「ディルタイの精神科学から見た知識習得と授業展開に関する研究」をもとにしています。出版に際しては、独立行政法人日本学術振興会の平成二十八年度科学研究費助成事業（科学研究費補助金）（研究成果公開促進費）「学術図書」の交付を受けました（ＪＳＰＳ科研費 JP16HP5207）。本書の出版に至るまでの間、多くの方々にお世話になりました。わけても九州大学出版会の野本敦さんと奥野有希さんには、昨年の共編書『後に続く女性たちへ』に続いてお世話になりました。皆様のご尽力に衷心より感謝いたします。

参考文献

安彦忠彦「戦後の学力論にみる思考力・判断力―わが国では、これまでどうとらえられてきたか―」北尾倫彦編集『中学校思考力・判断力―その考え方と指導と評価―』図書文化、一九九五年。九―一五頁。

アクティブラーニング実践プロジェクト「アクティブラーニングをめぐって起きたこと、起こっていること」小林昭文、鈴木達哉、鈴木映司、アクティブラーニング実践プロジェクト（編）『現場ですぐに使えるアクティブラーニング実践』産業能率大学出版部、二〇一五年。一―二三頁。

赤塚忠『大学・中庸』（新釈漢文大系二）明治書院、一九六七年、一九七二年（一三版）。

安藤忠雄『連戦連敗』東京大学出版会、二〇〇一年。

Apel, Karl-Otto: Das Verstehen (eine Problemgeschichte als Begriffsgeschichte), in: *Archiv für Begriffsgeschichte*, Bd. 1, Bonn 1955, S. 142-199.

荒木紀幸編著『道徳教育はこうすればおもしろい―コールバーグ理論とその実践―』北大路書房、一九八八年。

有馬朗人「子供に［生きる力］と［ゆとり］を―中央教育審議会第一次答申にあたって―」中央教育審議会パンフレット。

アリストテレス『ニコマコス倫理学』（上）高田三郎訳、岩波文庫、一九七一年第一刷、一九八四年第一八刷。

――『形而上学』（上）井隆訳、岩波文庫、一九五九年第一刷、一九八四年第二六刷。

有田秀穂『共感する脳―他人の気持ちが読めなくなった現代人』ＰＨＰ新書、二〇〇九年。

アルムブルスター、Ｌ「超越」『岩波哲学・思想事典』岩波書店、一九九八年。一〇八三―一〇八四頁。

朝日新聞社会部『学級崩壊』朝日新聞社、一九九九年。

朝日新聞社会部教育班「学校二、第三部、進学塾から見ると―学ぶ場どこ？　親子に不安」朝日新聞、二〇〇〇年八月二十八日。

オースティン、Ｊ・Ｌ『言語と行為』坂本百大訳、大修館書店、一九七八年。

馬場道雄「絶対評価と相対評価」『新教育学大事典』四、第一法規出版株式会社、平成二年。四九三―四九五頁。

Barkley, E. F., Cross, K. P., & Major, C. H.（2005）. *Collaborative learning techniques: A handbook for college faculty*. San Francisco: Jossey-Bass.

Bloom, B., Englehart, M., Furst, E., Hill, W., & Krathwohl, D.（1956）. *Taxonomy of educational objectives: The classification of educational goals. Handbook I: Cognitive domain*. New York: Longmans, Green.

Bollnow, Otto Friedrich: Was heißt einen Schriftsteller besser verstehen, als er sich selber verstanden hat?, Erstdruck: *Deutsche Vierteljahresschrift 18（1940）*, S. 117-138. Neudruck: *Das Verstehen. Drei Aufsätze zur Theorie der Geisteswissenschaften*, Mainz 1949, S. 7-33. Jetzt in: *Studien zur Hermeneutik*, Bd. 1, Freibrug/München 1982, S. 48-72.

—— *Die Kraft zu leben*, erläutert von K. Suzuki, Asahi Verlag, Tokio 1967, 1970[3]. *Die Kraft zu leben: Bekenntnisse unserer Zeit*, C. Bertelemann Verlag, Gütersloh 1963, S. 21-37.

—— *Die Macht des Worts. Sprachphilosophische Überlegungen aus pädagogischer Perspektive*, Essen 1971.

—— Wilhelm Diltheys Stellung in der deutschen Philosophie. Zur Geschichte der Dilthey-Edition und Dilthey-Rezeption（1976）, in: ders.: *Studien zur Hermeneutik*, Bd. I: Zur Philosophie der Geisteswissenschaften, Freiburg/München 1982, S. 178-203.

—— *Studeien zur Hermeneutik*, Bd. II: Zur hermeneutischen Logik von Georg Misch und Hans Lipps, Freiburg/München 1983.

—— Theorie und Praxis in der Erziehung, in: ders.: *Zwischen Philosophie und Pädagogik. Vorträge und Aufsätze*, Aachen 1988, S. 77-91.

ボルノウ、O・F「著者が自分自身を理解していた以上によりよく彼を理解するということは、いかなることか」『理解するということ—精神諸科学の理論のための三つの論文—』小笠原道雄、田代尚弘共訳、以文社、一九七八年、一九八一年（改訂版）。一五一—一六〇頁。

——「ディルタイと現象学」高橋義人訳、『思想』第七一六号（一九八四年第二号）、岩波書店。一—一二三頁。

Bomwell, C. C., & Eison, J. A.: *Active learning: Creating excitement in the classroom*. ASHE-ERIC Higher Education Report No. 1. 1991.

中央教育審議会大学分科会大学教育部会「予測困難な時代において生涯学び続け、主体的に考える力を育成する大学へ」（審議まとめ）二〇一二年三月二十六日。

中央教育審議会「新たな未来を築くための大学教育の質的転換に向けて——生涯学び続け、主体的に考える力を育成する大学へ」（答申）二〇一二年八月二十八日。

Danner, Helmut: *Methoden geisteswissenschaftlicher Pädagogik. Einführung in Hermeneutik, Phänomenologie und Dialektik*, München/Basel 1979.

ダンナー、ヘルムート『教育学的解釈学入門——精神科学的教育学の方法』浜口順子訳、玉川大学出版部、一九八八年。

デカルト『改訳 方法序説』小場瀬卓三訳、角川文庫、一九六三年初版、一九七五年二八版。

デューイ『教育における興味と努力』杉浦宏訳、明治図書、一九七七年。

Diener, Alwin: Geisteswissenschaften, in: *Historisches Wörterbuch der Philosophie*, Bd. 3, Darmstadt 1974, Sp. 211-215.

Dilthey, Wilhelm: *Gesammelte Schriften*, 26 Bde.

Bd. 1: Einleitung in die Geisteswissenschaften. Versuch einer Grundlegung für das Studium der Gesellschaft und der Geschichte. Erster Band. Hrsg. von Bernhard Groethuysen.

Bd. 2: Weltanschauung und Analyse des Menschen seit Renaissance und Reformation. Hrsg. von Georg Misch.

Bd. 3: Studien zur Geschichte des deutschen Geistes. Leibniz und sein Zeitalter. Friedrich der Große und die deutsche Aufklärung. Das achtzehnte Jahrhundert und die geschichtliche Welt. Hrsg. von Paul Ritter.

Bd. 4: Die Jugendgeschichte Hegels und andere Abhandlungen zur Geschichte des deutschen Idealismus. Hrsg. von Herman Nohl.

Bd. 5: Die geistige Welt. Einleitung in die Philosophie des Lebens. Erste Hälfte. Abhandlungen zur Grundlegung der Geisteswissenschaften. Hrsg. von Georg Misch.

Bd. 6: Die geistige Welt. Einleitung in die Philosophie des Lebens. Zweite Hälfte. Abhandlungen zur Poetik, Ethik und Pädagogik. Hrsg. von Georg Misch.

Bd. 7: Der Aufbau der geschichtlichen Welt in den Geisteswissenschaften. Hrsg. von Bernhard Groethuysen.

Bd. 8: Weltanschauungslehre. Abhandlungen zur Philosophie der Philosophie. Hrsg. von Bernhard Groethuysen.

Bd. 9: Pädagogik. Geschichte und Grudlinien des Systems. Hrsg. von Otto Friedrich Bollnow.

Bd. 10: System der Ethik. Hrsg. von Herman Nohl.

Bd. 11: Vom Aufgang des geschichtlichen Bewußtseins. Jugendaufsätze und Erinnerungen. Hrsg. von Erich Weniger.

Bd. 12: Zur preußischen Geschichte. Schleiermachers politische Gesinnung und Wirksamkeit. Die Reorganisatoren des preußischen Staates. Das allgemeine Landrecht. Hrsg. von Erich Weniger.

Bd. 13: Leben Schleiermachers. Erster Band. Auf Grund des Textes der 1. Auflage von 1870 und der Zusätze aus dem Nachlaß. Erster Halbband（1768-1802）. Hrsg. von Martin Redeker.

Bd. 14: Leben Schleiermachers. Zweiter Band. Schleiermachers System als Philosophie und Theologie. Aus dem Nachlaß von Wilhelm Dilthey.

Hrsg. von Martin Redeker.

Bd. 15: Zur Geschichte des 19. Jahrhunderts. Portraits und biographische Skizzen. Quellenstudien und Literaturberichte zur Theologie und Philosophie im 19. Jahrhundert. Hrsg. von Ulrich Herrmann.

Bd. 16: Zur Geschichte des 19. Jahrhunderts. Aufsätze und Rezensionen aus Zeitungen und Zeitschriften. 1859-1874. Hrsg. von Ulrich Herrmann.

Bd. 17: Zur Geischichte des 19. Jahrhunderts. Aus „Westermans Monatsheften“: Literaturbriefe. Berichte zur Kunstgeschichte. Versteuerte Rezensionen. 1867-1884. Hrsg. von Ulrich Herrmann.

Bd. 18: Die Wissenschaften vom Menschen, der Gesellschaft und der Geschichte. Vorarbeiten zur Einleitung in die Geisteswissenschaften（1865-1880）. Hrsg. von Helmut Johach und Frithjof Rodi.

Bd. 19: Grundlegung der Wissenschaften vom Menschen, der Gesellschaft und der Geschichte. Ausarbeitungen und Entwürfe zum zweiten Band der Einleitung in die Geisteswissenschaften（ca. 1870-1895）. Hrsg. von Helmut Johach und Frithjof Rodi.

Bd. 20: Logik und System der philosophischen Wissenschaften. Vorlesungen zur erkenntnistheoretischen Logik und Methodologie（1864-1903）. Hrsg. von Hans-Ulrich Lessing und Frithjof Rodi.

Bd. 21: Psychologie als Erfahrungswissenschaft. Erster Teil: Vorlesungen zur Psychologie und Anthropologie（ca. 1875-1894）. Hrsg. von Guy van Kerckhoven und Hans-Ulrich Lessing.

Bd. 22: Psychologie als Erfahrungswissenschaft. Zweiter Teil: Manuskripte zur Genese der deskriptiven Psychologie（ca. 1860-1895）. Hrsg. von Guy van Kerckhoven und Hans-Ulrich Lessing.

Bd. 23: Allgemeine Geschichte der Philosophie. Vorlesungen 1900-1905. Hrsg. von Gabriele Gebhardt und Hans-Ulrich Lessing.

Bd. 24: Logik und Wert. Späte Vorlesungen, Entwürfe und Fragmente. Zur Strukturpsychologie, Logik und Wertlehre（ca. 1904-1911）. Hrsg. von Gudrun Kühne-Bertram.

Bd. 25: Dichter als Seher der Menschheit. Die geplannte Sammlung literarhistorischer Aufsätze von 1895. Hrsg. von Gabriele Malsch.

Bd. 26: Das Erlebnis und die Dichtung. Lessing, Goethe, Novalis, Hölderlin. Hrsg. von Gabriele Malsch.

—— *Schriften zur Pädagogik*. Besorgt von Hans-Hermann Groothoff und Ulrich Herrmann, Paderborn 1971.

—— *Selected Works*. Edited by Rudolf A. Makkreel and Frithjof Rodi, Princeton University Press.

Vol. 1: Introduction to the Human Sciences, 1989.

Vol. 2: Understanding the Human World, 2010.
Vol. 3: The Formation of the Historical World in the Human Sciences, 2002.
Vol. 4: Hermeneutics and the Study of History, 1996.
Vol. 5: Poetry and Experience, 1985.
ディルタイ、ヴィルヘルム『ディルタイ全集』西村晧・牧野英二編集代表、法政大学出版局。
第一巻：精神科学序説Ⅰ、二〇〇六年。
第二巻：精神科学序説Ⅱ、二〇〇三年。
第三巻：論理学・心理学論集、二〇〇三年。
第四巻：世界観と歴史理論、二〇一〇年。
第六巻：倫理学・教育学論集、二〇〇八年。
第七巻：精神科学成立史研究、二〇〇九年。
第八巻：近代ドイツ精神史研究、二〇一〇年。
第九巻：シュライアーマッハーの生涯 上、二〇一四年。
Eriksson, Peter S. et al.: Neurogenesis in the adult human hippocampus. Peter S. Eriksson, Ekaterina Perfilieva, Thomas Björk-Eriksson, Ann-Marie Alborn, Claes Nordborg, Daniel A. Perterson & Fred H. Gage. In: *NATURE MEDICINE*, Volume 4, Number 11, November 1998, pp. 1313-1317.
恵藤公活「自己ベストたたえる英方式」朝日新聞、二〇〇〇年九月十日。
Flitner, Wilhelm: Das Selbstverständnis der Erziehungswissenschaft in der Gegenwart（1957/1966）, in: *Wilhelm Flitner Gesammelte Schriften*, Bd. 3, Paderborn 1989, S. 310-349.
Foot, P.. The problem of abortion and the doctrine of the double effect. *Oxford Review*, 5, 1967, pp. 5-15.
藤田正勝「陶冶・教養［独］Bildung」『岩波哲学・思想事典』一九九八年。一一六九頁。
船山謙次『戦後日本教育論争史—戦後教育思想の展望—』東洋館出版社、一九五八年。
舟山俊明「ディルタイ精神科学論の学問史的位相」『哲学』第一二三集、三田哲学會、二〇一〇年。一—四一頁。
Gadamer, Hans-Georg: *Wahrheit und Methode. Grundzüge einer philosophischen Hermeneutik*, Tübingen 1960.
—— Hermeneutik, in: *Historisches Wörterbuch der Philosophie*, Bd. 3, Darmstadt 1974, Sp. 1061-1074.

—— Logik oder Rhetorik? Nochmals zur Frühgeschichte der Hermeneutik, in: *Archiv für Gegriffsgeschichte*, Bd. XX, Bonn 1976, S. 7-16.

学術研究フォーラム編『大学はなぜ必要か』ＮＴＴ出版、二〇〇八年。

Gill, Jerry H.: *Learning to learn. Toward a philosophy of education*, Atlantic Highlands, New Jersey 1993.

Gordon, Thomas: *T. E. T. Teacher Effectiveness Training*, New York 1974.

ゴードン、トマス『教師学—効果的な教師＝生徒関係の確立—』奥澤良雄、市川千秋、近藤千恵訳、小学館、一九八五年。

Green, J. D., Nystrom, L. E., Engell, A. D., Darley, J. M., & Cohen, J. D.: The neural bases of cognitive conflict and control in moral judgment. *Neuron*, 44. 2004, 389-400. Moll, J., Zahn, R., de Oliveira-Souza, R., Kruger, F., & Grafman, J.: Oponion: The neural basis of human moral cognition. *Nature Reviews Neuroscience*, 6, 2005, 799-809.

Green, J. D., Sommerville, R. B., Nystrom, L. E., Darley, J. M., & Cohen. J. D.: An fMRI investigation of emotional engagement in moral judgment. *Science*, 293, 2001, 2105-2108.

Gründer, Karlfried: *Zur Philosophie des Grafen Paul York von Wartenburg: Aspekte und neue Quellen*, Göttingen 1970.

ハーバーマス、ユルゲン『イデオロギーとしての技術と科学』長谷川宏訳、紀伊國屋書店、一九七〇年、一九八二年（第五刷）。

羽生善治『羽生善治 挑戦する勇気』朝日新聞社、二〇〇二年。

Haidt, J.: The emotional dog and its rational tail: A social intuitionist approach to moral judgment. *Psychological Review*, 108, 2001, pp. 814-834.

—— The new synthesis in moral psychology. *Science*, 316, 2007, pp. 998-1002.

橋爪貞雄『危機に立つ国家—日本教育への挑戦—』黎明書房、一九八四年。

ハスキンズ、チャールズ・ホーマー『大学の起源』青木靖三、三浦常司訳、八坂書房、二〇〇九年。

波多野誼余夫、稲垣佳世子『知力と学力—学校で何を学ぶか—』岩波新書、一九八四年。

早川操「『深い学習』とは—大学教育は『転移可能性』を教えられるのか—」『教育哲学研究』第一〇九号、教育哲学会、二〇一四年。九三—九八頁。

Heidegger, Martin: *Sein und Zeit*（1927）, 15. Aufl., Tübingen 1979.

ハイデガー『存在と時間』（下）桑木務訳、岩波文庫、一九六三年、一九七八年（第一七刷）。

編集プロダクションｖｅｒｂ『遺書』Ｖｅｒｂサンクチュアリ出版、二〇〇〇年。

広岡亮蔵『基礎学力』金子書房、一九五三年。

Hirsch, Jr. E. D.: *The Schools We Need*, New York 1996.

保坂和志『羽生 二十一世紀の将棋』朝日出版社、一九九七年。

Humboldt, Wilhelm von: Über die innere und äussere Organisation der höheren wissenschaftlichen Anstalten in Berlin, in: *Werke in fünf Bänden*, hrsg. von Andreas Flitner und Klaus Giel, Darmstadt 1960-1981, Bd. IV, S. 255-266.

市川伸一『学ぶ意欲とスキルを育てる――いま求められる学力向上策』小学館、二〇〇四年。

池谷裕二『記憶力を強くする―最新脳科学が語る記憶のしくみと鍛え方―』講談社ブルーバックス、二〇〇一年。

今井知正「知識、西洋【古代】」『岩波哲学・思想事典』岩波書店、一九九八年。一〇五九―一〇六〇頁。

稲垣忠彦『戦後教育を考える』岩波新書、一九八四年。

石山脩平『解釈学序説』国語科学講座、明治書院、一九三五年。

伊藤慶郎『シュライアマハーの対話的思考と神認識―もうひとつの弁証法―』晃洋書房、二〇一三年。

伊藤直樹「教養論としての精神科学―ディルタイを手がかりに―」寄川条路『新しい時代を開く――教養と社会』角川学芸出版、二〇一一年。九九―一二六頁。

――「ディルタイ心理学について――その批判と意義」日本ディルタイ協会『ディルタイ研究』第二三号、二〇一二年。三八―五五頁。

伊澤秀而「拡散的思考、収束的思考」『新教育学大事典』第一巻、第一法規出版株式会社、一九九〇年。三四六―三四七頁。

Janssen, Paul: Psychologismus, in: *Historisches Wörterbuch der Philosophie*, Darmstadt 1989, Sp. 1675-1678.

Joach, Helmut und Rodi, Frithjof: Vorbericht der Herausgeber, in: Wilhelm Dilthey: *Ges. Schr*. Bd. 19, S. IX-LVII, S. LII.

Johansson, P., Hall, L., Sikström, S., & Olsson, A.: Failure to detect mismatches between intention and outcome in a simple decision task. *Science*, 310, 2005, pp. 116-119.

Jung, Matthias: *Dilthey zur Einführung*, Hamburg 1996.

門脇厚司編著『学校の社会力―チカラのある子どもの育て方―』朝日新聞社、二〇〇二年。

亀山健吉『フンボルト』中公新書、一九七八年。

金谷治訳注『論語』岩波文庫、一九六三年、二〇〇〇年（第三刷）。

神田修「中等教育学校」『解説教育六法一九九九』三省堂。九六四頁。

金子元久『大学の教育力』ちくま新書、二〇〇七年。

苅谷剛彦「米国の子ども中心主義教育の失政を日本で繰り返すな—カリフォルニアの「実験」の教訓とは—」『論座』二〇〇一年十一月号（通巻七八号）、朝日新聞社。一〇八—一一九頁。

——『イギリスの大学・ニッポンの大学—カレッジ、チュートリアル、エリート教育』中央公論新社、二〇一二年。

河合塾編著『「学び」の質を保証するアクティブラーニング—三年間の全国大学調査から』東信堂、二〇一四年。

河上亮一『学校崩壊』草思社、一九九九年。

木戸裕「ヨーロッパの高等教育改革—ボローニャ・プロセスを中心にして—」国立国会図書館及び立法考査局『レファレンス』二〇〇五・十一。七四—九八頁。

北尾倫彦「新しい学力観における思考力・判断力—いま、思考力・判断力がなぜとわれるのか—」北尾倫彦編集『中学校思考力・判断力—その考え方と指導と評価—』図書文化、一九九五年。二—八頁。

木内宏「ミニマム・エッセンシャルズ」平原春好、寺崎昌男編『教育小事典』学陽書房、一九八二年。二五五頁。

駒林邦男「学力」『新教育学大事典』第一巻、第一法規出版株式会社、一九九〇年。四三〇—四三五頁。

Knappen, Maren: *Ratschläge von oben. Deutschlands Eliten-wie sie wurden, was sie sind*, Hamburg 1993.

Kuhn, H. Georg & Gage, Fred H.: More hippocampal neurons in adult mice living in an enriched environment. Gerd Kempermann, H. Georg Kuhn & Fred H. Gage. In: *NATURE*, 386, 1997, pp. 493-495.

Kuhn, Thomas S.: *The Structure of Scientific Revolution*, Chicago 1962.

Kühne-Bertram, Gudrun: Der Begriff des 'hermeneutischen Begriffs', in: *Archiv für Begriffsgeschichte*, Bd. XXXVIII, Bonn 1995, S. 236-260.

Kühne-Bertram, Gudrun und Rodi, Frithjof（Hrsg.）: *Dilthey und die hermeneutische Wende in der Philosophie. Wirkungsgeschichtliche Aspekte seines Werkes*, Göttingen 2008.

Lakatos, Imre: Die Geschichte der Wissenschaft und ihre rationalen Rekonstruktionen, in: *Kritik und Erkenntnisfortschritt*. Hrsg. von Imre Lakatos und Alan Mus grave, Braunschweig 1974.

Landeselternschaft der Gymnasium in Nordrhein-Westfahlen e.V.: *Merkblatt für „Sextaner-Eltern“*, August 1997.

Lassahn, Rudolf: *Einführung in die Pädagogik*, Heidelberg/Wiesbaden 1974.

Lessing, Hans-Ulrich: *Die Idee einer Kritik der historischen Vernunft. Wilhelm Diltheys erkenntnistheoretisch-logisch-methodologische Grundlegung der Geisteswissenschaften*, Freiburg/München 1984.

―― *Hermeneutik der Sinne. Eine Studie zu Helmuth Plessners Projekt einer "Ästhesiologie des Geistes" nebst einem Plessner-Ineditum*, Freiburg/München 1998.

丸山高司「実践」『岩波哲学・思想事典』岩波書店、一九九八年。六六三―六六四頁。

松下佳代「ディープ・アクティブラーニングへの誘い」松下佳代・京都大学高等教育研究開発推進センター（編）『ディープ・アクティブラーニング―大学授業を深化させるために』勁草書房、二〇一五年。一―二七頁。

McClelland, Charles E.: *States, Society, and University in Germany 1700-1914*, Cambridge University Press 1980.

マクグラス、コンスタンス『インクルーシブ教育の実践―すべての子どものニーズにこたえる学級づくり』川合紀宗訳、学苑社、二〇一〇年。

Misch, Georg: *Der Aufbau der Logik auf dem Boden der Philosophie des Lebens. Göttinger Vorlesungen über Logik und Einleitung in die Theorie des Wissens*. Hrsg. von Gudrun Kühne-Bertram und Frithjof Rodi, Freiburg/München 1994.

宮本久雄「知識、西洋【中世】」『岩波哲学・思想事典』岩波書店、一九九八年。一〇六〇頁。

溝口宏平『超越と解釈―現代解釈学の可能性のために―』晃洋書房、一九九二年。

溝上慎一『アクティブラーニングと教授学習パラダイムの転換』東信堂、二〇一四年。

Moll, J., de Oliveira-Souza, R., Moll, F. T., Ignácio, F. A., Bramati, I. E., Caparelli-Dáquer, E. M., & Eslinger, P. J.: The moral affiliations of disgust: A functional MRI study. *Cognitive and Behavioral Neurology*, 18, 2005, pp. 68-78.

文部科学省『中学校学習指導要領解説（平成十年十二月）―道徳編―』財務省印刷局、二〇〇一年。

――「学びのすすめ」（確かな学力向上のための二〇〇二アピール）平成十四年一月十七日。

――『小学校学習指導要領』国立印刷局、二〇〇四年。

――『小学校学習指導要領』国立印刷局、二〇〇四年改訂版。

――『中学校学習指導要領』国立印刷局、二〇〇四年。

――『中学校学習指導要領』国立印刷局、二〇〇四年改訂版。

――『小学校学習指導要領解説（道徳編）』国立印刷局、二〇〇四年。

文部省『中学校指導書道徳編』大蔵省印刷局、平成元年。

――「新しい学習指導要領で学校は変わります―完全学校週五日制の下で［生きる力］をはぐくむ新しい学校教育を目指して―」（平成十一年四月）。

――『小学校学習指導要領解説（道徳編）』大蔵省印刷局、一九九九年。

――『中学校学習指導要領解説（道徳編）』大蔵省印刷局、一九九九年。

森邦昭「〈道徳〉を教えるとはどういうことか」土戸敏彦編集『〈道徳〉は教えられるのか？』（〈きょういく〉のエポケー第三巻）教育開発研究所、二〇〇三年。一〇〇―一一一頁。

――「学ぶ意欲の低下を食い止めることはできるのか」『教職研修』二〇〇五年四月号、教育開発研究所。四二―四五頁。

森邦昭、藤井美智子、石川由美子、武田綾子、池田楠緒子、山田稔（福岡市教育センター道徳研究室）「学習意欲と学習スキルを向上させる道徳教育実践の試み―「ピグマリオン効果」及び『教師学』の応用―」『福岡市教育センター平成十六年度研究紀要』第六九八号、二〇〇五年。一―六四頁。

森邦昭、藤井美智子、石川由美子、佐々木妙、池田楠緒子（福岡市教育センター道徳研究室）「『わたしメッセージ』で児童生徒に認識をもたらす道徳授業の試み」『福岡市教育センター平成十七年度研究紀要』第七二二号、二〇〇六年。一―一二〇頁。

森邦昭、藤井美智子、佐々木妙、小城達、柴田孝一「読み物資料の提示の仕方を工夫して思考力を育てる道徳授業の試み」『福岡市教育センター平成十八年度研究紀要』第七四七号、二〇〇七年。一―一二頁。

森上展安「『学習指導要領＝最低基準』論がもたらした『教科書』大混乱」『論座』通巻七二号、朝日新聞社、二〇〇一年五月。一六〇―一六六頁。

向山洋一『斉藤喜博を追って』昌平社、一九七九年。

向山洋一監修、ＴＯＳＳ道徳教育研究会編『道徳授業で少年非行に歯止めをかける！』（ＴＯＳＳ道徳「心の教育」シリーズ八）明治図書、二〇〇〇年。

永野重史『子どもの学力とは何か』岩波書店、一九九七年。

長尾真『「わかる」とは何か』岩波新書、二〇〇一年。

永田勝太郎『脳の革命―「前頭葉人間」から「脳幹人間」へ―』祥伝社、一九八九年。

中谷巌「情報は蓄積より活用が必要に　薄れる長期雇用、系列の意味」朝日新聞夕刊、ビジネスマンの思考一新講座、二〇〇〇（平成十二）年九月十六日。

中田基昭『現象学から授業の世界へ―対話における教師と子どもの生の解明―』東京大学出版会、一九九七年。

中内敏夫『学力とは何か』岩波新書、一九八三年。

西村和雄編『学力低下と新指導要領』岩波ブックレット、二〇〇一年。

新田義弘「知識、西洋【近世・近代】」『岩波哲学・思想事典』岩波書店、一九九八年。一〇六〇―一〇六一頁。

信原幸弘「道徳の神経哲学」苧阪直行編『道徳の神経哲学―神経倫理からみた社会意識の形成』新曜社、二〇一二年。一―二四頁。

尾木直樹『「学級崩壊」をどうみるか』日本放送出版協会（ＮＨＫブックス八六二）、一九九九年。

岡部恒治、戸瀬信之、西村和雄編『分数ができない大学生』東洋経済新報社、一九九九年。

――『小数ができない大学生』東洋経済新報社、二〇〇〇年。

岡本英明「解釈学における“Besser-Verstehen”の概念について―Bollnow/Gadamer 論争と Redeker/Kimmerle 論争を中心に―」『九州大学教育学部紀要』（教育学部門）第二八集、一九八三年。一―九頁。

――「解釈学的教育学の実践哲学的考察―トポス論、フロネーシス、レトリックを中心に―」『教育哲学研究』第六〇号、一九八九年。一―一五頁。

――「ディルタイ」寛田知義、岡田渥美編著『教育学群像』Ｉ（外国編①）、アカデミア出版会、一九九〇年。三三七―三五五頁。

奥野佐矢子「新自由主義時代における教育哲学の理論＝実践問題」『教育哲学研究』第一〇九号、教育哲学会、二〇一四年。二七―三三頁。

大村はま『教えるということ』共文社、一九七三年。

――『教えながら　教えられながら』共文社、一九八九年。

大澤真幸「システム論」『岩波哲学・思想事典』岩波書店、一九九八年。六三五頁。

Paletschek, Sylvia: Verbreitete sich ‘ein Humboldt’sches Modell’ an den deutschen Universitäten im 19. Jahrhundert? in: *Humboldt International. Der Export des deutschen Universitätsmodells im 19. und 20. Jahrhundert*, hrsg. von Rainer Christoph Schwinges, Basel 2001, S. 75-104.

レイボウ他『討論で学習を深めるには―ＬＴＤ話し合い学習法』丸野俊一・安永悟訳、ナカニシヤ出版、一九九六年。（Rabow, J., Charness, M. A., Kipperman, J., & Radcliffe-Vasile, S.: *William F. Hill’s Learning through Discussion*. Thousand Oaks, CA: Sage 1994）

Reble, Albert: Geisteswissenschaftliche Pädagogik, in: *Historisches Wörterbuch der Philosophie*, Bd. 3, Darmstadt 1974, Sp. 215-216.

リーデル、マンフレート『解釈学と実践哲学―法と歴史の理論に寄せるヘルメノイティクの新たなる地平―』河上倫逸、青木隆嘉、

M・ブープリヒト編訳、以文社、一九八四年。

Ritter, Joachim/Gründer, Karlfried（Hrsg.）: *Historisches Wöterbuch der Philosophie*, 12 Bde., Basel 1971-2004.

Rodi, Frithjof（Hrsg.）: *Dilthey-Jahrbuch für Philosophie und Geschichte der Geisteswissenschaften*, 12 Bde., Göttingen 1983-2000, Bd. 1/1983（1983）, Bd. 2/1984（1984）, Bd. 3/1985（1985）, Bd. 4/1986-87（1987）, Bd. 5/1988（1988）, Bd. 6/1989（1989）, Bd. 7/1990-91（1991）, Bd. 8/1992-93（1993）, Bd. 9/1994-95（1995）, Bd. 10/1996（1996）, Bd. 11/1997-98（1998）, Bd. 12/1999-2000（2000）.

Rosenthal, Robert and Jacobson, Leonore: *Pygmalion in the Classroom. Teacher Expectation and Pupil's Intellectual Development*, Holt, Rinehart and Winston 1968.

Rothacker, Erich u.a.（Hrsg.）: *Archiv für Begriffsgeschichte. Bausteine zu einem historischen Wörterbuch der Philosop*hie. Bd. 1-10: Hrsg. von Erich Rothacker, Bd. 11-26: Hrsg. von Karlfried Gründer, Bd. 27-34: Hrsg. von Karlfried Gründer und Gunter Scholtz, Bd. 35-43: Hrsg. von Gunter Scholtz, Bd. 44: Hrsg. von Ulrich Dierse und Gunter Scholtz. Supplementheft 1（1976）, 2（1977）, 3（1980）: Hrsg. von Karlfried Gründer.

ローリング、J・K『ハリー・ポッターと賢者の石』松岡佑子訳、静山社、一九九九年、二〇〇二年（第四一一刷）。

佐伯胖『学力と思考』（教育学大全集十六）第一法規出版株式会社、一九八二年。

――『「わかる」ということの意味―学ぶ意欲の発見―』岩波書店、一九八三年。

――『考えることの教育』国土社、一九九〇年、一九九四年（四刷）。

――「状況的学習と思考力・判断力―生活環境・社会環境と思考力・判断力―」北尾倫彦編集『中学校思考力・判断力―その考え方と指導と評価―』図書文化、一九九五年。五八―六四頁。

――「学びの転換―教育改革の原点―」岩波講座『現代の教育』三（授業と学習の転換）、一九九八年。三―二四頁。

斉藤渉「フンボルトにおける大学と教養」西山雄二編『哲学と大学』未来社、二〇〇九年。

斎藤慶典「対話」『岩波哲学・思想事典』岩波書店、一九九八年。一〇二五―一〇二六頁。

サンデル、マイケル『これからの「正義」の話をしよう――いまを生き延びるための哲学』鬼澤忍訳、早川書房、二〇一〇年。

佐藤学「カリキュラム観を拡げる」岩波講座『教育の方法』三（子どもと授業）、一九八七年。六八―七五頁。

――『「学び」から逃走する子どもたち』岩波ブックレット、二〇〇〇年。

Schaeffler, Richard: Verstehen, in: *Handbuch philosophischer Grundbegriffe*, Bd. 3, München 1974, S. 1628-1641.

Schleiermacher, F. E. D.: *Ausgewählte pädagogische Schriften*, Besorgt von Ernst Lichtenstein, Paderborn 1959, 1983[3].

—— *F. D. E. Schleiermacher Hermeneutik und Kritik. Mit einem Anhang sprachphilosophischer Texte Schleiermachers*. Herausgegeben und eingeleitet von Manfred Frank, Frankfurt am Main 1977.
シュライエルマッヘル『教育学講義』（世界教育宝典）長井和雄、西村皓訳、玉川大学出版部、一九六六年。
Scholtz, Gunter: *"Historismus" als speculative Geschichtsphilosophie: Christlieb Julius Braniß（1792-1873）*, Frankfurt/M. 1973.
—— Zu Begriff und Ursprung der Geisteswissenschaften, in: ders.: *Zwischen Wissenschaftsanspruch und Orientierungsbedürfnis. Zu Grundlage und Wandel der Geisteswissenschaften*, Frankfurt am Main 1991, S. 17-35.
—— Bedeutsamkeit. Zur Entstehungsgeschichte eines Grundbegriffs der hermeneutischen Philosophie, in: ders.: *Zwischen Wissenschaftsanspruch und Orientierungsbedürfnis. Zu Grundlage und Wandel der Geisteswissenschaften*, Frankfurt am Main 1991, S. 254-268.
—— Was ist und seit wann gibt es »hermeneutische Philosophie«? in: *Dilthey-Jahr-buch für Philosophie und Geschichte der Geisteswissenschaften*, Bd. 8/1992-93, S. 93-119.
—— Grundlegung der Geisteswissenschaften, in: ders.: *Ethik und Hermeneutik. Schleiermachers Grundlegung der Geisteswissenschaften*, Frankfurt am Main 1995, S. 65-92.
—— Hermeneutik, Kunst und Wissenschaft, in: ders.: *Ethik und Hermeneutik. Schleiermachers Grundlegung der Geisteswissenschaften*, Frankfurt am Main 1995, S. 93-125.
—— Dialektik und erkenntnistheoretische Logik. Schleiermacher und Dilthey, in: ders.: *Ethik und Hermeneutik. Schleiermachers Grundlegung der Geisteswissenschaften*, Frankfurt am Main 1995, S. 235-257.
—— Die Wissenschaftlichkeit und Aufgabe der Geisteswissenschaften. Überlegungen im Anschluß an Dilthey（Manuskript）2005.
ショルツ、グンター「『解釈学的哲学』とは何であり、それはいつから存在するか?」森邦昭訳、福岡女子大学文学部紀要『文藝と思想』第六一号、一九九七年。六九—一〇六頁。
——「精神科学の科学性と課題—ディルタイを手本とした考察—」森邦昭訳、日本ディルタイ協会『ディルタイ研究』第一六号、二〇〇五年。五—二九頁。
芹沢俊介、藤井誠二、氏岡真弓、向井吉人『脱「学級崩壊」宣言』株式会社春秋社、一九九九年。
新村出編『広辞苑第五版』岩波書店、一九九八年。
汐見稔幸「『学力』を越える」、岩川直樹、汐見稔幸『「学力」を問う—だれにとってのだれが語る「学力」か—』草土文化、二〇〇一年。二〇四―二一七頁。

Spranger, Eduard: *Wilhelm von Humboldt und die Reform des Bildungswesens*, Berlin 1910.

杉江修治『協同学習入門―基本の理解と五一の工夫』ナカニシヤ出版、二〇一一年。

杉浦宏『ジョン・デューイ研究』清水弘文堂、一九七〇年。

Sünkel, Wolfgang: Hermeneutisch-pragmatisch, in: *Historisches Wörterbuch der Philosophie*, Bd. 3, Darmstadt 1974, Sp. 1074.

立花隆『東大生はバカになったか――知的亡国論＋現代教養論』文藝春秋、二〇〇一年。

竹中暉雄『ヘルバルト主義教育学―その政治的役割―』勁草書房、一九八七年。

田中耕治「戦後初期『経験主義』批判のなかのデューイ」杉浦宏編『日本の戦後とデューイ』世界思想社、一九九八年。二一九―二三〇頁。

谷川彰英『社会科理論の批判と創造』明治図書、一九七九年。

辰野千寿『かがやけ みらい』小学校道徳三年、学校図書、二〇一四年。

友野伸一郎『対決！ 大学の教育力』朝日新聞出版、二〇一〇年。

坪田信貴『学年ビリのギャルが一年で偏差値を四〇上げて慶應大学に現役合格した話』角川文庫、二〇一五年。

土戸敏彦「規範伝達のルーティンから規範創設の瞬間へ」教育哲学会『教育哲学研究』第九一号、二〇〇五年。二九―三四頁。

筒井勝美「教育立国再生へ―進学塾の立場からの提言―」『教育と医学』通巻五七五号、慶應義塾大学出版会、二〇〇一年五月。四二―四九頁。

梅根悟『梅根悟教育著作選集二 新教育への道』明治図書、一九七七年。

宇佐美寛『「道徳」授業批判』明治図書、一九七四年。

――『授業にとって「理論」とは何か』明治図書選書、一九七八年。

――『「道徳」授業に何が出来るか』明治図書、一九八九年。

――『「価値葛藤」は迷信である―「道徳」授業改革論―』（宇佐美寛・問題意識集一二）明治図書、二〇〇五年。

――『授業の構想と記号論』（宇佐美寛・問題意識集一四）明治図書、二〇〇五年。

宇佐美寛・池田久美子『対話の害』さくら社、二〇一五年。

潮木守一『世界の大学危機』中公新書、二〇〇四年。

――『フンボルト理念の終焉？』東信堂、二〇〇八年。

ヴィーコ『学問の方法』上村忠男、佐々木力訳、岩波文庫、一九八七年。

和田秀樹、寺脇研『どうする「学力低下」―激論・日本の教育のどこが問題か―』ＰＨＰ研究所、二〇〇〇年。

ウィルソン、Ｊ監修、押谷由夫・伴恒信編訳『世界の道徳教育』玉川大学出版部、二〇〇二年。

八木雄二「このもの性」『岩波哲学・思想事典』岩波書店、一九九八年。五四〇―五四一頁。

山田裕紀「『ゆとり』負の面も――教育機会不平等の恐れ」朝日新聞、二〇〇〇年八月二十八日。

山鳥重『「わかる」とはどういうことか――認識の脳科学』筑摩書房、二〇〇二年。

山内光哉、春木豊編著『グラフィック学習心理学――認知と行動』サイエンス社、二〇〇一年。

山内祐平編著『学びの空間が大学を変える』ボイックス、二〇一〇年。

安永悟『実践・ＬＴＤ話し合い学習法』ナカニシヤ出版、二〇〇六年。

安永悟・須藤文『ＬＴＤ話し合い学習法』ナカニシヤ出版、二〇一四年。

吉川幸次郎（『吉川幸次郎全集』第四巻論語・孔子篇上、筑摩書房、一九六九年、一九八四年（四刷）。

吉見俊哉『大学とは何か』岩波新書、二〇一一年。

善元孝佑「『学校の条件』が問われている」『世界』第六八八号、岩波書店、二〇〇一年五月。一三一―一四二頁。

芳沢光雄「『円周率３』に隠された問題」朝日新聞、論壇、二〇〇〇年五月五日。

人名索引

な行

は行

ま行

や行

ら行

事項索引

さ行

た行

な行

は行

ま行

や行

ら・わ行

著者紹介

森　邦昭（もり・くにあき）

1958 年　佐賀県生まれ
1981 年　九州大学教育学部卒業
1988 年　九州大学大学院教育学研究科博士後期課程単位修得退学
1988 年　福岡女子大学文学部講師，90 年同助教授，2004 年同教授
2011 年　福岡女子大学国際文理学部教授
2015 年　博士（教育学）（九州大学）
著書に『近代化と教育―筑前竹槍一揆から学校教育の必要性を考える』『生育環境と教育―少年事件から教育のあり方を考える』（デザインエッグ社），分担執筆書に『〈道徳〉は教えられるのか？』（教育開発研究所），共編書に『後に続く女性たちへ―秋枝蕭子・福岡女子大学名誉教授からのメッセージ』（九州大学出版会），論文に「ボーフム大学におけるディルタイ研究」「フンボルト理念と教養」（『ディルタイ研究』日本ディルタイ協会）など。

ディルタイから教育実践《きょういくじっせん》へ
――アクティブラーニングの源流――

2016 年 9 月 15 日　初版発行

著　者　森　　邦昭

発行者　五十川直行

発行所　一般財団法人　九州大学出版会
〒814-0001 福岡市早良区百道浜 3-8-34
九州大学産学官連携イノベーションプラザ 305
電話　092-833-9150
URL　http://kup.or.jp/
印刷・製本／大同印刷㈱

ISBN978-4-7985-0187-1